跟我学做一流汽修技师丛书

汽车维修入门与经验技巧一点通

栾琪文 著

机械工业出版社

《汽车维修入门与经验技巧一点通》从汽车维修入门实际需要出发，全面介绍了汽车维修的入门知识和经验技巧，内容包括：汽车维修与工匠精神、汽车维修工的应知应会、保养基本功、拆装的学问等基础知识和方法，仪器仪表使用技巧、电路检查技巧，绝技、经验，汽车维修工常见错误等。

本书内容重点突出、图文并茂，用通俗易懂的语言和丰富的案例把高深的汽车维修知识表达出来，贴近实践，特别适合汽车维修人员，尤其是初级入门者阅读，能够起到举一反三、事半功倍的效果，是一本实用的汽车维修入门与提升的学习用书。

图书在版编目（CIP）数据

汽车维修入门与经验技巧一点通/栾琪文著. —北京：机械工业出版社，2021.6

（跟我学做一流汽修技师丛书）

ISBN 978-7-111-68711-5

Ⅰ.①汽… Ⅱ.①栾… Ⅲ.①汽车–车辆修理 Ⅳ.①U472.4

中国版本图书馆 CIP 数据核字（2021）第 140182 号

机械工业出版社（北京市百万庄大街22号　邮政编码100037）
策划编辑：齐福江　责任编辑：齐福江　刘　煊
责任校对：郑　婕　封面设计：鞠　杨
责任印制：李　昂
北京中科印刷有限公司印刷
2021年9月第1版第1次印刷
184mm×260mm·18.25 印张·446 千字
0 001—1 500 册
标准书号：ISBN 978-7-111-68711-5
定价：79.90元

电话服务　　　　　　　　　网络服务
客服电话：010 - 88361066　　机　工　官　网：www.cmpbook.com
　　　　　010 - 88379833　　机　工　官　博：weibo.com/cmp1952
　　　　　010 - 68326294　　金　书　网：www.golden - book.com
封底无防伪标均为盗版　　　机工教育服务网：www.cmpedu.com

前　言

《汽车维修入门与经验技巧一点通》是《汽车故障诊断一点通》的姊妹篇。两本书基本是同时起笔的，3 年前当《汽车故障诊断一点通》出版发行受到广大读者好评的时候，机械工业出版社的齐福江先生就要求我尽快完成《汽车维修入门与经验技巧一点通》，并给我提供了大量的参考资料。

市场上汽车维修入门的书籍不少，很多是一个系列的，一套很多本。而我的书要求几十万字就教会汽车维修工，甚至是从未接触汽车修理的人入门，而且要加上经验和技巧，难度可想而知。在写作过程中，我征求了很多汽车维修工的意见，机械工业出版社也邀请国内汽车维修专家提了不少意见，因此本书几易其稿。

本书是在对广大汽车维修工调研，并结合我自身的经历来写的。我大学毕业后做了 30 年的汽车维修，30 年来我从未离开过汽车维修行业。工作之余，我在汽车杂志、报刊等发表工作心得和维修经验 20 余篇，著作 46 部。从刚接触汽修这个行业开始，我有个晚上记笔记的习惯。刚开始修车时学点师傅的绝招很不容易，我白天就仔细地看师傅干活，把要点悄悄记在心里。晚上再找到课本一一对照，不明白的，就到书店去买一些维修书籍——那时关于汽车维修的书籍有限。就这样，我把眼睛看的、耳朵听的记录下来，然后跟书本进行对比，再经过思考得出结论，整理成笔记。实践证明这些方法确实是有效的，不仅弄懂了一些部件的工作原理、调整方法，而且通过这些方法掌握的知识一生都难忘记。

多年下来，经验积累多了，我感觉应该让更多的人知道，于是把整理的经验向《汽车运用》《汽车杂志》《汽车维修技师》等汽车杂志投稿，得到杂志社编辑和读者的认可。

这些年来，我在汽车修理厂和 4S 店做过维修工、班长、车间主任、技术总监、服务经理、站长、厂长等。2018 年我担任了山东省职业教育技艺技能传承创新平台（汽车维修技术技能创新平台）主持人，2019 年"栾琪文首席技师工作室"被教育部认证为"技能大师工作室"。这些平台让我感觉责任重大，应该更好更快地把技能传授给初学者。把当初自己走过的弯路告诉大家，让大家少走弯路；也把自己曾经犯过或同行们犯过的错，告诉汽车维修初学者，并把绝技和经验介绍给初学者。

本书的特点如下：

1. 深入浅出。用浅显易懂的语言和案例把高深的汽车维修知识表达出来。

2. 实用性强。贴近实践，贴近汽车修理初学者的特点。

3. 内容丰富。本书从汽车维修与工匠精神、汽车维修工的应知应会、保养基本功、拆装的学问等基础知识和方法，到仪器仪表使用技巧、电路检查技巧，再到绝技、经验，最后是汽车维修工常见错误等指导性内容。

在本书写作过程中得到了山东省职业教育技艺技能传承创新平台（汽车维修技术技能创新平台）的大力支持。于京诺、王鲁鑫、李伟、左竹松、吕宗政等同行也提供了大力支持，在此表示衷心的感谢！书中不当之处，恳请广大读者批评指正。

作　者

目 录

前言

第一章 汽车维修与工匠精神 ……… 1

第一节 概述 …………………………… 1
一、什么是汽车维修 ……………… 1
二、汽车维修工是做什么的 ……… 2
三、什么是汽车维修工匠？ ……… 2
四、世界各国的"工匠精神" …… 3

第二节 汽车维修工匠的成长之路 … 3
一、如何成为汽车维修工匠 ……… 3
二、汽车维修工的成长是艰辛的 … 4
三、汽车维修工成长的四个阶段 … 4

第二章 汽车维修工应该知道的知识 ……………………… 6

第一节 工作安全 ……………………… 6
一、个人安全防护 ………………… 6
二、工具和设备安全 ……………… 7
三、日常安全守则 ………………… 7
四、应注意的安全要点 …………… 8

第二节 落实5S ………………………… 9
一、汽车防护 ……………………… 9
二、灰尘、抹布能引起故障 …… 10
三、细节决定成败 ……………… 10

第三节 知道部件安装位置 ………… 11
一、传感器、执行器位置确定 … 11
二、熔丝位置 …………………… 12
三、继电器的位置 ……………… 15
四、接地点的位置 ……………… 16
五、控制单元的位置 …………… 16

第四节 知常识 ……………………… 18
一、熔丝为何熔断 ……………… 18
二、为什么不能用水冲洗发动机舱 … 20
三、知道仪表指示灯 …………… 20

第五节 懂原理 ……………………… 22
一、懂汽车新结构的工作原理 … 23
二、明白系统的组成及工作原理 … 23
三、轻踩制动踏板为什么有时出现向左跑偏现象 ………………… 24
四、更换空调管为什么会出现异响 … 24
五、工作条件满足了吗 ………… 25
六、为什么多个传感器或少个传感器都是故障 …………………… 25

第三章 汽车维修工应会的技能 …… 27

第一节 初级汽车维修工应会的

基本操作 …………… 27
　　一、会常用拆装工具的使用 …… 27
　　二、会常见专用工具的使用 …… 30
　　三、会举升设备的使用 ………… 32
　　四、会检验 ……………………… 32
　第二节　汽车维修工应会的十项基本
　　　　技能 …………………… 33
　　一、会汽车维护作业 …………… 33
　　二、会用基本方法进行基本检查 … 33
　　三、会汽车各大总成试验 ……… 36
　　四、会性能测试 ………………… 38
　　五、会仪器仪表的使用 ………… 41
　　六、会更换零部件后的操作 …… 43
　　七、会查阅维修资料和维修手册 … 46
　　八、会用量具进行准确测量 …… 48
　　九、会零部件选择 ……………… 49
　　十、会缩小故障范围的方法 …… 50

第四章　保养是个基本功 …… 52

　第一节　保养基本功 …………… 52
　　一、更换机油的23个步骤 ……… 52
　　二、更换汽油滤清器的要点 …… 57
　　三、更换冷却液的要点 ………… 58
　　四、检查更换火花塞的17个步骤 … 60
　　五、免拆清洗要点 ……………… 63
　　六、保养复位 …………………… 63
　　七、匹配 ………………………… 64
　　八、空调滤芯更换步骤和更换要点 … 64
　第二节　保养中容易犯的几个错误 … 66
　　一、加机油过多 ………………… 66
　　二、更换汽油滤清器出现的各种奇怪
　　　　故障 …………………………… 69
　　三、更换空气滤清器反而发动机进气
　　　　不顺畅 ………………………… 70
　　四、喷油器免拆清洗后，发动机废气排
　　　　放故障灯为什么会亮？ ……… 71
　　五、节气门清洗为何会损坏节气门 … 71
　　六、小小火花塞有时会造成大麻烦 … 72
　　七、保养后油耗突然增加的处理方法 … 72
　　八、易被忽视的差速器油 ……… 73
　　九、油品型号不对导致的故障 … 74

　第三节　保养中发现问题 ………… 74
　　一、空气滤清器的检查 ………… 74
　　二、燃油箱及管路检查 ………… 75
　　三、传动带磨损了必须找出原因 … 75
　　四、火花塞的检查 ……………… 76
　　五、自动变速器油品质检查 …… 77
　　六、制动踏板变化 ……………… 78
　　七、轮胎花纹变化 ……………… 79

第五章　一拆一装有学问 …… 81

　第一节　学习"七圈半精神" …… 81
　　一、十秒钟的工作为何干了两个小时 … 81
　　二、拆下的螺栓放哪里 ………… 81
　　三、螺栓拧紧力矩不是可大可小 … 82
　第二节　汽车维修工不是简单的
　　　　拆拆装装 ……………… 84
　　一、拆装不要生拉硬拽 ………… 84
　　二、拆装要避开一些关键位置 … 87
　　三、讨厌的胶讨厌在哪里 ……… 89
　　四、拆装时不要损坏其他部件 … 91
　　五、拆装蓄电池有学问 ………… 91
　　六、拆下再装上怎么会出现故障 … 91
　　七、安装不是简单的安装 ……… 92
　　八、拆装为何返工多 …………… 92
　　九、拆装时要特别注意的几个事项 … 93
　第三节　千万要注意的正时校对 … 94
　　一、德国培训师要求的细节 …… 94
　　二、正时标记不对的表现 ……… 94
　　三、正时标记正确不能保证配气相位
　　　　也正确 ………………………… 96
　　四、正时带的拆装 ……………… 96

第六章　仪器仪表使用技巧 …… 103

　第一节　诊断仪的使用 ………… 103
　　一、故障诊断仪分类 …………… 103
　　二、控制单元信息 ……………… 105
　　三、读取和清除故障码 ………… 105
　　四、执行元件测试 ……………… 109
　　五、读取数据流 ………………… 109
　　六、基本设定、控制单元编码和匹配 …… 110

七、诊断座位置 …………………… 111
八、就绪状态 ………………………… 112

第二节 常用仪器仪表的使用技巧 114
一、汽油发动机气缸压力的测量 …… 114
二、柴油发动机气缸压力的测量 …… 115
三、气缸漏气量的检测 ……………… 116
四、进气歧管真空度的测量 ………… 117
五、排气管压力的测量 ……………… 119
六、冰点测试仪 ……………………… 121
七、光纤短接头 ……………………… 122
八、冷却系统检测设备 ……………… 123
九、红外测温仪 ……………………… 124
十、蓄电池测试仪 …………………… 126

第七章 电路检查有技巧 …………… 127

第一节 电路图识读技巧 …………… 127
一、电路图是个好帮手 ……………… 127
二、电路图的识读技巧 ……………… 129

第二节 电路检测技巧 ……………… 132
一、万用表的优点与缺点 …………… 132
二、万用表使用方法及注意事项 …… 133
三、检测汽车电路的方法 …………… 136
四、电压和电压降检测技巧 ………… 136
五、导通性检测技巧 ………………… 139
六、电路断路的检测技巧 …………… 141
七、电路短路的检测技巧 …………… 142
八、漏电电流的检测技巧 …………… 144

第三节 电路故障诊断技巧 ………… 145
一、做几个方便实用的电路检测
　　小工具 ………………………… 145
二、电路故障诊断方法 ……………… 147
三、电路故障诊断从哪里入手 ……… 148
四、电路中的"忽悠"故障分析 …… 150
五、有故障码时的电路故障诊断 …… 151
六、无故障码或不用诊断仪的故障诊断
　　技巧 …………………………… 155
七、利用数据流进行电路故障诊断的
　　技巧 …………………………… 157
八、利用示波器进行电路检测 ……… 160
九、串并联电路故障检查技巧 ……… 162
十、利用流程图检测电路故障 ……… 165

十一、改装加装对电路的影响 ……… 167
十二、电器元件偶发故障诊断技巧 … 168
十三、线路虚接的检测技巧 ………… 169

第八章 汽车维修中的小秘密 ……… 174

第一节 编码的小秘密 ……………… 174
一、编码的学问 ……………………… 174
二、编码的步骤 ……………………… 176
三、发动机控制单元编码 …………… 177
四、自动变速器控制单元编码 ……… 178
五、ABS控制单元编码 ……………… 178
六、电动转向系统编码 ……………… 179
七、安全气囊控制单元编码 ………… 179
八、停车辅助系统编码 ……………… 179
九、灯光系统编码 …………………… 180
十、空调系统编码 …………………… 180
十一、刮水器编码 …………………… 181
十二、组合仪表编码 ………………… 181
十三、MMI显示屏编码 ……………… 182
十四、玻璃升降器编码 ……………… 183
十五、其他系统编码 ………………… 183

第二节 匹配的小秘密 ……………… 183
一、什么是匹配 ……………………… 183
二、发动机系统匹配 ………………… 184
三、自动变速器系统匹配 …………… 184
四、制动系统匹配 …………………… 185
五、空调系统匹配 …………………… 186
六、安全气囊匹配 …………………… 187
七、防盗系统匹配 …………………… 187
八、舒适系统匹配 …………………… 191
九、行李舱控制单元自适应学习 …… 192
十、转向系统匹配 …………………… 192
十一、其他系统匹配 ………………… 192

第三节 设定的秘密 ………………… 193
一、节气门基本设定 ………………… 193
二、强制降档设定 …………………… 195
三、转向角度传感器G85基本设定 … 195
四、制动片更换设定 ………………… 195
五、ESP基本设定 …………………… 196
六、遥控功能设定 …………………… 196

第四节 汽车上隐藏的小秘密 ……… 198

一、隐蔽的开关 198
二、轮胎气压复位 200
三、电动车窗和天窗功能设定 201
四、初始化设置 202
五、自学习 202
六、应急解锁 203
七、智能进入和起动系统异常情况的处理 203
八、后雾灯的检查 204
九、紧急起动功能 204
十、隐藏的功能 205
十一、举升模式 209
十二、运输模式和装载模式 209
十三、工厂模式 210

第九章 绝技 211

第一节 绝技的力量 211
一、绝技是经验的积累，是智慧的结晶 211
二、绝技具有化繁为简的神奇 212
三、绝招不是邪招 213
四、绝技需要创新 214
五、绝技是综合实力的体现 215
六、绝技有时有点"土" 219
七、绝技是走一步看三步 221

第二节 绝技是怎样炼成的 221
一、真学苦练出绝技 221
二、节约增效是绝技 222
三、干一行爱一行，行行有绝技 224
四、简单事情重复做，重复做的事情用心做 228

第十章 经验是宝贵的财富 232

第一节 谈谈经验 232
一、经验绝对是宝贵的财富 232
二、经验可以让我们少走弯路 233
三、经验是不放过蛛丝马迹 233
四、"头痛医脚"也是经验 234
五、经验是多做多练 234
六、经验是不被经验所害 235

七、经验也要与时俱进 235

第二节 如何积累经验 235
一、日积月累出经验 236
二、要善于总结他人的经验 237
三、教训出来的经验记得牢 238
四、师傅的经验不过时 239
五、汽车生产厂家的技术通报 239

第三节 记住这些经验 240
一、经验是从基本的地方开始 240
二、经验有时就是几个小技巧 240
三、分清故障是哪个系统引起的 241
四、清洗节气门后不用诊断仪的匹配方法 241
五、哪些故障与活性炭罐相关 242
六、运用"五脚制动"判断液压制动系统常见故障 243
七、空调检修经验 244
八、氧传感器经验判断 246
九、几个小经验 246
十、三元催化转化器故障的经验判断 247
十一、异响的经验判断方法 247
十二、轮胎异常磨损原因分析 254
十三、二次空气泵的检修 256
十四、警惕防盗系统引发误诊 257

第十一章 十个坏习惯和十个常见错误 263

第一节 初级汽修工应改正的十个坏习惯 263
一、漏装零部件，特别是附件 263
二、小故障大修理 264
三、工作任性 264
四、作业时不注意清洁 264
五、工作应付了事 265
六、野蛮操作 265
七、乱动客户车辆或用后不归位 266
八、工作想当然 266
九、不按技术标准作业 267
十、作业不注意细节 268

第二节 初级汽修工应避免犯的十个错误 268
一、忘紧螺栓 269

二、检查不仔细 ………………………… 270
三、拆装不按顺序 ………………………… 270
四、错误观点：越紧越好、越高越好 …… 271
五、哪儿坏了修哪儿，不搞明白故障的
　　真正原因 …………………………… 271
六、拆装不注意记号和方向 …………… 272
七、更换或安装零部件不观察 ………… 274
八、这儿刚好，那儿又坏了 …………… 275
九、自己把自己搞晕了 ………………… 276
十、简单工作复杂化 …………………… 276
第三节　讲给汽车维修工的几个
　　　　 小故事 ……………………… 278
一、特殊的制动 ………………………… 278
二、"狗羊款"高低音喇叭 …………… 278
三、偷井盖与掉套筒 …………………… 278
参考文献 ……………………………… 279

第一章 汽车维修与工匠精神

第一节 概 述

一、什么是汽车维修

汽车维修是汽车维护和汽车修理的总称。

汽车维护是为维持汽车完好技术状态和工作能力而进行的作业，俗称保养。国家标准《汽车维护、检测、诊断技术规范》（GB/T18344—2016）将汽车维护分为日常维护、一级维护和二级维护。

汽车修理是为恢复汽车完好的技术状态和工作能力而进行的作业。汽车修理包括零部件小修、总成大修等。

汽车维修是从什么时间开始的呢？

一百多年前当第一台使用"发动机"的汽车被发明制造出来的时候，问题就摆在了人们的面前，人们不但要知道汽车是如何工作的，更重要的是要知道如何保养汽车，知道当它出现故障时如何修理。

1902年，第一辆汽车进入中国，中国的汽车维修业成长发展的序幕拉开。新中国成立前，中国本身无生产汽车的能力，汽车是从国外进口的，汽车维修业处在落后的师傅带徒弟的手工作坊时代。新中国成立之初，全国通车公路仅为8万km，仅有5.1万辆老旧汽车。1956年，我国第一辆国产汽车在长春中国第一汽车制造厂下线。这期间我国逐步建成了一批具有一定规模，车、钳、铣、刨、镗、磨、铸、锻、镀等工种和设备齐全的汽车修理工厂；到1978年，全国汽车保有量也仅有135万辆，车辆以中型货车为主。车辆维修的技术含量低，整体维修能力有限，而且维修厂大多隶属并主要服务于汽车运输企业，没有完全形成一个独立的社会行业。

1984年以来，交通部提出了"有路大家行车，有水大家行船"的方针，道路运输业迅速发展，社会汽车保有量急剧增加，1978～2002年的20多年间，增长10多倍，总数达到1950万辆。与之相伴，汽车维修迎来快速发展时期。汽车及配件的供应得到改善，旧件修理和以无限度延长汽车使用寿命为目的的维修业做法已经成为历史。汽车维修从观念上发生了变化。从节能、环保和安全考虑，老旧汽车被强制报废。

1998年后汽车行业搞4S模式，带来国外原厂成熟技术，大大提升了国内汽车技术的发展，维修行业也有了飞跃发展。

二、汽车维修工是做什么的

从事汽车维修的人员，可以统称为"汽车维修工"。也有人这样定义汽车维修工：汽车维修工是使用工、夹、量具和仪器仪表、检修设备，维护、修理和调试汽车及特种车辆的人员。

汽车维修工主要工作任务如下：

1) 安装调整工艺装备，准备维护维修工具。
2) 使用工、夹、量具和仪器仪表，进行汽车及特种车辆的发动机、底盘、车身、电气等总成（系统）及其零部件检查、调整、更换与修理、故障排除，对汽车外部、内部及轮毂、轮胎等进行安装、装潢。
3) 维护汽车维修使用的工、夹、量具及仪器仪表和设备，排除使用过程中出现的故障。
4) 执行工艺规范，填写维修记录。
5) 清洁作业场地。

汽车的保养和修理，少不了汽车维修工。同时，用于汽车维修的工具设备和故障诊断的诊断仪器也是必不可少的。而且随着汽车技术的进步，汽车维修工的技术水平也需要随着汽车技术的发展而提高。这里所说的技术水平也包括汽车维修工掌握工具设备和故障诊断的诊断仪器的能力。

近年来，随着新技术在车辆上的使用越来越多，车辆的维修难度也越来越大了。因此，在新的时代，汽车维修行业需要与时俱进的汽车维修工！

三、什么是汽车维修工匠？

"工匠精神"是一种职业精神，它是职业道德、职业能力、职业品质的体现，是从业者的一种职业价值取向和行为表现，那汽车维修工也可以成为汽车维修工匠吗？

相信有不少人看过《中国大能手》节目，这个节目就有汽车修理项目。该节目的宣传词这样讲的：

如果你也有一门擅长的技艺，如果你也有一份坚持不懈的梦想，《中国大能手》等着你！有可能下一个大咖，就是你！其实，你知道吗？"工匠精神"在我国历史上延绵不绝！

从技艺精湛的鲁班，到"游刃有余"的庖丁，无不体现如今中国社会最稀缺，但最呼唤的——"匠人精神"。

为重拾"中国工匠"精神，相关部门开展了这档行业技能达人竞技节目《中国大能手》。为有梦想的顶尖技能人才，搭建实现梦想的舞台，充分发挥职业技能竞赛在职业教育培训中的引领示范作用，扩大世界技能大赛社会影响力，营造尊重劳动、崇尚技能的良好社会氛围，推动我国技能人才队伍建设。

汽车维修是一门技艺，如果你能坚持不懈的努力，就会成为汽车维修工匠，成为人们崇敬的大师。

第一章 汽车维修与工匠精神

四、世界各国的"工匠精神"

工匠精神：在德国被称为"劳动精神"，在美国被称为"职业精神"，在日本被称为"匠人精神"，在韩国被称为"达人精神"。

1. 德国制造

100多年前英国通过了侮辱性的商标法条款，规定所有从德国进口的产品都必须注明"Made in Germany"（德国制造）。"德国制造"由此成为一个法律新词，用来区分"英国制造"，以此判别劣质的德国货与优质的英国产品。

用了100多年时间，德国人持续不断地坚持和传承精益求精的工作作风，终于使德国制造成为世界上高品质商品的代名词。无论是工程师还是普通的技工，每人都有一手绝活，有的是祖上传承，但更多来自遍布德国的职业学校、技工学校。

在德国，许多蓝领工人比白领经理更受人尊敬。

2. 日本工匠

日本的工业制造也是从学习欧美国家的技术、仿造开始的。1955年设立"人间国宝"制度，用以保护匠人，并在全社会持续倡导工匠精神。

寿司之神——小野二郎，已高龄91岁，严谨、自律、精准、追求极致是他对待工作的态度，永远以最高标准要求自己跟学徒。为了保护创造寿司的双手，连睡觉都带着手套。

3. 我国的工匠精神

中国曾是世界上最大的原创之国、匠品出口国、匠人之国！我们可以在博物馆中找到它们：一件件精美的漆器、玉器、青釉、粉彩，古代的匠人们将这些精美的艺术品创造出来，保留至今。现在国家大力倡导"工匠精神"，时代呼唤工匠精神，我们需要精益求精的"工匠精神"。

第二节 汽车维修工匠的成长之路

有人把工匠的成长过程，比作毛竹的生长过程。干了三四年以后，工资低，没有发展，此时开始担心付出得不到回报。但这个阶段就像毛竹一样，为了后期的疯狂生长而扎根，等到时机成熟，就会登上理想的顶峰！人生需要储备！

一、如何成为汽车维修工匠

现在不少人，包括汽车维修专业毕业的大学生不愿意从事汽车维修工作，这是"工匠精神"的缺失，因此我们要弘扬"工匠精神"，培养"技术精英"。

"工匠精神"的基本内涵包括精益求精、严谨认真、专注、敬业、创新、传承等方面的内容。

一是精益求精的精神，工匠们追求完美，注重细节，为产品质量，不惜花费时间精力，孜孜以求；对每件产品、每道工序都凝神聚力、精益求精、追求极致的职业品质。

二是严谨认真的精神，工匠们对细节有很高要求，坚持标准，一丝不苟，不投机取巧，不达要求绝不轻易交货。

三是专注的精神。专注就是内心笃定而着眼于细节的耐心、执着、坚持的精神，这是一切"大国工匠"所必须具备的精神特质。从中外实践经验来看，工匠精神都意味着一种执着，即一种几十年如一日的坚持与韧性。

四是敬业精神。敬业是从业者基于对职业的敬畏和热爱而产生的一种全身心投入的认认真真、尽职尽责的职业精神状态。工匠们对精品执拗地坚持，对专业执着地探索，可能几代人为一种产品不懈追求，耐心和毅力是一切工匠所必须具备的特质。早在春秋时期，孔子就主张人在一生中始终要"执事敬""事思敬""修己以敬"。"执事敬"，是指行事要严肃认真不怠慢；"事思敬"，是指临事要专心致志不懈怠；"修己以敬"，是指加强自身修养保持恭敬谦逊的态度。宋代大思想家朱熹将敬业解释为"专心致志，以事其业"。

五是创新的精神。不断改进设计，不断提升产品和服务，绝不停止追求进步，无论是使用的材料、设计还是生产流程，都在不断完善。"工匠精神"强调执着、坚持、专注甚至是陶醉、痴迷，但绝不等同于因循守旧、拘泥一格的"匠气"，其中包括着追求突破、追求革新的创新内蕴。这意味着，工匠必须把"匠心"融入生产的每个环节，既要对职业有敬畏、对质量够精准，又要富有追求突破、追求革新的创新活力。

六是传承的精神，工匠们热爱自己所做的事，不断改善自己的工艺，将自己的手艺、工艺传承下去，享受着手艺、工艺在传承的过程得到升华、提高，乐在其中。

只要你在汽车维修方面具有了精益求精、严谨认真、专注、敬业、创新、传承的精神，那你就会成为一名汽车维修工匠。

二、汽车维修工的成长是艰辛的

如此多的汽车，复杂的车型，日新月异的新技术，汽车维修工要面对。如此多的车主，性格不同，品味不同，道德水准不同，汽车维修工也要面对。这些因素决定了汽车维修工的成长过程是艰辛的。

艰辛并不是说每个汽车维修工从事的工作都很艰苦，而是说必须经历艰辛的工作，才能有所成就。成功的汽车维修工是值得赞美的，这不仅仅是因为他们为我们的安全出行做出了努力，更因为汽车维修工的毅力令人敬佩。

三、汽车维修工成长的四个阶段

著名汽车维修专家阚有波老师总结了汽车维修工成长的四个阶段：

第一阶段：执着的学习期。这一阶段的典型特点是：见到一个好的维修企业、4S店、好的大师就想全身心地投入，甚至会有"非此处不去，非此师不学"的态势，很有"想当年少林寺拜师学武"的风格。这时候很多人都会说："只要让我在这里学习，不用付工资，只要吃住就可以。"其实仔细问一下自己：这是真的吗？不要急于肯定，只要给你一种假设，大家就会立刻明白前面提到的"真正发现自己的真实想法是最关键的一环"的含义，这种假设是：和你一起的学员，他每月挣500，而你每月不但一分没有，还要干很多最累的、最脏的、最没技术的工作，作为刚入厂的新学员，你会怎么想？大多数肯定是一肚子怨气，最后一跺脚留下一句话："我不干了！"

这个假设可能夸张了一些，但是实际上，很多干了两三个月的员工逐渐就会产生这种思想。我倒想问一问：原来的志向哪里去了？原来的豪言哪里去了？技术就是这样，在你心态对的时候才有可能学到，才真正知道"天将降大任于斯人也……"的真正含义。所以，每一个刚刚进入修理厂的人一定要经过这一关,真正地认识自己所想与自己所做的是否吻合。

第二阶段:技术比较有成,逐渐走入师傅的行列。这时很多人都会犯一个通病:想少干活多挣钱。很多人都是这样想的,无可非议。这个阶段最多见于工作两三年的员工身上,最终的结果是,二三十年之后回首才发现,自己仍旧在原地踏步,或者已经换了若干个类似的工作岗位。

第三阶段:良心的对撞阶段。这个阶段最典型的特点就是"干多少活挣多少钱"的心理,而且工人可能会因为某一个原因自愿加班、自愿工作,不需要有人督促。尤其是刚长工资之后,工作很卖力气,不计较。但与之相对应的是:老板对我的付出要认可,物质上、精神上的给予与我的付出要成正比。维修工这种心态很多,因为实际上汽车维修工作的独立性质很强,而且工作成绩很好评价,这就要求"老板和工人"都对对方的付出有一个基本的肯定,不要出现彼此的不信任。企业应制定出一套比较科学的奖励分配制度,让大家能够感觉到"按劳分配、多劳多得"的原则,同样作为下属的员工也要"体谅老板,有很强的责任心"。这才是在汽车维修企业大家愿意见到的结果。

第四阶段:在工作的时候,除了钱之外还能够获得什么?这个问题恐怕很多人都想过,但是结果总是不尽如人意。为什么呢?因为总是当局者迷,关键时刻总是忘记这个问题的答案。其结果不仅输掉了整个锻炼的机会,还失去了很多的东西,这些东西包括:人品、经验、阅历、方法、技巧、网络、信息、机会……很多别人失败的经验是我们在汽车技术上取得成功的最好的老师,当看到 10 家企业倒闭的时候,就应该学会分析第 11 家企业如何避免失败,"旁观者清"的同时还要学会"如何自明"。

第二章 汽车维修工应该知道的知识

第一节 工作安全

汽车维修工需要认真学习掌握安全知识，了解每一个细节，不能机械照搬。我们可能都听过一个笑话，教授把手指放到一个杯子里，然后把手指放到嘴里，笑着说很甜，学生们模仿着，把手指放到杯子里，然后放到嘴里，味道却很苦很涩。教授告诉学生们，他是把中指放到了杯子里，却把食指放到了嘴里。安全也是一样，不能简单模仿，要领会安全的要点。

汽修专家陈安庆讲过一个案例：一辆凯迪拉克的前照灯进水了，他用压缩空气测试哪里进的水。一个维修工看到了自己也用压缩空气来试，结果前照灯爆裂了，险些造成事故。陈总监试的时候，控制着压缩空气的压力，而维修工只是看到了用压缩空气在加压，没有看到陈总监调整了空气压力。

一、个人安全防护

安全重于泰山，这是谁都知道的。一个人连安全都保证不了，想成为汽车维修高手根本不可能，因此我们首先要保证个人的安全。

1. 眼睛的防护

在汽车维修企业中，眼睛经常会受到各种伤害，如飞来的物体、腐蚀性的化学品飞溅、有毒的气体或烟雾等，这些伤害几乎都是可以防护的。

常见的保护眼睛的装备是护目镜和安全面具。护目镜可以防护各种对眼睛的伤害，如飞来的物体或飞溅的液体。在进行金属切削加工、用錾子或冲子铲剔、使用压缩空气、使用清洗剂等情况下，应考虑佩戴护目镜。护目镜在现实工作中汽车维修工很少使用，建议为了安全还是要佩戴。手砂轮是汽车维修工比较喜欢的一个工具，但手砂轮引起的事故不少，特别是砂轮片破碎飞溅伤人的事故应该引起大家充分的重视。护目镜就可以为此类事故提供防护。

在进行电弧焊或气焊时，要使用带有色镜片的护目镜或深色镜片的特殊面罩，以防止有害光线或过强的光线伤害眼睛。

2. 手的保护

手是汽车维修人员经常受伤的部位之一，主要的伤害有碰伤、挤伤、烫伤、划伤等，因

第二章 汽车维修工应该知道的知识

此作业时动作要规范，拆装螺栓时用力要均匀，姿势要正确；不要把手伸到危险区域，如发动机前部传动带区域、发动机排气管道附近等，拆装零部件时要观察好周边环境。

3. 衣服、头发及饰物

宽松的衣服、长袖子、领带都容易卷进旋转的机器中，因此在修理厂中，一定要穿合适的工作服，最好是连体工作服。

汽车维修工工作时不要戴手表或其他饰物，特别是金属饰物，因为那样在进行电气维修时可能导入电流而烧伤皮肤，或导致电路短路而损坏电子元件或设备。

在工厂内要穿劳保鞋，可以保护脚面不被落下的重物砸伤，且劳保鞋的鞋底应是防油、防滑的，特别注意不能穿拖鞋。

二、工具和设备安全

工具和设备的使用要做到"四不伤害"，即不伤害自己、不伤害别人、不被别人伤害和保护他人不被伤害。

具体应该注意的安全事项包括以下这些。

1. 手动工具的安全

手动工具看起来是安全的，但使用不当也会导致事故，如用一字旋具代替撬棍，导致旋具崩裂、损坏，飞溅物打伤自己或他人。扳手从油腻的手中滑落，掉到旋转的零件上，再飞出来伤人等。

另外，使用带锐边的工具时，锐边不要对着自己和同事。传递工具时要将手柄朝向对方。

2. 动力工具的安全

所有的电气设备都要使用三相插座，地线要安全接地，如发现电缆线装配松动应及时维护；所有旋转的设备都应有安全罩，以减少发生部件飞出伤人的可能性。

在进行发电机、起动机拆装等维修时，应断开电路的电源，方法是断开蓄电池的负极搭铁线，这不仅可保护人身安全，还能防止对电器的损坏。

许多维修工序需要使用举升机将车升离地面，在升起车辆前应确保汽车已被正确支承，并应使用安全锁以免汽车落下。四柱举升机举升汽车时，前后车轮要用掩块固定好。

用千斤顶支起汽车时应当确保千斤顶支承在汽车底盘大梁部分或较结实的部分。

工具和设备都要定期检查和保养。

3. 压缩空气的安全

使用压缩空气时，应非常小心，绝不允许用压缩空气玩耍。不要将压缩空气对着自己、别人、地面、设备、车辆乱吹。压缩空气会撕裂鼓膜，造成人耳失聪，损伤肺部或伤及皮肤，被压缩空气吹起的尘土或金属颗粒会造成皮肤、眼睛损伤。

4. 电动手砂轮的安全

电动手砂轮不要乱扔，砂轮片使用前要检查，看是否有破损或裂纹等情况，若有应及时更换。

三、日常安全守则

1）工具不使用时应保持干净，并放到正确的位置。

2) 各种设备和工具要及时检查和保养。
3) 手上应避免油污,以免工具滑脱。
4) 起动发动机的车辆应保证驻车制动正常。
5) 在车间内起动发动机时要保持通风良好。
6) 在车间内穿戴要合适,并穿戴必要的装备,如手套、护目镜、耳塞等。
7) 不要将压缩空气对着人或设备吹。
8) 尖锐的工具不要放到口袋里,以免扎伤自己或划伤车辆。
9) 常用通道上不要放工具、设备、车辆等。
10) 用正确的方法使用正确的工具。
11) 手、衣服、工具应远离旋转设备或部件。
12) 开车进出车间时要格外小心。
13) 在极度疲劳或消沉时不要工作,这种情况会降低注意力,有可能导致自身或他人被伤害。
14) 如果不知道车间设备如何使用,应先向明白的人请教,以学到正确、安全的使用方法。
15) 用举升器或千斤顶升起车辆时,一定要按正确的规程操作。
16) 应知道车间灭火器、医疗急救包、洗眼处的位置。
17) 电动汽车的维修应该持证上岗,遵守安全操作规程。

四、应注意的安全要点

安全生产是对任何一个维修人员最基本的要求,如果没有安全保障,维修技能的提高和维修质量的保证也就无从谈起。维修中的一个小疏忽能引发大事故,维修时以下几个安全要点我们尤其要注意:

1) 当进行车辆检修时,要拔下点火钥匙并保存好,以防他人起动车辆,这样做保护了自己也保护了别人。
2) 拆卸电喷发动机的供油系统时,必须先对油路进行泄压处理,以防汽油飞溅到漏电的高压线或高温物体上,引起火灾。
3) 发动机温度高时,不可拧开散热器盖,以防有压力的高温冷却液喷出造成烫伤。
4) 制动系统放气时,应在放气螺栓上接上专用的储液瓶,以防制动液飞溅损伤眼睛或飞溅到轮胎、漆面上,造成损失。制动系统维修后应进行制动系统放气或踩几脚制动踏板,当制动踏板高度合适时方可挂档行驶。
5) 检修安全气囊时必须断开蓄电池负极线,拆装安全气囊时必须轻拿轻放。
6) 检修汽车电路时,不可乱拉电线。对于经常烧断熔丝的故障,应查明故障原因,不可换上大容量的熔丝或用铜丝代替熔丝。
7) 在烤房烤漆时,汽车烤漆的时间一般为 30~40min,温度一般为 60~70℃,必须防止时间过长或温度过高引起车用电脑损坏或线路老化。
8) 对车身进行电焊作业时,应断开蓄电池负极,以防损坏车用电脑。
9) 维修时所有用电线路、熔丝必须符合安全容量。
10) 电器线路或设备发生火灾时应立即切断电源,采取消防措施。

11) 进行蓄电池充电作业时,要将蓄电池盖打开,并保持室内通风良好。

12) 进行空调作业时,制冷剂应远离明火及灼热的金属,制冷剂瓶要轻拿轻放。

案例1:

某修理厂的一个员工在使用汽油试验汽油泵时,由于汽油泵接线柱产生火花,引起油盆里的汽油燃烧,而现场没有放置灭火器,等员工到远处拿来灭火器时,火势已不可控制,当场将一辆凯迪莱克轿车烧毁,大半厂房化为灰烬。

案例2:

H修理厂的一名维修工,在晚上更换一辆轿车的汽油滤芯时,使用一个220V的白炽灯泡来照明,结果,拆汽油滤芯时飞溅出的汽油喷到灯泡上,引起火灾,当场将汽车烧毁。

第二节 落 实 5S

5S是指整理、整顿、清扫、清洁和素养,汽车维修过程中,5S要贯彻到维修全过程中。

一、汽车防护

实施汽车防护是汽车维修的第一步,目的是保护汽车不被损伤。汽车外观防护包括铺设翼子板罩、发动机舱盖罩,铺设车内防护四件套,包括地板垫、方向盘套、变速杆套和座椅套,安放车辆挡块等,如图2-1所示。

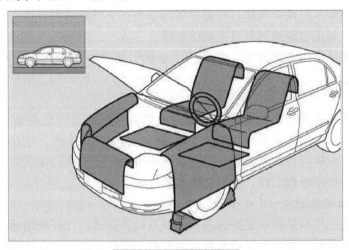

图2-1 汽车外观防护

汽车防护除了外观防护还有其他防护,例如:贴膜时,水不能进入电器元件。电焊时,要防止火星落到座椅、顶篷、玻璃等部件上。工作防护不到位会造成发动机、电器元件等故障。

案例1:锐志轿车无法起动。

故障现象:锐志轿车行驶仅510km。起动机工作,但发动机无法起动。

故障检查及分析:用故障诊断仪检测出故障码为B2799:发动机锁定系统锁止。用诊断仪清除故障码,无法清除。用诊断仪检查起动机工作,发动机无法起动时,无点火及喷油信号。检测发动机停机系统熔丝均正常。忙了大半天故障也没有排除。第二天,发动机正常起动,故障码也清除了。用户将车开走,不一会故障又出现了。检查又出现了相同的故障现象、相同的故障码。了解用户得知,该车车窗玻璃贴了膜,从贴膜后故障就出现了。分析贴膜时用了大量的水,工作时防护不到位造成水顺着仪表台的缝隙进入发动机停机系统控制单元,导致发动机无法起动。

故障排除：将车停在太阳底下晾晒了一天,故障排除。

二、灰尘、抹布能引起故障

修车也要讲卫生,不讲卫生也能引起故障。维修工维修车辆时要做好清洁工作,在这里举两个案例说明清洁工作的重要性。

案例1

一辆帕萨特轿车因为发动机烧机油而进行大修时,拆下的件随意堆放,大修后,出现发动机抖动,加速不良的故障现象。这是怎么回事？该车试过车,虽然发动机烧机油,但并无发动机抖动,加速不良的故障现象。经检查是拆下的件随意堆放,造成空气流量计上粘上了尘土,导致发动机出现抖动,加速不良的故障现象。

案例2

我在一汽丰田4S店工作时,一位汽车维修工保养车辆,保养完后出现排气管冒黑烟的故障。该车才跑了15000km,怎么可能冒黑烟呢？询问维修工做了哪些保养项目,他说更换了机油、机滤、空气滤芯、空调滤芯等。检查车辆,结果车辆在空气滤清器壳体内发现了一块抹布,原来是维修工更换空气滤芯时随手将抹布丢在空气滤清器壳体上,安装空气滤清器时也忘了拿出来,结果出现排气管冒黑烟的故障。

以上案例说明修车也要讲卫生,不讲卫生也能引起故障。

三、细节决定成败

汽车维修是由很多的小事组成的,我们在维修时大量的工作是在做一些小事,拆个螺栓、装个插头、量个电阻、测个电压等。即使我们进行发动机大修,也是一步一步地干。汽车维修这些小事,桩桩件件都需要细心,把这些小事做好了,我们就成功了。只怕小事做不好、做不到位。一些小事做不好,会引起很大的麻烦。

1. 气门被顶弯竟是因为一个小卡子

汽车维修工的工作不是简单地拆拆装装,而是认认真真、仔仔细细地工作,一个细小的问题可能引起大的故障。我在中华轿车特约服务站工作时,曾经出现过这样的问题。

售后服务部前期收到三家服务中心反馈发动机正时带断裂、进而引起发动机气门弯的故障信息,该信息引起公司领导的充分重视,经质量改进部门现场调查分析后,发现造成发动机气门弯的主要原因是：洗涤液管被发电机传动带绞到正时带内,引起正时带跳齿,导致气门被顶弯。对此,公司提出了一系列改进措施,并要求注意以下两点：

1) 售后车辆在保养时,均要检查洗涤液管卡子是否脱落。

2) 售后维修车辆时,注意不要使洗涤液管与传动带距离较近,必须防止管子绞进传动带内发生类似事故。

一个小小的洗涤液管卡子脱落,竟能引起如此严重的故障！

汽车维修就是一个"细"字,要细心、细致。

2. 一个螺栓报废新散热器

认真、仔细、严谨是汽车维修工必备的素质！而有的汽车维修工工作马马虎虎，螺栓丢了随便找一个装上，卡子丢了找根铁丝绑上，线路不按原来的走向，拆装不按标准的顺序等。这些小的问题有时会酿成大的故障。

案例：我见过一个维修工更换上海别克凯越轿车的散热器，固定散热器框架的螺栓丢了一个，就随便找了一个换上，结果车辆出厂一个星期后散热器又漏了。一检查，原来是后来找的固定散热器框架的螺栓长了，与散热器接触上了，车辆运行过程中，长螺栓与散热器接触摩擦，将散热器磨漏了。

再次强调，一定要注意小问题，注意细节！

第三节　知道部件安装位置

汽车维修的一个基本要求是要知道部件的安装位置，我们不能为了找一个部件耗费大量的时间。这些部件包括传感器、执行器、控制单元，也包括熔丝、继电器、搭铁点等，对初学者来说，找到这些部件，一是借助维修手册，二是根据所学的汽车构造，分析判断。

一、传感器、执行器位置确定

传感器、执行器一般都有大致的安装位置。例如：曲轴位置传感器安装在曲轴的前部或后部，怠速控制阀安装在节气门体上，氧传感器安装在排气管上，但有一些传感器或执行器较难确定位置。

例如，奥迪 A6L 轿车二次空气泵的故障检修，一些维修工对它的工作原理和故障特点不是很了解，就连它的安装位置也很不了解。二次空气泵的作用是在特定的工况下，将新鲜空气经空气喷管喷入排气道或催化转化器，使排气中的 CO 和 HC 进一步氧化为二氧化碳 CO_2 和 H_2O。

奥迪 A6LC6 轿车，2.4L 发动机和 2.8L FSI 发动机有关于二次空气泵的故障码。检查发动机缸盖后发现，两个二次空气阀关闭不严造成废气回流至二次空气泵。冬季废气内的水分在二次空气泵内结冰，造成二次空气泵损坏。这些部件的组成图我们有了，但位置在哪里我们必须知道。怎么能尽快找到部件位置，或者通过这一系统的某一部件找到系统其他部件的位置呢？有以下方法：

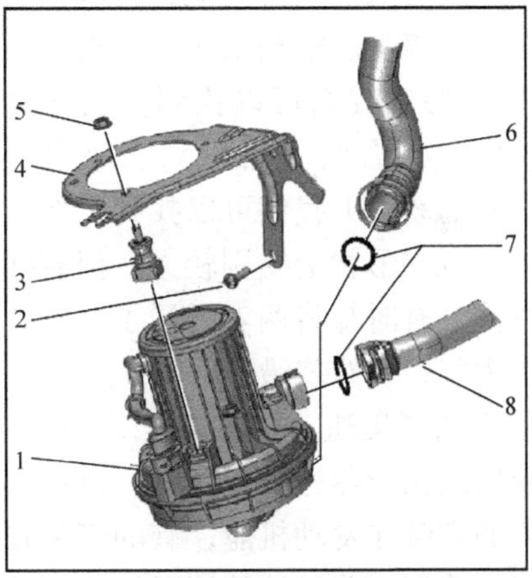

1）二次空气泵电动机 V101 的组成图如图 2-2 所示。从组成图上很难发现二次空气泵的位置。这就需要我们熟悉部件的位置。我们从其组成知道，二次空气泵上的一根软

图 2-2　二次空气泵电动机 V101 组成图
1—二次空气泵电动机 V101　2—螺栓（9N·m）
3—橡胶金属支座　4—支架（用于二次空气泵电动机 V101）
5—螺母（9N·m）　6—软管（用于二次空气，来自空气滤清器）
7—O 形圈　8—软管（用于二次空气，至二次空气组合阀）

管连接在空气滤清器上,二次空气泵的体积比较大,一般安装在车架上,这样我们比较容易找到二次空气泵安装在发动机舱中右前侧纵梁下面（图2-3）。

图2-3 二次空气泵安装图

2）通过二次空气组合阀,在查找部件时要注意二次空气泵和二次空气组合阀的区别。前面讲过二次空气泵的作用是在特定的工况下,将新鲜空气经空气喷管喷入排气道或催化转化器。那么二次空气泵泵入的空气由二次空气组合阀喷入排气道,二次空气组合阀安装在缸盖上。根据二次空气组合阀分解图（图2-4）,我们可以找到安装在缸盖上的二次空气组合阀（图2-5）。顺着二次空气组合阀的软管1我们可以找到二次空气泵。另外二者在形状上差别较大,但有些不熟悉的维修工有时却将两者混淆了,检查时费了不少力气,仍然装错了。

我们找到了奥迪A6L轿车二次空气泵,其他传感器或执行器也可以参考,例如：活性炭罐有的安装在发动机舱,有的安装在燃油箱附近。我们顺着燃油管路可以找,从燃油箱开始,从燃油箱出来一般有三根管,一根进油管,一根回油管,另一根是到活性炭罐的燃油蒸气管路。也可以反向找,可以从炭罐电磁阀连接的管路往回找,也可以找到活性炭罐。

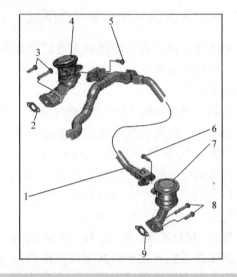

图2-4 二次空气组合阀分解图
1—软管（自二次空气泵电动机V101） 2—密封件
3、5、6、8—螺栓（9N·m） 4—右侧二次空气组合阀
7—左侧二次空气组合阀 9—密封件

二、熔丝位置

汽车上的零部件和电子设备很多,而且每个设备都会装有熔丝,因此为了便于日后的维

图2-5　二次空气组合阀

修，每辆车在设计之初，设计师便把汽车熔丝都集中设计在一个地方，这个地方被称为熔丝盒。

一般一辆车拥有两个熔丝盒，一个位于发动机舱内（图2-6），负责汽车外部用电器的熔丝，如发动机控制单元、喇叭、玻璃清洗器、ABS、前照灯等；另一个在驾驶人左侧附近（有的车在右侧），管理着车内的用电器（图2-7），例如车窗升降器、安全气囊、电动座椅、点烟器等。有些车辆在行李舱内可能也有熔丝。

图2-6　发动机舱熔丝盒

熔丝是检测电路时最应该查找的地方，对于4S店来说，熔丝位置有维修手册，可以方便查到。对于不是专修品牌车的修理厂来说，查找熔丝位置就有点困难，有些车熔丝位置在熔丝盖上可以查到，但有些车辆的熔丝盖上没有标出，那只能从维修手册、车辆用户手册、网上或有关资料中查找了。

以2015年迈腾1.8T轿车熔丝架B-SB的位置为例，熔丝架B-SB在电控箱Low上，发动机舱左侧（图2-8）。

不同规格的熔丝有不同的颜色，50A—红色，40A—橙色，30A—绿色，20A—黄色，10A—红色，7.5A—棕色，5A—米色，3A—淡紫色。

这辆迈腾车有故障了，怎样查找熔丝呢？还以电控箱Low上的熔丝位置分配为例，先查发动机舱左侧的熔丝，表2-1中列出了部分熔丝，如四个火花塞都不跳火了，则首先应该

车内熔丝盒一般位于驾驶人侧中控台的最左边或者左下

图 2-7　车内熔丝盒

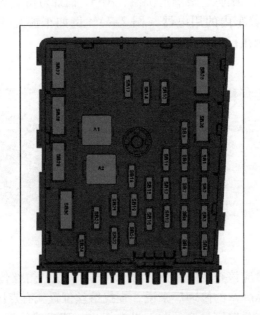

图 2-8　熔丝架 B – SB 的位置

检查 F10 熔丝，这个熔丝是连接点火线圈的公共电源线的。收音机不响了，首先应该检查 F7 熔丝。从熔丝开始，检查熔丝的电源输入端和输出端。如果输入端有电，则可能是熔丝或输出端至负载的线路断路、搭铁不良等故障。如果输入端没有电，则要检查熔丝的上游电路。

表 2-1　电控箱 Low 上的部分熔丝名称及功能

编号	电路图中的名称	额定值	功能/部件	接线端
F1	熔丝架 B 上的熔丝 1 SB1		未占用	
F2	熔丝架 B 上的熔丝 2 SB2	25A，30A[③]	ABS 控制单元 J104	30
F3	熔丝架 B 上的熔丝 3 – SB3	20A[③] 25A	双音喇叭继电器 J4	30
F4	熔丝架 B 上的熔丝 4 – SB4		未占用	
F5	熔丝架 B 上的熔丝 5 – SB5	5A	车载电网控制单元 J519	30
F6	熔丝架 B 上的熔丝 6 – SB6	15A[①]，25A[②]	双离合变速器控制单元 J743	30
F7	熔丝架 B 上的熔丝 7 – SB7	25A 15A	收音机 – R 收音机及导航系统显示单元的控制单元 J503	30
F8	熔丝架 B 上的熔丝 8 – SB8	25A 30A[③]	双离合变速器控制单元 J743	30
F9	熔丝架 B 上的熔丝 9 – SB9	5A	转向柱电子装置控制单元 J527	30
F10	熔丝架 B 上的熔丝 10 – SB10	20A[③]，25A	带功率输出级的点火线圈	87
F11	熔丝架 B 上的熔丝 11 – SB11	5A	组合仪表中的控制单元 J285	30
F12	熔丝架 B 上的熔丝 12 – SB12	5A	移动电话电子操作装置控制单元 J412	30
F13	熔丝架 B 上的熔丝 13 – SB13	5A	Motronic 供电继电器 J271 发动机控制单元 J623	30
F14	熔丝架 B 上的熔丝 14 – SB14	25A	发动机控制单元 J623	87
F15	熔丝架 B 上的熔丝 15 – SB15	5A	数据总线诊断接口 J533	30

① 仅适用于带 02E 型双离合变速器的汽车。
② 仅适用于带 0AM 型双离合变速器的汽车。
③ 仅适用于 1.4L 发动机的汽车。

三、继电器的位置

汽车上用的大多是电磁继电器，如图 2-9 所示。电磁继电器一般由铁心、线圈、衔铁、触点簧片等组成的。

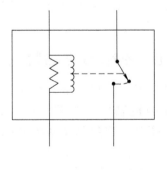

图 2-9　电磁继电器

只要在线圈两端加上一定的电压，线圈中就会流过一定的电流，从而产生电磁效应，衔铁就会在电磁力的吸引作用下克服弹簧的拉力吸向铁心，从而带动衔铁的动触点与静触点（常开触点）吸合。当线圈断电后，电磁吸力也随之消失，衔铁就会在弹簧的作用力下返回原来的位置，使动触点与原来的静触点（常闭触点）释放。这样吸合、释放，从而达到了导通、切断电路的目的。对于继电器的"常开""常闭"触点，可以这样来区分：继电器线圈未通电时处于断开状态的静触点，称为"常开触点"；处于接通状态的静触点称为"常闭触点"。继电器一般有两股电路，为低压控制电路和工作电路。

继电器可以作为故障检查的检查点，方便检查工作，我们应该知道继电器的位置。以迈腾1.8T轿车为例，低端电控箱上的继电器支架在发动机舱内左侧。继电器位置分配如图2-10所示。

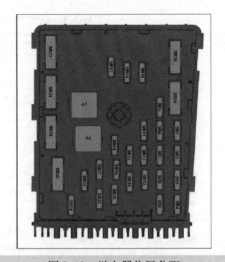

图2-10　继电器位置分配
A1—冷却液辅助泵电继电器J496（100）
（仅限于CFBA，安装在电控箱上的R1号位）、
发动机部件供电继电器J757（100）
（仅限于CEAA、CGMA，也安装在电控箱上的R1号位），
A2—Motronic供电继电器J271（100）
（仅限于汽油发动机，安装在电控箱上的R2号位）

四、接地点的位置

在汽车上接地点也是容易出现故障的一个部位，因此知道接地点的位置，有助于快速检查。以迈腾轿车为例，其发动机舱内接地点如图2-11所示。

如果4个火花塞均不点火了，我们要检查点火线圈的接地点。点火线圈的接地点有两处，气缸盖上的接地点如图2-12所示。变速器悬置上、变速器和发动机接地以及左前纵梁上的接地点如图2-13所示。

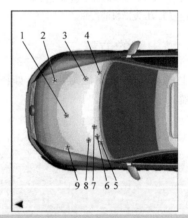

图2-11　发动机舱内接地点
1—气缸盖上的接地点　2—右前纵梁上的接地点
3—发动机舱内右侧接地点　4—排水槽右侧的接地点
5—排水槽左侧的接地点36　6—排水槽左侧的接地点
7—接地点，蓄电池-车身　8—发动机舱内左侧接地点
9—左前纵梁上的接地点3

五、控制单元的位置

现在车上的控制单元很多，以迈腾轿车车内控制单元为例，如图2-14所示，从图上看控制单元密密麻麻的，查找起来确实困难，但我们要了解大体的方位。知道控制单元的位置有助于快速找到控制单元，避免"南辕北辙"，明明控制单元在左侧，维修工却到右侧去查找了。

第二章 汽车维修工应该知道的知识

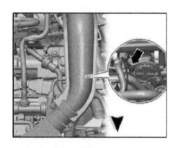

图 2-12 气缸盖上的接地点

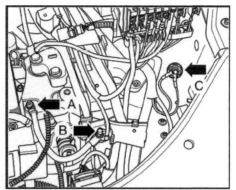

图 2-13 变速器悬置上、变速器和发动机接地以及
左前纵梁上的接地点
A—变速器悬置上的接地点
B—变速器和发动机的接地点
C—左前纵梁上的接地点 3（点火线圈的搭铁点）

如果要找安全气囊控制单元 J234，在图 2-14 中找到安全气囊控制单元 J234 的大体位置，在车内中部靠前的位置，大约与数据总线诊断接口 J533 在同一水平面上，这样就大体确定它的位置了，我们再找到它的确切位置图（图 2-15），这样它的位置就确定了。

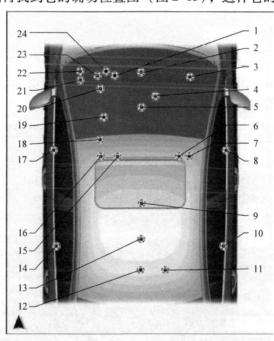

图 2-14 车内控制单元
1—数据总线诊断接口 J533　2—安全气囊控制单元 J234　3—舒适系统中央控制单元 J393　4—随动转向灯和前照灯照明距离调节控制单　5—空调控制单元 J301/全自动空调控制单元 J255　6—移动电话电子操作装置控制单元 J412　7—加热式后座椅控制单元 J786　8—前排乘客侧车门控制单元 J387　9—电控机械式驻车制动器控制单元 J540　10—右后车门控制单元 J927　11—燃油泵控制单元 J538　12—（RSE）后排座椅娱乐系统控制单元 J65　13—后部自动空调操作和显示单元 E265　14—左后车门控制单元 J926　15—加热式前座椅控制单元 J774　16—带记忆功能的座椅调节控制单元 J136　17—驾驶人侧车门控制单元 J386　18—功率放大器 R12　19—转向柱电子装置控制单元 J527　20—组合仪表 K/组合仪表中的控制单元 J2　21—自动泊车辅助系统控制单元 J791/驻车辅助系统控制单元 J446　22—车载电网控制单元 J519　23—电子方向盘锁止（ELV）控制单元 J76　24—接线端和发动机起动控制单元 J942

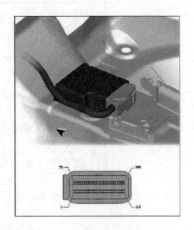

图 2-15　安全气囊控制单元 J234

第四节　知　常　识

一、熔丝为何熔断

大家看看图 2-16 所示的熔化的熔丝，熔丝烧得这么严重了，不仅熔丝熔断了，外面的塑料也融化了，这是什么原因？这种情况不能简单更换了事，必须查找出熔丝熔断的原因！要查找原因，首先要了解熔丝。

图 2-16　熔化的熔丝

1. 熔丝作用

当电路发生故障或异常时，往往伴随着电流不断升高，并且升高的电流有可能损坏电路中的某些重要器件或贵重器件，也有可能烧毁电路甚至造成火灾。若电路中正确地安置了熔丝，那么，熔丝就会在电流异常升高到一定的程度和发热度的时候，自身熔断切断电流，从而起到保护电路安全运行的作用。

熔丝相当于一个低熔点的电阻，通电的时候会发热，只要电流过大，温度达到熔丝的熔点，熔丝就会熔断，就自动断电。这样就保证了电路和用电器的安全。

2. 熔丝熔断原因分析

熔丝熔断的原因包括以下几种。

1) 短路：线路中出现短路故障，熔丝速断。
2) 过载：负载电流超过熔丝的额定电流，熔丝长期发热熔断。
3) 脉冲：在用电器启动或电源不稳定时，一个瞬时大电流造成熔丝熔断。
4) 接触不良：熔丝安装时没插紧，或两端螺钉没拧紧。
5) 质量问题：熔丝质量不合格、熔丝损伤也会造成熔丝熔断。

知道了这些原理，那我们来看看图2-16中的熔丝。熔丝烧得这么严重了，不能简单更换了事，而应该知道熔丝熔断的原因！不仅熔丝熔断了，外面的塑料也融化了，那么是什么原因造成这种情况呢？有以下几种。

1) 使用了规格较大的熔丝。
2) 负载电流长期临近熔丝的额定电流，熔丝长期发热。
3) 接触不良。
4) 熔丝不合格，这里也分两种情况：

① 熔丝的电阻较大，有大电流通过时，熔丝和线路一起发热，没有及时将熔丝熔断，反而将塑料融化了。

② 熔丝材质不易熔化。

维修实践中，我们不仅要找到熔断的熔丝，更要明白熔丝熔断的原因。

案例：

一辆雪铁龙轿车熔丝烧了，到修理厂更换了一个熔丝，没跑多长时间熔丝又烧了。连续换了三次，客户不高兴了。维修人员开始找原因，找来找去，又没有找到。分析可能是汽油泵的问题，就更换了。可车辆没跑几天还是烧熔丝，更换了隔三差五又烧断。4S店没办法了，就送了客户一大包熔丝，客户烧了就换上，烧了就换上。直到有一天，发现更换了熔丝，车辆也不工作了。没有办法转到另一家修理厂去，这家修理厂发现汽油泵的插座已经被烧化了。多危险啊！如果再继续下去可能会引起火灾，发生车毁人亡的事故！这家修理厂开始分析原因，最后终于找到了故障原因。他们发现这辆车炭罐的透气性不好，油箱有时会被吸瘪。当油箱被吸瘪时，汽油泵工作阻力增大，熔丝就会烧断。更换炭罐后故障再没有发生。这个案例告诉我们，检查故障一定要找到真正的故障原因，不要自以为是。

熔丝常识1：不要乱改乱装电器负载。

用电器负载过大的主要原因有：乱改、乱装前照灯、车载音响设备；使用劣质的点烟器转接器和大功率用电器接点烟器等。因此，在改动汽车电路前，应事先了解汽车原厂用电器的功率和最大负载，例如改装的前照灯功率高于原厂设定值，就有可能造成车灯熔丝烧断。

熔丝常识2：长时间喷洗涤液导致熔丝损坏。

一般在入冬的时候车主可能忽略更换有防冻功能的洗涤液，因此喷洗涤液的时候，特别是在早上喷洗涤液的时候，发现喷不出水来，就会一直按着喷洗涤液的开关，时间一长控制洗涤液喷出的洗涤泵熔丝就因过热损坏。

遇到客户说明这种按开关不喷洗涤液的情况，必须检查一下洗涤液是不是冻住了，或者看看喷口是否堵住了。

熔丝常识3：点烟器使用有问题导致熔丝烧断。

点烟器熔丝也是车上一个很容易损坏的部件，由于很多车主要在点烟器上取电，并插入了各种不同负载的用电器，这就加速了点烟器熔丝的烧断。因此遇到点烟器熔丝烧断的情况，应该建议客户在使用点烟器取电的时候，一定要注意所使用的用电器的工作电压和电流是多少，不要超过点烟器熔丝所允许的最大电流，避免点烟器熔丝烧断，一般车辆点烟器的熔丝的最大工作电流是10A。

熔丝常识4：增加设备一定要按照原厂要求安装熔丝。

有些车主买的是低配车，但又迷恋同款车型高配车型的一些配置，因此日后就自己加装、改装，比如增加个雾灯、高位制动灯之类的。

如果客户增加了原车内没有的配置，一定要告诉客户根据使用的要求和厂家的规定安装熔丝。

二、为什么不能用水冲洗发动机舱

发动机舱有很多电器部件，如熔丝盒、继电器盒、发动机控制单元、ABS控制单元、线束、发电机、起动机、传感器、点火线圈等。日常养护时，不允许用水管直接冲洗发动机舱，否则会造成这些部件进水损坏。另外，对于一些老旧车辆可能有线束胶皮老化造成裸露导线的情况出现，如果用水冲洗会造成线路短路。

三、知道仪表指示灯

仪表用来指示汽车运行以及发动机运转状况，以便驾驶人随时了解汽车各系统的工作情况，保证汽车可靠而安全地行驶。在汽车仪表盘上安装了许多警告灯，当汽车或发动机的某一系统处于不良或特殊状态时，仪表警告灯会突然发亮，来提醒驾驶人注意，以便采取适当措施，保证行车安全。常用的仪表警告灯有发动机故障指示灯、机油压力警告灯、蓄电池指示灯等。仪表指示灯大家可能都认识，但哪些亮了汽车不能行驶了，哪些对汽车性能有重要影响，我们应该清楚，这里有几个指示灯需要特别说一下。

1. 机油压力警告灯

机油压力警告灯如图2-17所示，该指示灯用来显示发动机内机油的压力状况。打开点火开关，车辆开始自检时，指示灯点亮，起动后熄灭。该指示灯常亮，说明该车发动机机油压力低于规定标准，应该立即停车维修，100m也不能跑了，否则会造成发动机严重损伤。

2. 蓄电池指示灯

蓄电池指示灯如图2-18所示，该指示灯用来显示蓄电池使用状态。打开点火开关，车辆开始自检时，该指示灯点亮。起动后自动熄灭。如果起动后蓄电池指示灯常亮，说明该车充电系统出现了问题，一般是发电机或线路发生故障的可能性大。此时汽车也不要行驶了，发动机随时可能因为亏电而熄火。

图 2-17　机油压力警告灯

图 2-18　蓄电池指示灯

3. ABS 指示灯

该指示灯用来显示 ABS 工作状况，如图 2-19 所示。当打开点火开关，车辆自检时，ABS 指示灯会点亮数秒，随后熄灭。如果未闪亮或者起动后仍不熄灭，表明 ABS 出现故障。如果汽车在冰雪路面行驶，车轮偶尔打滑，灯也会亮起，发动机熄火后再起动就不亮了，可不必在意。

4. 冷却液温度指示灯

如图 2-20 所示，该指示灯用来显示发动机内冷却液的温度，打开点火开关，车辆自检时，会点亮数秒后熄灭。冷却液温度指示灯常亮，说明冷却液温度超过规定值，需立刻暂停行驶检修。该灯在冷却液温度正常后熄灭。

图 2-19　ABS 指示灯

图 2-20　冷却液温度指示灯

5. 燃油量指示灯

燃油量指示灯如图 2-21 所示，该指示灯用来显示油箱内燃油量的多少，如果油量在正常范围内，油量指示灯是熄灭的。如果该指示灯点亮，则说明油箱内油量已不足。这个指示灯大多数人应该都认识，这里需要指出的是当出现发动机熄火故障时，一定要注意检查燃油量是否正常。曾经有过维修工在排除发动机熄火故障时，找了半天最后才发现是燃油量不足了。

6. 安全气囊指示灯

安全气囊指示灯如图 2-22 所示，该指示灯用来显示安全气囊的工作状态，当打开点火开关，车辆开始自检，该指示灯自动点亮数秒后熄灭，如果常亮，则说明安全气囊出现故障。

图 2-21 燃油量指示灯

图 2-22 安全气囊指示灯

7. 轮胎压力警告灯

轮胎压力警告灯如图 2-23 所示，该警告灯用来显示轮胎压力的状态，需要注意的是这几个符号和文字提示不是所有车型都是这样的，更多的是只有一个轮胎缺气的符号。

8. 变速器故障警告灯

如图 2-24 所示，该指示灯用来显示变速器的状态，应该注意的是下面的文字提示：变速器故障，您可以继续驾驶车辆（功能受限）。这个提示不是说车辆可以长时间行驶，如果客户打电话问你，一定告诉他尽快修理，否则可能造成大的损坏！

图 2-23 轮胎压力警告灯

图 2-24 变速器故障警告灯

第五节 懂 原 理

作为汽车维修工不仅要知道系统的组成和零部件的结构，而且要懂它们的工作原理，这样才能更好地修车。这里只举几个典型问题说明懂原理的重要性。

第二章 汽车维修工应该知道的知识

一、懂汽车新结构的工作原理

懂汽车的工作原理，特别是一些新结构的基本工作原理。现在不少车辆如：奥迪、北京现代等，使用了怠速起停系统，它的作用是车辆遇到交通堵塞、红绿灯等长时间怠速停车时，怠速起停系统自动关闭发动机。当长时间怠速停车情况解除时，发动机将自动起动。

怠速起停系统自动关闭发动机条件是：车速低于5km/h，变速器档位在空档，离合器释放，此时发动机停止工作，仪表板上的 AUTO STOP 指示灯点亮。在变速杆位于空档位置时踩下离合器踏板，发动机重新起动，仪表板上的 AUTO STOP 指示灯熄灭。

怠速起停系统工作的条件是：蓄电池电量充足、环境温度超过2℃、发动机冷却液温度高于45℃、使用了安全带、驾驶人车门关闭、发动机舱盖关闭、制动助力器真空压力充足。

一辆带有怠速起停系统的北京现代索纳塔轿车，在红灯停车时，发动机停止工作了，可绿灯亮时，变速杆位于空档位置踩下离合器踏板，发动机不起动了。连接诊断仪读出故障码，无故障码显示。读取数据流，蓄电池电量充足、环境温度超过2℃、发动机冷却液温度高于45℃。检查制动助力器真空压力充足，安全带工作，驾驶人车门关闭。检查发动机舱盖开关，发现发动机舱盖开关闭合胶垫损坏了，有时与发动机舱盖开关结合不紧密。更换发动机舱盖开关闭合胶垫，故障再没出现。分析车辆在红灯停车时，发动机舱盖开关闭合胶垫与发动机舱盖开关错位，使二者结合不紧密，引起发动机不能再次起动。

二、明白系统的组成及工作原理

明白各个系统的组成是维修的关键。例如：一辆汽车有怠速不稳的现象，我们要知道这辆车的怠速控制系统是由怠速电动机等部件组成的，还是电子节气门体等组成的。这两种不同的结构，工作原理也不同，引起故障的原因也不同。

奥迪轿车的防盗系统现在已经发展到了第五代，A6C5第三代防盗系统的防盗控制单元在组合仪表中，A6LC6第四代防盗系统的防盗控制单元在转向柱总成内，转向柱总成集成了进入和起动授权控制单元J518。A6LC7第五代防盗系统的防盗控制单元在舒适系统控制单元J393内。我们在维修时要知道这些，否则维修时就不知从哪里下手。

维修时防盗系统的每一个部件都要检查，在系统里没有可有可无的部件。我曾经修过一辆北京现代索纳塔轿车，这辆车有个奇怪的故障，车停在那儿不知什么时候，防盗报警就起动了，用遥控器打开车门重新锁上就好了。因为这个故障，车主找了两家修理厂也没修好。车开到了我们修理厂，用遥控器开锁、闭锁，发现一个问题：开锁时紧急闪光灯闪一次，防盗喇叭不响。闭锁时紧急闪光灯不闪，防盗喇叭不响。看来防盗系统真有故障了，正常情况下，开锁、闭锁时紧急闪光灯都应闪一次，防盗喇叭响一下。这种故障，车门开关、行李舱盖开关和发动机舱盖开关是容易出故障的地方。检查车门开关、行李舱盖开关正常，检查发动机舱盖开关正常，检查发动机舱盖开关闭合胶垫是新的。故障会在哪里呢？在合上发动机舱盖时，发现发动机舱盖开关与发动机舱盖开关闭合胶垫不能对正。仔细观察发现，发动机舱盖铰链变形了。询问车主得知该车，前段时间发生事故更换了发动机舱盖和两个铰链，看铰链的样子，是质量很差的那种。更换两个新的发动机舱盖铰链，合上发动机舱盖时，发动机舱盖开关与发动机舱盖开关闭合胶垫能完全对正。车主将车开走，故障再也没有出现。

三、轻踩制动踏板为什么有时出现向左跑偏现象

我曾经遇到过一辆轿车，行驶至 50～80km/h 时，轻踩制动踏板有时出现向左跑偏现象。当车速高于或低于此车速时，则无此故障现象出现，急踩制动踏板时也无此故障现象。

该车带 ABS，一般情况下带 ABS 的车辆，制动跑偏多为机械故障。分析机械故障有以下几种情况：

① 制动装置原因：左右制动盘与摩擦片间隙或接触面不良，摩擦片表面沾有油污，一只制动轮缸漏油或卡滞，一侧管路堵塞，一则制动钳固定板松动或变形。

② 车轮原因：左右轮胎气压不一致，左右轮胎磨损不匀，轮毂轴承磨损或空旷。

③ 其他原因：前轮定位失准，左右减振器损坏或弹簧弹力不足，车架变形，左右轴距不等。

按上述故障原因进行检查，没发现故障存在。机械故障排除了，要检查 ABS，断开 ABS 控制单元插接器再试车，故障现象没有了。

看来还要对 ABS 电气系统进行检查。连接好诊断仪 V.A.G1551，读出 ABS 的故障码，结果显示系统正常。但无故障码不表示系统无故障，带上 V.A.G1551 诊断仪路试，读出 ABS 的数据流。当车速在 50～60km/h，发现右前轮的轮速却为 58～59km/h，故障应在右前轮。

首先，拆下右前轮轮速传感器检查，发现轮速传感器顶部有少量的铁屑，将其清理干净后再试车，故障还存在。更换右前轮轮速传感器后，故障仍存在。分析轮速传感器的作用是将车轮的速度信号传给 ABS 控制单元，而车轮的速度信号是由安装在轮毂上随车轮同步旋转的齿圈来反映的。再检查齿圈，发现两个轮齿间有一块铁屑，将铁屑去掉后再试车，故障排除。

本故障是由齿圈轮齿间的一块铁屑造成的，当急踩制动踏板时，四个车轮的轮速变化即制动减速度均较大，铁屑对右前轮轮速传感器造成的影响可忽略不计，因此急踩制动踏板时车辆无向左跑偏现象。当车速低于 50km/h 或高于 80km/h 时，由于车速过低或过高，铁屑对右前轮轮速传感器也造不成影响，也不会出现车辆向左跑偏现象。当该车行驶至 50～80km/h 时，若轻踩制动踏板时，铁屑正对或略早于右前轮轮速传感器传感头时，轮速传感器瞬时传给 ABS 控制单元的信号，表明右前轮轮速要低于左前轮轮速，因此 ABS 控制单元控制左前轮制动力增加，使车辆出现向左跑偏现象。而当铁屑与右前轮轮速传感器传感头相距较远时，轮速传感器瞬时传给 ABS 控制单元的信号，表明右前轮轮速正常，此时车辆就不会出现跑偏现象。

四、更换空调管为什么会出现异响

在空调管路上有一段很粗的管路（图 2-25），有维修工以为没有什么作用。更换或维修空调管时，去掉了这段很粗的管路，结果装车后打开空调，发现有异响。找来找去才知道是缺少了这段很粗的管路。原来这段管路的作用是减少脉动、消声的。

这个情况的出现，也是因为不懂这个部件的工作原理。看是看到了，但认为可有可无，就造成了故障。

图 2-25　这段管路的作用是减少脉动及消声

五、工作条件满足了吗

电控系统的工作要满足一些条件才能进行，如果某个或某几个条件不满足，那系统就不能工作，例如：大众途安轿车的刮水器不工作了，检查前我们要知道很多大众车打开发动机舱盖后，刮水器不工作。因此检查时要看看发动机舱盖开关是否好用，再一个就是检查时要在发动机舱盖关闭的情况下检查。

定速巡航系统的工作也是这样，我遇到过几个故障均是条件不满足引起的。

有些汽车踩制动踏板，定速巡航功能不能解除，这时首先想到的是制动开关。因为当定速巡航系统正常工作时，制动开关将信号传至定速巡航系统控制单元，控制单元据此信号解除定速。现在定速不能解除，分析制动信号没能传至控制单元。先踩下制动踏板，观察制动灯没亮，拆下制动开关的插接头，用导线短接，制动灯亮，说明制动开关故障。更换制动开关后再试车，可以进行定速巡航设定，并且踩制动踏板时定速巡航能解除。如果汽车制动开关不良，则定速巡航根本就不能设定。

对于自适应巡航系统，工作条件就更加严格，例如一辆 2018 款的英菲尼迪 QX50 自适应巡航不工作，读取故障码有蓄电池电压低的故障码，询问客户得知该车前几天亏电，用别的车的蓄电池跨接起动过，因为一直没有用自适应巡航就没有发现问题，今天要用了，才发现自适应巡航不工作了。知道这些情况后，将故障码清除，自适应巡航工作就正常了。

六、为什么多个传感器或少个传感器都是故障

一辆奥迪 A6L 轿车轮胎气压警告灯偶尔亮，检查轮胎气压符合标准值，通过 MMI 加以确认系统还报警，读取故障码为"系统不正常"。后来检查发现车内有一个换下来的轮胎气压传感器。将车内的传感器拿掉，故障排除。

而一辆丰田 RAV4，到修理厂说轮胎气压警告灯亮，检查 4 个车轮的轮胎气压都符合标

准值，检查备胎发现没有了，询问客户，客户说觉得备胎占地方就放在了车库里。将备胎放回去，轮胎气压警告灯就不亮了。

为什么奥迪车多个传感器，丰田车少个传感器都会出现故障呢？这就需要我们了解这两种车型轮胎压力监控系统的工作原理。

奥迪轮胎压力监控系统轮胎气压设定的工作原理是轮胎压力监控系统规定只能在一定区域内寻找到4个传感器，如果有的传感器放在驾驶室内，会使控制单元产生错误判断，储存故障码。备胎内也装备了传感器，但轮胎压力监控系统不监控备胎，数据块中也无关于备胎的显示。

丰田RAV4是监测5个轮胎的气压，除了安装在车轮上的4个轮胎，还有备胎。备胎里也安装了轮胎压力传感器，将备胎放在车库里，轮胎压力监控系统检测不到，轮胎气压警告灯就会亮。同样，丰田车备胎的轮胎气压不符合标准，轮胎气压警告灯也会亮的。

第三章 汽车维修工应会的技能

第一节 初级汽车维修工应会的基本操作

一、会常用拆装工具的使用

俗话说"工欲善其事，必先利其器"，维修工具在我们的维修工作中起到了非常重要的作用，在汽车修理行业也有"三分技术，七分工具"的说法，如此说来，正确地选择和使用工具对汽车维修来说是极其重要的。但很多维修工不太重视工具和量具的使用方法，导致不能顺利完成维修工作。下面我们来介绍一些常用的维修工具的使用方法。

1. 扳手

常见的扳手有活扳手、呆扳手、梅花扳手、棘轮扳手、扭力扳手和内六角扳手等。其中棘轮扳手和扭力扳手需要和套筒配合使用。在螺栓、螺母的拆装过程中，主要使用的是套筒和梅花扳手。扳手使用原则是：一是根据螺栓或螺母的尺寸，选择相应尺寸的扳手。二是松开力矩较大的螺栓时，一定要使用套筒或梅花扳手，紧固螺栓到标准力矩时，一定要使用套筒加扭力扳手。

（1）活扳手

活扳手俗称活动扳手，在汽车维修中较少使用，作者也建议尽量少用。如果要使用一定要注意使用方法，否则会造成螺栓的损坏。其使用方法是：

① 根据螺栓、螺母的尺寸先调好活扳手的开口大小。

② 将活扳手固定部分置于受力大的一侧，垂直或水平插入螺栓头部。

注意：

① 使用时应使拉力作用在开口较厚的一边

图3-1 活扳手的使用

（图3-1）。

② 使用时，不准在活扳手的手柄上随意加套管或锤击，以免损坏活扳手或螺栓。

③ 禁止将活扳手当锤子使用。

（2）呆扳手

呆扳手使用方法是：

① 根据螺栓或螺母的尺寸，选择相应尺寸的呆扳手。

② 将扳手的开口垂直或水平插入螺栓头部。

③ 将扳手较厚的一边置于受力大的一侧，扳动扳手。

注意：

① 呆扳手不能用于拧紧力矩较大的螺栓和螺母。

② 为了防止呆扳手损坏或滑脱，应使拉力作用在开口较厚的一边（图3-2）。

图3-2 呆扳手的使用

③ 使用时，应将呆扳手手柄往身边拉，切不可向外推，以免将手碰伤。

④ 使用时，不准在呆扳手上随意加套管或锤击，以免损坏呆扳手或螺栓。

⑤ 不能将呆扳手当撬棒使用。

（3）梅花扳手

与呆扳手相比，梅花扳手扳动30°后，即可换位再套，适于狭窄位置操作，而且它具有强度高、不易滑脱等优点，应优先使用。它的使用方法是：

① 根据螺栓或螺母的尺寸，选择相应尺寸的梅花扳手。

② 将扳手垂直套入螺栓头部。

③ 扳转时，手势与呆扳手相同；用力扳转时，应上下握紧扳手手柄，往身边扳转。

注意：

① 使用时，不准在梅花扳手上随意加套管或锤击。

② 禁止使用内孔磨损过甚的梅花扳手，以免损坏螺栓。

（4）套筒

套筒的内孔形状与梅花扳手相同（正六边形），需要配有手柄、棘轮手柄、快速摇柄、接头和接杆等,以方便操作和提高效率。套筒扳手除了具有一般扳手的用途外,特别适用于拆装位置狭小或隐蔽较深处的六角螺母和螺栓。套筒比梅花扳手更方便快捷,应优先使用。它的使用方法是:

① 使用时根据螺栓、螺母的尺寸选好套筒。

② 将套筒套在快速摇柄的方形端头上(视需要可与接杆或短接杆配合使用)。

③ 再将套筒套在螺栓或螺母上,转动快速摇柄进行拆装。

注意:

① 拆装连接件时,握摇柄的手切勿摇晃,以免套筒滑出或损坏螺栓、螺母的六角。

② 禁止用锤子将套筒击入变形的螺栓、螺母的六角进行拆装,以免损坏套筒。

③ 禁止使用内孔磨损过甚的套筒。

(5)棘轮扳手

棘轮扳手使用方便但不够结实。不要使用棘轮扳手对螺栓或螺母进行最后的拧紧或拆卸过紧的螺栓。例如:禁止用棘轮扳手对轮胎螺栓进行最后的拧紧,见图3-3。另外,严禁对棘轮手柄施加过大的力矩,否则会损坏内部的棘爪结构。有些专业棘轮扳手设计有套筒锁止及快速脱落功能,只需单手操作,可防止在使用过程中,套筒或接杆脱落。使用时,按下(或扳动)锁定按钮,将套筒头套入棘轮扳手的方榫中,松开(或向另一个方向扳动)锁定按钮,套筒即被锁止,如再次按下锁定按钮,即可解除套筒锁定。

图3-3 不能用棘轮扳手做最后的拧紧

(6)扭力扳手

扭力扳手与套筒扳手中的套筒头配合使用,可以直接读取力矩的大小,适用于有明确力矩规定的重要部位的螺栓和螺母(如发动机连杆螺母、气缸盖螺栓、曲轴主轴承螺栓等)的紧固。它的使用方法是:

① 将套筒插入扭力扳手的方榫上。

② 用左手把住套筒,右手握紧扭力扳手手柄往身边扳转。

③ 预调式扭力扳手使用前应先将力矩调校至规定值。

注意:

① 禁止往外推扭力扳手手柄,以免滑脱而损伤身体。

② 对要求拧紧力矩较大、工件较大、螺栓数较多的螺栓、螺母,应按一定顺序分次拧紧。

③ 拧紧螺栓、螺母时,不能用力过猛,以免损坏螺纹。

④ 禁止使用无刻度盘或刻度线不清的扭力扳手。

⑤ 拆装时,禁止在扭力扳手的手柄上再加套管或用锤子锤击。

2. 螺钉旋具

螺钉旋具主要有一字螺钉旋具和十字螺钉旋具两种,其使用方法是:

① 使用时，右手握住螺钉旋具，手心抵住柄端，螺钉旋具与螺钉同轴心，压紧后用手腕扭转。松动后用手心轻压螺钉旋具，用拇指、中指、食指快速扭转。

② 使用长杆螺钉旋具，可用左手协助压紧和拧动手柄。

注意：

① 旋具刀口应与螺钉槽口大小、宽窄、长短相适应，刀口不得有残缺，以免损坏槽口和刀口。

② 不准用锤子敲击螺钉旋具柄当錾子使用。

③ 不准将螺钉旋具当撬棒使用。

3. 钳子

汽车拆装中常用的钳子有钢丝钳、尖嘴钳和鲤鱼钳等，一般用于切断金属丝、夹持或弯曲小零件。使用方法：

① 根据需要选用钢丝钳、鲤鱼钳或尖嘴钳。

② 擦净油污，用手握住钳柄后端，使钳口闭合夹紧工件。

注意：

① 禁止用钳子当扳手、撬棒或锤子使用。

② 不准用锤子击打钳子。

③ 禁止用钳子夹持高温机件。

④ 不要用钳子代替扳手松紧 M5 以上的螺纹连接件，以免损坏螺栓或螺母。

4. 锤子

锤子按锤头形状分有圆头、扁头及尖头三种。按材料分有铁锤、木锤和橡胶锤等。锤子主要用于敲击工件，使工件变形、位移、振动，并可用于工件的校正和整形。锤子一端平面略有弧形的是基本工作面，另一端是球面，用来敲击凹凸形状的工件。使用方法：

① 敲击时，右手握住锤柄后端约 10mm 处，握力适度，眼睛注视工件（图3-4）。

② 挥锤方式有手腕挥、小臂挥、大臂挥三种。

图3-4　锤子的正确使用

注意：

① 锤子手柄应安装牢固，用楔子塞牢，防止锤头飞出伤人。

② 锤头应平整地击打在工件上，不得歪斜，防止破坏工件表面形状。

③ 拆卸零部件时，禁止直接锤击重要表面或易损部位，以防出现表面破坏或损伤。

二、会常见专用工具的使用

1. 火花塞套筒扳手

火花塞套筒扳手是一种薄壁长套筒扳手。使用方法：

① 根据火花塞的装配位置和火花塞六角的尺寸，选用不同高度和径向尺寸的火花塞套筒。

② 对准火花塞孔，并与火花塞六角形部位套接可靠，用力转动套筒，使火花塞旋入或旋出。

注意：

① 拆装火花塞时，火花塞套筒不得歪斜，以免套筒滑脱。

② 扳转火花塞套筒时，不准随意加长手柄，以免损坏套筒。

2. 机油滤清器扳手

机油滤清器扳手是拆装机油滤清器的专用工具，常见的有两种：链条式和套筒式。

（1）链条式拆装机油滤清器扳手

链条式拆装机油滤清器扳手，如图3-5所示，这种扳手使用方便，缺点是在安装时如果操作不好，用力过大或扳手在滤清器表面滑转可能会损坏滤清器，引起滤清器漏机油。因此使用时应该注意：

① 用时尽量将扳手套在滤清器根部靠近座的位置，以免损坏滤清器。

② 安装时不可用力过大，以免损坏滤清器。

（2）套筒式拆装机油滤清器扳手　套筒式拆装机油滤清器扳手，如图3-6所示，使用时要求选择尺寸合适的拆装机油滤清器扳手。

图3-5　链条式拆装机油滤清器扳手

图3-6　套筒式拆装机油滤清器扳手

三、会举升设备的使用

做汽车维修工作少不了举升设备,不管是举升机还是千斤顶都要会操作,尤其要注意安全。大家想想,我们把一台一两吨重的汽车举起离开地面1.5~2m高,如果掉下来会是什么后果。这不是危言耸听,汽车从举升机上掉下来的事情,在全国不少修理厂或4S店都发生过。所以,大家一定要严格按照操作规程使用举升设备。

案例:少个掩块车辆滑落

有个维修工在做四轮定位时将车辆开上了四柱举升机上,并拉紧了驻车制动。按照规定,车轮前后需用掩块掩住。他拿起一块掩块掩在车轮前部,而另一块掩块他找了半天也没找到,于是他想,驻车制动也拉了,不会有问题了。谁知这台车的驻车制动不好用,举升车辆时,由于振动,车辆从举升机上掉了下来,造成车辆损坏,万幸的是没有人员受伤,否则这个维修工会抱恨终生。

汽车维修是一项严谨的工作,需要认真、严肃的工作态度,丝毫马虎不得。

四、会检验

汽车维修工在作业过程中或作业完毕后,要对汽车维修质量进行检验,检验分为自检、互检和专检。自检要汽车维修工自己进行,自检的重点是检验完成的项目有无螺栓没有紧固、零部件有无安装不到位、安装后有无漏油、漏水、漏气、漏电等。

例如:轮胎气压的检查,轮胎气压表是汽车维修工天天要使用的,在这里举一个案例说明检验的重要性。

有一台奔驰轿车到一家修理厂进行保养,保养完了以后客户说车辆跑起来有嗡嗡的声音,查了一下保养记录,只是更换了机油,清洗了空气滤芯。是哪里装不好吗?检查了一下也没有问题。那问题会在哪里呢?仔细询问维修工,原来维修工给车辆轮胎充了气。问他充了多少,他说充了220kPa。在油箱盖下查找该车的轮胎气压值,发现前轮气压应该是180kPa,后轮气压220kPa,也就是说维修工给轮胎多充了气体。把轮胎气压调整到标准值,异响消失了。原来是不正常的轮胎气压,造成了车辆行驶有嗡嗡的声音。

这个案例告诉我们,轮胎充气也不是一件小事,一定要认真仔细。作者还见过有的维修工检查轮胎气压,检查完后没有检查气门芯的密封情况,结果检查后气门芯仍漏气,轮胎没跑几天又漏完气了。一条正常的轮胎因为检查轮胎气压造成了漏气,确实不该发生。

那么怎么保证轮胎不漏气呢?有个小技巧,就是充完气后,一定要检查气门嘴是否漏气,如图3-7所示。如果能做到这一点,就不会出现上面所说的返工了。

图3-7 检查轮胎气门嘴是否漏气

第二节 汽车维修工应会的十项基本技能

上一节讲了初级汽车维修工应会的基本操作，本节我们讲讲汽车维修工应该具备的十项基本技能。

一、会汽车维护作业

汽车维护就是我们常说的汽车保养，为此必须先知道汽车维护的内容。汽车维护分为日常维护、一级维护和二级维护。

日常维护周期为出车前、行车中和收车后的时段，维护内容以清洁、补给和安全性能检视为中心。

一级维护、二级维护周期的确定以行驶里程间隔或行驶时间间隔为依据。一级维护除日常维护外，以润滑、紧固为作业中心内容，并应检查有关制动、操纵等系统中的安全部件。二级维护除一级维护作业外，应检查、调整制动系统、转向操纵系统、悬架等部件，并拆检轮胎，进行轮胎换位，检查、调整发动机工作状况和汽车排放控制系统等。

汽车维护的主要工作是清洁、检查、紧固、调整、润滑、补给等。

1）清洁：包括对空调滤清器滤芯、空气滤清器滤芯的清洁，汽车外表的养护和对有关总成、零部件内、外部的清洁。

2）检查：检查汽车各总成和机件外表的工作情况和连接螺栓的松紧度、汽车灯光、空调性能等。

3）紧固：紧固工作是为了使各部机件连接可靠，防止机件松动，重点应放在负荷重且经常变化的各机件的连接部位上，以及对各连接螺栓进行紧固和配换。

4）调整：按技术要求，恢复总成机件的正常配合间隙及工作性能。

5）润滑：包括对发动机润滑系统部件更换或添加机油；对传动系统及行驶系统各润滑点加注润滑油或润滑脂。

6）补给：对汽车的燃油、润滑油及特殊工作液体进行加注补充，对蓄电池进行补充充电，对轮胎进行补充充气等。

知道了汽车维护内容，然后必须要会操作，同时会选用油液，有很多资料对此有详细介绍，本书第四章也会重点介绍，这里就不再啰嗦。

二、会用基本方法进行基本检查

基本方法就是中医上的"望、闻、问、切"，我们再加上一个"听"。基本检查就是最基本的检查，用眼睛、手、鼻子、耳朵就可以检查到故障所在，线路插接器、各类油液要会检查，有些故障不是那么复杂，用基本方法进行基本检查就可以排除故障。

（1）望

望是否有部件变形，导线是否断路、短路，接线器是否脱落，有无漏油、漏水，各种真空管的连接状况等。望时可以结合故障现象，有针对性地望。例如：发动机怠速抖动，我们就要看有无真空管脱落。发动机冷却液温度高要看有无漏水。

案例：一台奥迪A6L轿车，装备2.0T发动机。客户反映该车加速无力，检测时观察了一下燃油箱，发现燃油箱被吸瘪变形。想想为什么燃油箱会吸瘪？出现这种情况大多是由于活性炭罐堵塞造成的，往往一看就能发现问题所在。

一台车辆的冷却液严重流失，如果看到驾驶室的风道里有白雾冒出，那肯定是暖风水箱漏水或者暖风水管破损了。

（2）闻

有些故障出现后，会产生比较特殊的气味，据此可比较准确地判断故障部位。如发动机混合气过浓，排气中会有燃油味；传动带打滑后会产生焦煳味；导线过热会有胶皮味；橡胶及塑料过热后会发出焦煳味等；为判断自动变速器打滑，也可以闻自动变速器油是否有煳味。

案例：丰田卡罗拉轿车加不上速

一辆丰田卡罗拉轿车加不上速，客户反映该车有煳味。此时我们可以闻闻味道是从哪里发出来的。如果在离合器部位，那是离合器打滑了；如果在制动片处，那是制动系统拖滞，也就是俗话说的"带制动"了。

（3）问

问讯是为了弄清车况。向客户调查故障产生时间、地点、条件、频率、如何产生、是否已检修过什么部位等。具体内容包括：

1）车辆年份，车辆行驶里程。
2）车辆配置情况，车辆发动机型号（或是发动机排量），车辆变速器型号（手动或自动）。
3）保养情况，是否为事故或进水车。
4）详细描述故障现象，故障持续时间，是否有规律。
5）详细描述维修记录（做过几次维修，或是在其他修理厂修理过什么）。
6）维修替换情况，做过哪些维修，替换过哪些部件（是否原厂配件），替换过部件之后故障现象是否有变化，请详细描述。

问询时一定要委婉告诉客户，务必真实提供信息，以便更准确地判断故障。针对问询情况，分析可能的故障原因。例如：客户说他的车是在某修理厂更换某一零部件后出现的故障，那么这个零部件可能就是故障点。如果客户说他的车行驶时正常，只在等红绿灯时熄火，那么该车的怠速控制系统，尤其是节气门体可能是故障点。

案例：故障来自车辆的特性

广州本田雅阁轿车故障现象是空调有风不冷、无转向灯、前照灯无远光，遥控门锁不工作。询问车主得知因车辆放置几天蓄电池电量不足，用外接电源起动后出现了空调有风不冷、无转向灯、前照灯无远光，遥控门锁不工作的故障。熄火后拔出锁匙，断开蓄电池负极若干秒后装上，一切恢复正常。如果不问清情况，那要白费好多力气了。

（4）摸

通过触摸，检查接线是否牢固，软管是否断裂，温度是否正常等。

案例：上海大众帕萨特领驭轿车高速行驶时有时发动机冷却液温度高

上海大众帕萨特领驭轿车高速行驶时有时发动机冷却液温度高，到修理厂几次都没检查出故障，后来有个老师傅用手摸了一下散热器上水管和下水管的温度，说：节温器有问题。

拆下节温器放在容器里加热，果然发现节温器不能完全打开。问老师傅原因，他说用手一摸，感觉上下水管有温差。这温差还不是节温器完全打不开，上水管热、下水管凉的那种感觉，只是感觉到上下水管存在温差，结合发动机高速行驶时有时冷却液温度高，所以判断是节温器不能完全打开。这一摸就解决了问题！

（5）听

听车辆是否有异响，管路是否漏气，听部件是否工作，如汽油泵、喷油器是否工作，可能产生故障的部件能否正常工作等。

案例：奥迪A6L2.8L轿车左前门用遥控器能锁上，但打不开。

奥迪A6L2.8L轿车其他车门锁止、解锁正常，只有左前门存在用遥控器能锁上，但打不开的故障。怎么检测呢？将耳朵贴近门锁，用遥控器锁车门，听门锁电动机动作的声音，这是故障切入点。若能听见门锁电动机动作的声音，则为门锁电动机损坏，需更换左前门锁块总成。这是奥迪A6L轿车易发生的一个故障，方法就这么简单。若听不到门锁电动机动作的声音，则应检查熔丝、线路、电控单元等部件。

用基本方法进行基本检查排除故障的案例很多，我们来看看以下几个案例。

案例1：

发动机不能正常起动故障的维修，首先要做基本检查，看看熔丝是否有熔断的，螺栓、插接器是否有松动的。例如：奥迪A6L轿车2.4L发动机，车辆出现供电时有时无，发动机不能起动的故障。我们要看看电源线连接是否正常，如图3-8所示的电源线必须检查到，电源线的螺栓松动能引起车辆出现供电时有时无，发动机不能起动的故障。

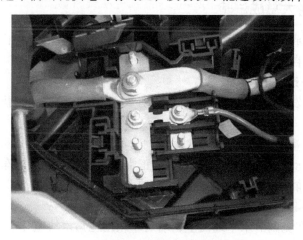

图3-8 电源线螺栓没拧紧

案例2：

检查时还要观察相关部件的安装位置，例如：一台2.0T发动机不工作，检查霍尔传感器，发现霍尔传感器安装位置不正确（图3-9），重新安装后故障排除。

案例3：

一台奥迪A6L/C6轿车，3.0L发动机不工作，到修理厂检查，闻到有轻微胶皮糊味，经检查是电源线烧蚀造成的故障（图3-10）。

图3-9 霍尔传感器安装位置

图3-10 电源线烧蚀

三、会汽车各大总成试验

通过汽车各大总成试验，我们可以判断各大总成系统性能的好坏，确定或缩小故障范围。各大总成试验以自动变速器试验为例进行介绍。

1. 自动变速器失速试验

失速试验是检查发动机、液力变矩器及自动变速器中有关的换档执行元件的工作是否正常的一种常用方法。

（1）失速试验的准备

行驶汽车，使发动机和自动变速器均达到正常工作温度，检查汽车的行车制动和驻车制动系统，并确认其性能良好，且自动变速器的油面高度应正常。

（2）失速试验步骤

1）将汽车停放在宽阔的水平地面上，前后车轮用三角木块塞住。

2）拉紧驻车制动，左脚用力踩住制动踏板。

3）起动发动机，将变速杆拨入"D"位。

4）在左脚踩紧制动踏板的同时，用右脚将加速踏板踩到底，迅速读取此时发动机最高转速。读取发动机转速后，立即松开加速踏板。

5）将变速杆拨入"P"或"N"位，使发动机怠速运转1min以上，以防止自动变速器油因温度过高而变质。

6）将变速杆拨入"R"位，做同样的试验。

在变速杆位于"D"位或"R"位时，同时踩下制动踏板和加速踏板，发动机处于最大转矩工况，行星齿轮变速器的输入轴、输出轴静止不动，因而变矩器涡轮也静止不动，只有变矩器导轮及泵轮随发动机一起转动,这种工况属于失速工况,此时的发动机转速称为失速速度。由于在失速工况下,发动机的动力全部消耗在液力变矩器油液的内部摩擦损失上,油液温度会急剧上升,因此,在失速试验中,加速踏板从踩下到松开整个过程的时间不得超过5s否则会使自动变速器油因温度过高而变质,甚至损坏密封圈等零件。在一个档位试验完成之后,不可立即进行下一个档位的试验,要等油温下降以后再进行。试验结束后不要立即熄火,应将变速杆拨入空档或驻车档,让发动机怠速运转几分钟,以使自动变速器油温度正常。如果在试验中发现驱动轮因制动力不足而转动,应立即松开加速踏板,停止试验。

不同车型的自动变速器都有其标准失速转速,若失速转速与标准值不相符,说明自动变速器有故障。如果"D"位、"R"位的失速转速均过高,可能是主油路油压过低、前进离合器打滑、倒档执行元件打滑等;若失速转速均过低,可能是发动机动力不足、变矩器导轮单向离合器打滑等。如果仅在"D"位失速转速过高,可能是前进档油路油压过低、前进离合器打滑等;如果仅在"R"位失速转速过高,可能是倒档油路油压过低、倒档执行元件打滑等。

2. 自动变速器时滞试验

在发动机怠速运转时将变速杆从空档拨至前进档或倒档后,需要有一段短暂的时间迟滞才能使自动变速器完成档位的变换(此时汽车会产生一个轻微的振动),这一短暂的时间称为自动变速器换档的迟滞时间。时滞试验就是测出自动变速器换档的迟滞时间,根据迟滞时间的长短来判断主油路油压及换档执行元件的工作是否正常,其试验步骤如下:

1)行驶汽车,使发动机和自动变速器达到正常工作温度。
2)将汽车停放在水平地面上,拉紧驻车制动。
3)将变速杆分别置于"N"位和"D"位,检查、调整怠速。
4)将自动变速器变速杆从"N"位拨至"D"位,用秒表测量从拨动变速杆开始,到感觉汽车振动为止所需的时间,该时间称为N—D迟滞时间。
5)将变速杆拨至"N"位,使发动机怠速运转1min后,再做一次同样的试验,共做3次试验,取平均值作为N—D迟滞时间。
6)按上述方法,将变速杆由"N"位拨至"R"位,测量N—R迟滞时间。

大部分自动变速器的N—D迟滞时间为1.0~1.2s,N—R迟滞时间为1.2~1.5s。若N—D迟滞时间过长,说明主油路油压过低,前进离合器、制动器磨损过甚或间隙过大;若N-R迟滞时间过长,说明倒档油路油压过低,倒档离合器、倒档制动器磨损过甚或间隙过大。

3. 自动变速器的道路试验

道路试验是诊断、分析自动变速器故障的最有效手段之一,试验内容主要有:检查换档车速、换档质量及换档执行元件有无打滑现象。在道路试验之前,先让汽车以中低速行驶5~10min,使发动机和自动变速器都达到正常工作温度。在试验中,如无特殊需要,通常应将超速档开关置于"ON"位(即超速档指示灯熄灭),并将模式开关置于普通模式或经济模式位置。

(1)升档过程和升档车速的检查

将变速杆拨至"D"位,踩下加速踏板,使节气门保持在1/2开度左右,让汽车起步加速,检查自动变速器的升档情况。自动变速器在升档时发动机会有瞬时的转速下降(转速表指针迅速回摆），同时车身有轻微的闯动感。一般四速的自动变速器在节气门开度保持在1/2时，一档升至二档的升档车速为25～35km/h，由二档升至三档的升档车速为55～70km/h，由三档升至四档的升档车速为90～120km/h。若升档车速过低，一般是控制系统的故障所致；若升档车速过高，可能是控制系统有故障，也可能是换档执行元件有故障。

（2）升档时发动机转速的检查

正常情况下，若自动变速器处于经济模式或普通模式，节气门保持在低于1/2开度范围内，则在汽车由起步加速直至升入高档的整个行驶过程中，发动机转速都将低于3000r/min。通常在即将升档时发动机转速可达到2500～3000r/min，在刚刚升档后的短时间内发动机转速将下降至2000r/min左右。如果在整个行驶过程中发动机转速始终过低，加速至升档时仍低于2000r/min，则说明升档时间过早或发动机动力不足；如果在行驶过程中发动机转速始终偏高，升档前后的转速在2500～3000r/min之间，而且换档冲击明显，则说明升档时间过迟；如果在行驶过程中发动机转速过高，经常高于3000r/min，在加速时达到4000～5000r/min，甚至更高，则说明换档执行元件（离合器或制动器）打滑。

（3）换档质量的检查

换档质量的检查主要是检查有无换档冲击。正常的自动变速器只应出现不太明显的换档冲击，特别是电子控制自动变速器的换档冲击应十分微弱。若换档冲击过大，可能是油路油压过高、换档执行元件打滑、蓄压器或缓冲阀失效等，应做进一步的检查。

（4）锁止离合器工作状况的检查

让汽车加速至超速档，以高于80km/h的车速行驶，并让节气门开度保持在低于1/2的位置，使变矩器进入锁止状态。此时，快速将加速踏板踩下至2/3开度，同时检查发动机转速的变化情况。若发动机转速没有太大变化，则说明锁止离合器处于接合状态；反之，若发动机转速升高很多，则表明锁止离合器没有接合，其原因通常是锁止离合器控制系统有故障。

（5）发动机制动作用的检查

将变速杆拨至前进低档"S、L"或"2、1"位置，在汽车以二档或一档行驶时，突然松开加速踏板，若车速立即随之而降，说明有发动机制动作用，否则说明控制系统或相关的离合器、制动器有故障。

（6）强制降档功能的检查

将变速杆拨至"D"位，保持节气门开度为1/3左右，在以二档、三档或超速档行驶时突然将加速踏板完全踩到底，检查自动变速器是否被强制降低一个档位。在强制降档时，发动机转速会突然上升至4000r/min左右，并随着加速升档，转速逐渐下降。若踩下加速踏板后没有出现强制降档，则说明强制降档功能失效。若在强制降档时发动机转速异常升高达5000r/min左右，并在升档时出现换档冲击，则说明换档执行元件打滑，应检修自动变速器。

（7）"P"位制动效果的检查

将汽车停在坡度大于9%的斜坡上，变速杆拨入"P"位，松开驻车制动，检查机械闭锁爪的锁止效果。

四、会性能测试

应学会对一些零部件进行性能测试，检查零部件是否正常。性能测试的结果要准确，不能把合格的产品定为不合格的，也不能把不合格的产品测试为合格的。例如：起动机性能测试、真空助力器性能测试、减振器性能测试等。

（一）起动机性能测试

起动机性能测试是测试起动机的整体性能和测试起动机的各个部件性能的试验，包括：吸引线圈性能测试、保持线圈性能测试、驱动齿轮回位测试和空载测试。丰田、大众和通用车系的起动机端子对应表见表 3-1。

（1）吸引线圈性能测试

先把励磁线圈的引线断开，按照图 3-11 所示的方法连接蓄电池与电磁起动开关，驱动齿轮应能伸出，否则表明其功能不正常。

（2）保持线圈性能测试

接线方法如图 3-12 所示，在驱动齿轮移出之后从端子 C 上拆下导线，驱动齿轮仍能保留在伸出位置，否则表明保持线圈损坏或搭铁不正确。

表 3-1 丰田、大众车系与通用车系起动机端子对应表

丰田、大众车系	端子 50	端子 30	端子 C
通用车系	端子 S	B 或端子 +B	端子 M

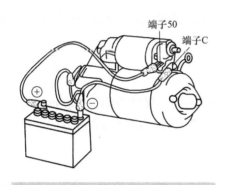

图 3-11 电磁开关吸引线圈性能试验

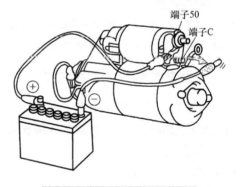

图 3-12 保持线圈性能测试

（3）驱动齿轮回位测试

测试方法如图 3-13 所示，拆下蓄电池负极接外壳的接线夹后，驱动齿轮应能迅速返回原始位置即为正常。

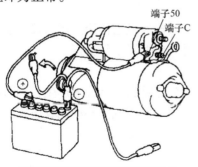

图 3-13 驱动齿轮回位测试

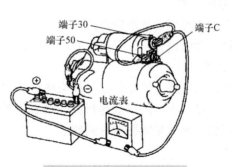

图 3-14 起动机空载测试

（4）空载测试

固定起动机，按照图3-14所示的方法连接导线，检查起动机应平稳运转，同时驱动齿轮应移出；此时读取电流表的数值，应符合标准值；断开端子50后，起动机应立即停止转动，同时驱动齿轮缩回。

在进行起动机的解体之前，最好进行不解体检测，通过不解体的性能检测大致可以找出故障。起动机组装完毕之后也应进行性能检测，以保证起动机正常运行。在进行检测时，应尽快完成，以免烧坏起动机的线圈。

（二）真空助力器的检查

1. 制动系统真空助力器检查

1）在发动机熄火时，来回踩制动踏板，排除助力器中的真空度。
2）踩下制动踏板并保持在此位置。
3）起动发动机。
4）如果加力后踏板继续下降，表明真空助力器正常。
5）如果制动踏板不下降，则真空系统（真空软管、真空阀等）可能有故障，需要检查。
6）如果在检查真空系统后未发现故障，则真空助力器本身可能有故障。

2. 气密性检查

起动发动机，急速运转1~2min后停机；踩下制动踏板数次，检查制动踏板是否升高。如不升高，说明真空助力器气密性下降。

（三）检查减振器的四种方法

汽车减振器的故障现象很多，如行驶异响、行驶跑偏、制动跑偏、行驶抖动等。轿车的减振器拆装较为麻烦，因此准确判断减振器好坏十分重要。下面介绍四种方法，可以检查减振器性能的好坏。

1. 目视

检查减振器是否漏油，漏油是导致减振器工作不正常的主要原因。这种方法简单实用，但有时减振器轻微漏油，能否产生故障现象呢？这需要用其他方法验证。如果减振器没有漏油的现象，则应检查减振器连接销、连接杆、连接孔、橡胶衬套等是否有损坏、脱焊、破裂或脱落之处。

2. 按压检查

用手连续按压发动机舱盖或保险杠，应感觉到减振器的阻尼作用。用力按下发动机舱盖或保险杠，然后松开，如果汽车有二三次跳跃，则说明减振器工作良好。

3. 路试

开车在颠簸路上低速行驶，如果减振器效果差，会感觉底盘有异响产生，同时能感觉到减振效果不良。也可以以低速行驶，然后急踩制动，如果发现汽车抖动比较厉害，并且人体感觉不舒服，那就是减振器有问题了。

4. 拆检

拆下减振器，检查活塞与缸筒间的配合间隙是否过大，以及减振器的伸张弹簧是否过软或折断。

拆下减振器将其直立,并把下端连接环夹于台虎钳上,用力拉压减振杆数次,此时应有稳定的阻力,往上拉的阻力应大于向下压时的阻力,如阻力不稳定或无阻力,可能是减振器内部缺油或阻尼阀零件损坏,应进行修复或更换零件。

五、会仪器仪表的使用

合格的维修工拿起仪器、仪表应该会正确使用,并能保证测试过程的安全,保证测试数据的准确。汽车维修中使用的仪器、仪表很多,如:蓄电池测试仪、空调检漏仪、汽油压力表、气缸压力表等,仪器、仪表的使用我们在以后的章节还会详细介绍,这里只以燃油压力和自动变速器油压的测试举例。

(一)燃油压力测试

在检修燃油供给系统时,如果需要断开燃油管路,应先释放管路中的燃油压力。

1. 燃油系统的压力释放

燃油系统的压力释放是为了防止燃油溅到维修人员的皮肤或眼睛上。常规的方法是:

1) 拔下燃油泵继电器或熔丝,有的车辆没有燃油泵继电器或熔丝,需要拔下燃油泵的插接器。

2) 起动发动机运转,直到发动机自行熄火。

3) 再次起动发动机 2~3 次,即可完全释放燃油系统压力。

4) 关闭点火开关,即可完成燃油系统压力释放,这时可以拆卸燃油系统管路了。

现在缸内直喷发动机,带油压调节电磁阀的可以通过诊断仪来进行燃油系统压力释放,具体方法按诊断仪的引导功能进行即可。

2. 燃油压力表的连接

燃油压力表的连接是燃油压力测量的关键,燃油系统组成如图 3-15 所示,燃油压力表可以连接的部位包括:电动燃油泵的进油管端、燃油滤清器的进油口或出油口、燃油分配管

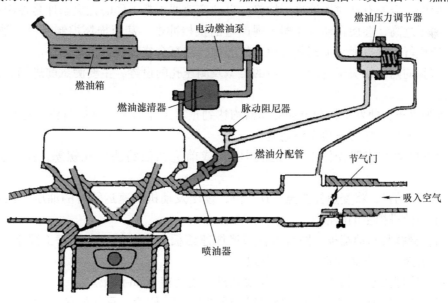

图 3-15 燃油系统组成图

的进油端、燃油分配管上专用的压力测试口等。其中以燃油分配管上专用的压力测试口最为方便，但很多发动机燃油分配管上没有专用的压力测试口。如果没有，可以选择便于连接的其他部位，一般选在燃油分配管的进油端。

拆卸时在接头下面垫一块抹布，防止燃油泄漏到发动机体上。然后安装好燃油压力表。

3. 燃油压力的测量

1）测试静态油压。接通点火开关保持发动机熄火（也可用故障诊断仪指令燃油泵运转），当燃油泵运转时检查燃油压力。

2）测试动态油压。起动发动机，怠速时，测量正常燃油压力。

① 若油压过低，检查油箱中是否有油；可以夹住油压调节器回油管，检查油压。若油压升高至正常值，说明油压调节器有故障；若压力不升高，则应检查燃油滤清器是否堵塞；若滤清器正常，检查燃油泵滤网是否堵塞、燃油泵出油管路是否堵塞；若全部正常，则更换燃油泵。

② 若油压过高，将油压调节器回油管拆下，接上一根干净回油管至一个容器内；检查油压，观察回油管端的回油量；回油量少或没有，说明油压调节器故障；回油量多，说明回油管路堵塞。

3）测试最大压力。拔下燃油压力调节器真空软管，测试最大燃油压力。

4）测试保持压力。关闭点火开关，当燃油泵停止运转时燃油压力可能有轻微变化，然后稳定并保持不变。观察燃油压力表上10min内燃油压力下降值。如果油压值下降较快，降幅过大，故障是油路有泄压处，可能的故障原因是燃油泵单向阀泄漏、喷油器泄漏、管路泄漏等原因。

5）拆卸燃油压力表。拆卸前首先要泄压，然后拆卸燃油压力表

（二）自动变速器油压测试

油压试验是在自动变速器工作时，测量控制系统各个油路中的油压，为分析自动变速器故障提供依据，以便有针对性地进行检修。自动变速器正常工作的先决条件是控制系统的油压正常，油压过高，会使自动变速器出现严重的换档冲击，甚至损坏控制系统；油压过低，会造成换档执行元件打滑，加剧其摩擦片的磨损，甚至会烧毁换档执行元件。

油压试验的内容取决于自动变速器的类型及测压孔的设置，主要测试前进档和倒档的主油路油压。

1）行驶汽车，使发动机和自动变速器均达到正常工作温度，然后将汽车停放在宽阔的水平地面上，前后车轮用三角木块塞紧。

2）拆下自动变速器壳体上主油路测压孔或前进档油路测压孔螺塞，接上高量程油压表。

3）起动发动机，将变速杆拨至"D"位，读出发动机怠速运转时的油压。该油压即为怠速工况下的前进档主油路油压。

4）用左脚踩紧制动踏板，同时用右脚将加速踏板完全踩下，在失速工况下读取油压。该油压即为失速工况下的前进档主油路油压。

5）将变速杆拨至空档或驻车档，使发动机怠速运转1min以上。

6）将变速杆拨至各前进低档"S、L"或"2、1"位置，重复操作，读出各前进低档

在急速工况和失速工况下的主油路油压。

7) 将变速杆拨至"R"位,在发动机急速和失速工况下读取倒档主油路油压。不同车型自动变速器的主油路油压各不相同,若主油路油压过低,可能是油泵供油不足,主调压阀卡死或弹簧过软,节气门拉线或节气门位置传感器调整不当,节气门阀卡滞、油压电磁阀损坏或线路故障,制动器或离合器活塞密封不良,油路密封圈破损等。

以凯越4HP-16自动变速器油压测试为例:

查找油压测试孔 a 端口、b 端口,将油压表分别安装到油压测试孔处,如图3-16所示。然后读取每个档位的管路压力,并做好记录。

将读取的数据与标准管路压力表进行对比,管路压力标准值见表3-2。

表3-2 4HP-16自动变速器管路压力标准值　　　　　　　　（单位:kPa)

换档区段	电磁阀	管路压力	a 端口	b 端口
驻车档/空档	接通	低	620~860	—
	断开	高	1530~1740	—
倒档	接通	低	620~860	—
	断开	高	1530~1740	—
D	接通	低	—	620~860
	断开	高	—	950~1120
3	接通	低	620~860	620~860
	断开	高	1530~1740	950~1120
2	接通	低	—	620~860
	断开	高	—	950~1120
1	接通	低	620~860	—
	断开	高	1530~1740	—

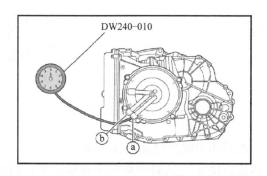

图3-16　凯越4HP-16自动变速器油压表的安装

六、会更换零部件后的操作

更换汽车零部件不是一个简单的操作,有的零部件安装好了,汽车就可以正常工作了,如:刮水器、门把手、灯泡等;但有些零部件更换后,必须进行相应的操作,否则会引起汽车损坏，严重时还会发生安全事故。会这些操作是一个汽车维修工与一个普通车主的根本区别。也就是说，如果一个汽车维修工在更换零部件或维修某个系统后不进行这些必须完成的操作，那他就不配叫"汽车维修工"。

更换零部件后需要进行的操作包括：更换制动液后放气、更换冷却液后放气、空调制冷系统抽空、更换转向拉杆后四轮定位、更换制动片后踩几脚制动踏板等。

这些操作是更换部件或维修某个系统时必须进行的操作。例如液压制动系统的排气，在更换制动液或更换制动管路的过程中，制动系统管路内会有空气侵入，制动系统有空气则制动时将造成制动踏板无力，踏板行程过长，致使制动力不足，甚至制动失灵，汽车制动性能变坏。因此，需要对有空气渗入的制动系统进行排气。

在进行排气之前，应先排除制动系统中存在的故障，并检查制动液压管路及其接头，如发现管路破裂或接头松动，应进行修理，以免制动系统排气完毕后，重新渗入空气。

1. 制动系统轮缸处的排气

制动系统轮缸处的排气是指在各个车轮制动轮缸处的排气，在制动系统有空气、更换制动液或更换制动轮缸等情况时进行这个操作，其常用方法是利用脚踩制动踏板提供的制动管路压力，对各个制动轮缸逐个进行排气，也可以用专用仪器进行排气。在开始进行排气时，储液罐液面必须处于最高液位标记处。在排气过程中，要经常检查液位，以免液位过低时空气重新进入制动系统。给每个轮缸排气之后都应检查液面，按要求补足制动液。手工排气过程如下：

1）关闭发动机，检查储液罐液面高度，若液面高度不符合规定，应加注制动液。

2）在右后制动轮缸的排气螺栓上接一根透明的塑料软管（图3-17），另一端放入盛有部分清洁制动液的容器内。

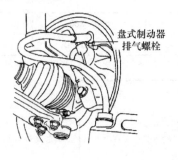 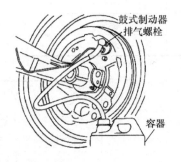

图3-17 排气软管的安装

3）踩制动踏板数次，然后用力踩住制动踏板不动。

4）拧松右后轮排气螺栓，使空气从制动系统中排放出来，然后拧紧排气螺栓（注意：应在轮缸中的油压消失之前拧紧排气螺栓）。

5）慢慢将制动踏板完全松开。

6）重复3）～5）操作步骤数次，直到从管中流出的制动液里没有气泡为止。

7）按右后轮制动轮缸→左前轮制动轮缸→左后轮制动轮缸→右前轮制动轮缸的排气顺序对其他的制动轮缸进行排气。

8）向储液罐中加注制动液至上限处。

9）踩下制动踏板，检查制动管路各个部位，不应有油液泄漏情况。

2. 制动系统全面排气

当空气进入液压制动系统时，必须排除其中的空气。若因液面太低或主缸制动管路断开而进入空气，必须排放所有4个制动器液压系统。如果制动器软管或制动器在某个车轮上断开，那么只对那个制动主缸进行排气；如果制动器管或软管在主缸与制动器之间的任何接头处断开，则仅需排放与断开的管路或软管有关的制动系统。

在更换ABS泵、制动主缸等制动器部件时，空气进入到制动器系统当中，那么应该进行全面的排气程序。对制动器排气之前，前后排气气缸活塞必须回到最高位置，优选的方法是使用故障诊断仪进行排气。如果不能用故障诊断仪，那么采用第二种程序，但非常重要的是必须严格按规定程序进行。

在排气过程中，要经常检查制动液液面高度和给主缸加注制动液，确保液位没有降到主缸储液罐底部，以免液位过低时空气重新进入制动系统。如果制动液液面高度降到主缸储液罐底部，必须从步骤1）开始排气程序，具体排气程序如下：

1）必要时检查并加注主缸储液罐到合适的液面高度。
2）ABS调节器及其管路如图3-18所示。从左侧第一根管路开始缓慢打开ABS调节器制动管路接头，以便让制动液流动。
3）将制动踏板踩到全程的约75%并保持。
4）当在制动液中不再发现气泡时，关闭ABS调节器制动管路接头。
5）对于其余的ABS调节器制动管路接头，重复2）~4）操作步骤。
6）必要时检查并加注主缸储液罐到合适的液面高度。
7）升起车辆，将透明塑料排气软管安装到右后排气阀上，如图3-19所示。

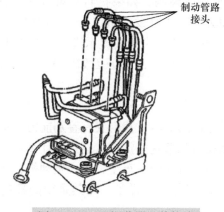

图3-18 ABS调节器及其管路

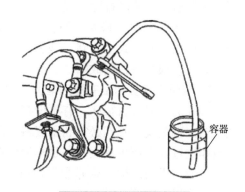

图3-19 排气软管安装

8）将透明塑料排气软管的另一端浸入盛有部分清洁制动器的清洁容器中。打开排气阀。
9）将制动踏板踩到全程的约75%并保持。
10）关闭排气阀。
11）松开制动踏板。
12）重复8）~11）操作步骤，直到制动液中不再出现气泡，紧固制动器卡钳排气阀。

13）从排气阀上拆卸透明塑料排气软管。

14）按右后轮制动轮缸→左前轮制动轮缸→左后轮制动轮缸→右前轮制动轮缸的排气顺序对其他的制动轮缸进行排气。

15）降下车辆，检查储液罐中的制动液液面。

16）将点火开关旋到 RUN 位置，然后关闭发动机。用适度的力踩下制动踏板并保持住，记录并感受踏板行程。

17）如果踏板坚实而连续，且踏板行程没有过大，则起动发动机。发动机运转情况下，重新检测踏板行程。

18）如果踏板感觉仍然可靠，踏板行程没有超过规定值，那么进行车辆路试。在中等车速下进行几次正常停车（非防抱死制动系统），确保制动系统的功能正常。

19）如果在开始时或发动机起动后踏板脚感松软或行程过大，进行防抱死制动系统中的自动排气程序。

20）从步骤1）开始重复手动排气程序。

注意：在车辆制动力不正常时不要开动车辆，否则可导致人身伤害。

21）进行车辆路试。在中等车速下进行几次正常制动，确保制动系统的功能正常。

七、会查阅维修资料和维修手册

1. 利用资料解决自己疑惑的问题

查阅维修资料和维修手册是维修工的基本技能，维修中需要的数据、拆装程序、电路图等很多资料需要查阅维修资料和维修手册来获取，特别是对初学者来说，有些不知道的问题也要查阅。例如：上海大众1.8T AWL 发动机有几个故障码我们不知道如何诊断，如图3-20所示。故障码17705、17743、17744，这几个是模糊故障码，如果我们不知如何下手，可根据故障码后面的故障排除的提示进行，后面的提示有：4缸发动机（5气门涡轮增压），机械部分；修理组21；检查带涡轮增压器的增压空气系统。我们按提示进行，检查带涡轮增压器的增压部分，我们找到"泄漏对进气和排气的影响"，故障原因如图3-21所示，按此原因查找，很容易找到故障。

2. 查阅维修资料要有鉴别能力

现在的维修资料很多，有不少存在错误，对这样的资料，我们要有鉴别能力，不能一味地照搬。就是说，我们必须利用资料，但也不能盲目相信这些资料。这是为什么？一是因为资料印刷过程中产生错误；二是车型更新换代很快，有时同一车型，同一发动机，年款差了一年，发动机的结构、维修数据没有变化，但电路图却不一样了，尤其是线的颜色容易改变。请看以下**案例**。

案例 奥迪 A6L 3.0 发动机起动困难

故障现象：发动机冷热车均起动困难

故障检查与分析：用诊断仪 VAS5052 检查发动机系统，有三个故障码：

16706　P0322　004：发动机转速传感器 G28 没有信号，偶发。

18010　P1602　002：电源端子30电压太低。

29696　U1000　002：便捷系统中央控制单元 J393 无通信，偶发。

分析发动机转速传感器 G28 应是引起故障的主要原因，因此先从它开始检查。按诊断

第三章 汽车维修工应会的技能

图 3-20 故障码

图 3-21 故障原因

仪 VAS5052 导航提示，发动机转速传感器 G28 没有信号，检查测量 2 端子和 3 端子的电阻值为∞，而正常值应为 864Ω。

故障排除与小结：更换发动机转速传感器 G28 后，发动机起动正常。此故障在用诊断仪 VAS5052 导航提示，检查 G28 电阻值时，显示的 G28 为 3 端子，测量 2 端子和 3 端子的电阻值，而实际 G28 为 2 端子。

八、会用量具进行准确测量

在汽车维修的过程中，我们经常会测量一些数据，与标准数据进行比较，以判断部件参考是否在标准范围内，如果超出标准就要维修和更换。所以，会测量也是维修的一个基本要求。下面以盘式制动器的检查为例进行说明。

如果盘式制动器的制动盘、摩擦片出现任何、不均匀或者异常磨损、裂纹或者其他损坏，拆卸制动卡钳检查下述内容。

1. 盘式制动器制动盘厚度检查

沿着制动盘的四周在距制动盘边缘相同距离上 4 点或更多的点上，使用千分尺测量制动盘的厚度，以检查制动盘厚度偏差，如图 3-22 所示。

上海通用某些车型盘式制动器制动盘的厚度偏差超过 0.013mm，在制动时可导致制动踏板脉动从而引起方向盘抖动，这时需要进行表面精整，或更换不符合要求的制动盘。

2. 制动盘轴向圆跳动

测量制动盘轴向圆跳动以前，必须先检查前轮毂轴承是否松旷，若松旷应该更换。

使用轮毂螺母临时固定制动盘，将制动盘表面上的铁锈或者异物清除，将一个百分表安装在制动盘表面距外缘约 10mm（一些车型：13mm）处，将百分表调零，然后旋转制动盘一圈，测量制动盘轴向圆跳动，如图 3-23 所示。

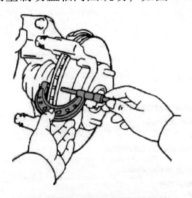

图 3-22 制动盘厚度检查

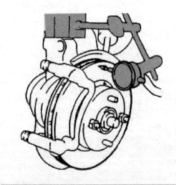

图 3-23 制动盘轴向圆跳动检查

盘式制动器制动盘轴向圆跳动超过 0.080mm，应进行表面精整或更换制动盘。

一些车型盘式制动器制动盘在某些情况下，可通过标定轮毂上的制动盘的位置（错开 1~2 个螺栓的距离），来改善制动盘的过度轴向圆跳动。若标定制动盘后，仍不能纠正轴向圆跳动，则应检查轮毂的轴向圆跳动是否太大或太松。若轮毂的轴向圆跳动超过 0.040mm，必须更换轮毂。若轴向圆跳动符合要求，可根据需要进行表面精整或更换制动盘。

3. 制动衬片（摩擦片）检查

当盘式制动器制动衬片磨损后，制动盘和制动衬片背面直接接触，将导致制动盘损坏。

（1）检查方法

可以通过目视判断，或使用钢直尺检测。

通过查看制动卡钳的每个末端，检查外部衬垫的两端，该部位的磨损量通常最大。通过卡钳顶部的检查孔，观察内制动衬片，检查内制动衬片的厚度，确保制动衬片未出现早期磨损。

一些丰田车型的盘式制动器，当制动器制动衬片的剩余厚度不足1.0mm时，必须进行更换。

上海通用一些车型盘式制动器，只要任何制动衬片的厚度磨损到小于0.76mm，必须更换盘制动衬片。对于铆接制动衬片，当制动衬片磨损到距铆钉头0.76mm以内时，必须更换制动衬片。同一车桥前/后上的制动衬片，必须同时更换。

（2）摩擦片磨损指示器

安装在制动摩擦片的背面，当摩擦片磨损指示器接触到制动盘时，指示器发出噪声，通知驾驶人制动摩擦片的磨损已经达到极限。

提示：有些内部制动衬片带隔热层，与制动衬片模制为一体。切勿将隔热层混淆为内－外制动衬片出现的不均匀磨损。

九、会零部件选择

维修时有些零部件需要更换，更换时尺寸不一样或插接器、螺栓孔不一样无法更换，但有些零部件尺寸、插接器、螺栓孔等即使一样，也不能随意更换。

以熔丝为例，在结构上，一般车用熔丝采用插片式的设计，熔丝拥有工程塑料外壳，包裹着锌或铜制成的熔体结构，金属熔体和插脚连接，如图3-24所示。

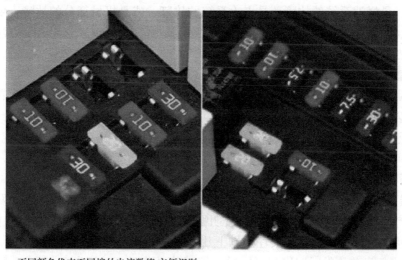

不同颜色代表不同熔丝电流数值，方便识别

图3-24 熔丝外形

同一款车上熔丝大部分尺寸是一样的或者只有两种尺寸，但除了尺寸，熔丝有两个重要的工作参数，一个是额定电流；另一个是额定电压。使用的时候要根据电路的电流和电压来选择相对应的熔丝。

汽车插片式熔丝的规格一般为2～40A，其电流数值会在熔丝的顶端标注。如果数字无法辨认的话，我们还可以通过它的颜色来判断，国际标准上：2A—灰色、3A—紫色、4A—粉色、5A—橘黄、7.5A—咖啡色、10A—红色、15A—蓝色、20A—黄色、25A—无色透明、30A—绿色、40A—深橘色。

熔丝损坏了更换时要更换相同规格的，如果熔丝总是熔断，必须查明原因，不能随意更换大规格的熔丝。

根据我们的经验及知识的积累，车辆熔丝发生熔断可以分为两种情况：一是用电器负载过大；二是汽车电路中有短路的情况。

用电器负载过大的主要原因有，乱改前照灯、车载音响设备，使用劣质的点烟器转接器和大功率用电器接点烟器等。

如果一个熔丝总是熔断，我们应了解汽车原厂用电器的功率和最大负载，例如改装的前照灯功率高于原厂设定值，就有可能造成车灯熔丝熔断。

如果汽车的用电器没有经过任何改动也出现了熔丝熔断的现象，则需要检查是否存在以下情况：

① 用水管直接冲洗发动机舱，水进入了熔丝盒。
② 汽车的线路是否短路。
③ 电线胶皮老化裸露金属线造成短路。

更换熔丝时，一定要选择正确安培数的熔丝，不要随意加大熔丝的电流规格。

十、会缩小故障范围的方法

汽车出现了故障，要逐渐缩小故障范围，最终找到故障原因。例如，发动机不工作，故障原因很多，是燃油系统的故障还是点火系统的故障，或是机械部分的故障，要有个方法缩小故障范围。发动机有个气缸工作不好，如何确定是哪一个气缸，也要有个方法。这个缩小故障范围的方法，我们要学会。

1. 火花塞跳火

火花塞跳火可以确定点火系统是否工作，也可以确定火花的强弱，因此火花塞跳火是初学者应该学会的一个基本技能。试验火花塞点火火花的正确方法如下：

1) 断开全部喷油器接头，使其不能喷射燃油。
2) 拆下点火线圈和火花塞。
3) 重新将火花塞装入点火线圈内。
4) 将线束接头与点火线圈连接，然后使火花塞接地。在这种状态下起动发动机，检查火花塞是否产生火花（俗称"吊火"），查明哪个气缸不点火，或哪个气缸点火能量弱。

试验火花塞的跳火火花时需要注意以下几个问题：

一是"吊火"试验的时间应尽可能短（即试验火花时，时间为5～10s），以免因气缸内混合气无法正常燃烧而损坏三元催化转化器和氧传感器。

二是不要将高压线拔出过多，因为这样可能产生高电压，会造成点火线圈从内部铁心处击穿，"反向电压"过高还可能造成点火模块中的晶体管击穿，许多点火线圈和点火模块就是这样被损坏的。

三是不能看到火花塞能够跳出蓝色的火花，听到"噼啪"的跳火声音，就断定点火正常，需要考虑火花塞在大气中产生的电离程度与在燃烧室混合气中跳火有很大的差别。在空气中做"吊火"试验时跳火良好，并不能保证火花塞在气缸内的高压、高温、潮湿等恶劣环境下也能跳火良好。

2. 断缸法

断缸法即采用断火或断油的方法，让某个气缸停止工作，发动机转速应下降，这样说明此缸工作良好。如果发动机转速不下降，说明此缸工作不良。断缸的方法有：

1) 诊断仪断缸。用诊断仪指令某缸喷油器不喷油（中止）。
2) 喷油器断油。怠速时，拔下某缸喷油器线束插头，使该缸喷油器不喷油。
3) 点火线圈断火。怠速时，拔下某缸点火线圈线束插头，使该缸点火线圈不点火。
4) 断开火花塞上的高压线。

3. 听诊法

通过听诊法可以判断零部件是否工作正常。例如：喷油器、汽油泵、门锁电动机等。

（1）喷油器

通过检查喷油器的工作声音和振动情况了解其工作状态。发动机运转时用手指接触喷油器，应有脉冲振动的感觉。也可以用螺钉旋具或听诊器与喷油器接触，应能听到其有节奏的工作声，否则表明喷油器工作不正常。

（2）汽油泵

方法一：将点火开关转至 ON 档或起动档，在后排座椅处仔细查听有无汽油泵响声。

方法二：连接诊断仪，用诊断仪驱动汽油泵工作。若有汽油泵的响声，说明汽油泵工作，接下来测量汽油压力；若无响声，先检修汽油泵控制电路，无异常再检修汽油泵。

第四章 保养是个基本功

保养不是简单地换换油就可以了,保养是汽车维修工的基本功,每天都要面对。要保证汽车保养工作不出错,很不容易!这功夫一定要练好,否则会出现很多问题。

一辆新款的奥迪轿车保养时,由于没有机油尺,维修工不知道加多少机油,于是采取了放多少加多少的方式,谁知这辆车烧机油,放出来的量不足,维修工加注的量也不足,后来在该车跑长途时,由于机油量不足造成发动机拉缸。

像这样的由于保养不当造成的故障还有很多,更换机油时,油底壳螺栓滑扣了没有处理,造成机油慢慢泄漏,结果曲轴抱死了。更换冷却液,水管卡子没有装好,冷却液慢慢泄漏了,造成发动机过热。轮胎充气后,没有检查气门芯的密封情况,结果行驶中轮胎漏气,报废了。

因此,保养这门基本功我们一定要练好。

第一节 保养基本功

一、更换机油的23个步骤

我曾经问过一位刚干汽车维修的维修工怎样更换机油,他说很简单,放出机油,拆下机油滤芯换上,加上机油就行了。我又问那油底壳螺栓怎么拆呢?什么时间拧?怎样拧?拧紧力矩多大?维修工答不上来,我又问了几个问题,维修工也是搞不清楚。其实这种把更换机油简单化的做法,是保养产生返修的重要原因。我总结了更换机油和机油滤清器的23个步骤:

1)首先确认发动机有无漏机油现象,然后拔出机油尺,看看发动机内现有机油量,如果机油低于下限,和客户沟通确认发动机是否烧机油。

2)发动机达到正常的工作温度,熄火。找到加机油口盖,打开加机油口盖,如图4-1所示。

3)拆下油底壳护板,注意观察护板是否变形。找到油底壳螺栓,如图4-2所示。可能有人问:油底壳螺栓还能找不准?请看以下案例。

案例:

一台奥迪轿车到一家修理厂更换机油,维修工举起车辆,看到一个螺栓就拆,油流了出

第四章 保养是个基本功

图4-1 打开加机油口盖

图4-2 油底壳螺栓

来。维修工拧上螺栓，更换机油滤芯后，加上机油马上着车，一会排气管冒出了蓝烟，而且越冒越大。客户说我的车以前不冒蓝烟呀，换机油后怎么冒蓝烟了。维修工说哪里也没动，怎么会冒蓝烟呢？客户没办法只好上车准备开走，谁知发动机起动后挂档，车辆却不能行驶了。最后才知道，维修工举起车辆，看到的螺栓是自动变速器的放油螺栓，发动机的放油螺栓被发动机下护板盖着看不见，流出来的油是自动变速器油。此类例子在其他车型上也发生过，必须引起大家的注意。

4）选择合适的拆卸工具。

注意：拆卸螺栓的工具尺寸要合适，如图4-3所示。如果拆卸螺栓的工具尺寸不合适千万不能凑合，否则造成油底壳螺栓变形就麻烦了。

5）在油底壳下放上盛废机油的容器，拆下油底壳螺栓，如图4-4所示。

图4-3 选择合适的拆卸工具

图4-4 拆下油底壳螺栓

6）螺栓拆下后检查螺栓螺纹和油底壳螺纹是否有损伤的，螺栓上的垫片是否损坏，如图4-5所示。按照要求垫片应该每次都更换，如果不更换也要确保垫片完好，否则容易产生漏油，这是产生返工的一个点。

7）若无问题，在机油放完后，将螺栓用手拧上并按标准力矩拧紧。

注意：螺栓不要装偏了。建议不要等换完机油再拧紧，有的维修工因为当时没拧紧，而出现忘了拧紧的情况，造成发动机油底壳螺栓松动漏油，有的甚至出现螺栓脱落的情况。

8）选择合适的工具拆卸机油滤芯，如图4-6所示。

图4-5　检查螺栓螺纹和油底壳螺纹是否有损伤

图4-6　选择合适的工具拆卸机油滤芯

9）拆卸护板（如果需要），找到机油滤芯，如图4-7所示。

10）把工具套在机油滤芯上，如图4-8所示。

图4-7　找到机油滤芯

图4-8　把工具套在机油滤芯上

11）拆下机油滤芯，如图4-9所示。

12）注意检查滤芯的O形圈是否和滤芯一起下来了，如图4-10所示。有些O形圈会粘在机油滤芯底座上，如果不拿下来，新装的滤芯O形圈和原来的叠在一起，很容易漏油，这是容易产生返工的一个点，大家要注意。

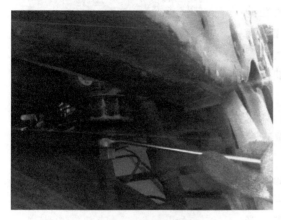
图4-9　拆下机油滤芯

图4-10　检查滤芯的O形圈

13）拿来新滤芯核对型号是否合适，如图4-11所示。

图4-11　拿来新滤芯核对型号是否合适

14）在新滤芯的O形圈上涂上机油，如图4-12所示。

图4-12　在新滤芯的O形圈上涂上机油

15）用手将机油滤芯拧到机油滤芯底座上，如图4-13所示。

16）用专用工具拧紧机油滤芯，注意所用工具要合适。如果用链式扳手，注意工具不要在滤芯表面打滑。如打滑严重，建议更换新的滤芯，这点也要注意，这也是容易产生返工的一个点。

17）将机油滤芯底座和机油滤芯处的油渍擦干净，方便以后检查。

18）加入机油，注意加机油量要适当。如果首次不知道应加入多少，要加一部分，检查一下，不可加多。

19）起动发动机，观察机油滤芯和油底壳螺栓处是否漏油，若漏油，需要重新处理。

20）发动机熄火，检查油量，如果缺少，必须添加。

21）拧紧加机油口盖，这点也很重要，这也是容易产生返工的一个点。

22）有护板的，安装油底壳护板，注意护板不要与油底壳有干涉现象。

23）进行机油寿命系统的复位。

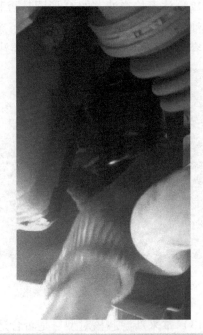

图4-13　用手将机油滤芯拧到机油滤芯底座上

以上这些步骤缺一不可，那么不按这些步骤操作会引起什么后果呢？请看以下这几个案例。

案例1：奥迪A6L轿车正常行驶时，有时红色的机油压力指示灯报警

故障现象：奥迪A6L轿车，4.2L BVJ发动机，09L变速器，该车正常行驶时，有时红色的机油压力指示灯报警。

故障诊断与分析：因为红色的机油压力指示灯报警，所以需要测量机油压力。实际测量机油压力：急速时0.12MPa（热车），2000r/min时0.3MPa。机油压力标准值：急速运转时至少0.15MPa（热车），2000r/min时至少0.35MPa。怀疑机油泵有问题，可更换后测机油压力基本没有变化。询问客户机油报警过程，得知该车是在更换机油滤芯后出现的故障。拆下机油滤芯发现滤芯上少了个小密封环。

故障排除：安装新的密封环，测量机油压力（热车）：急速时0.22MPa，2000r/min时0.48MPa，测量机油压力正常。故障排除。

案例2：上海通用克鲁兹轿车保养后，机油盖没拧紧发动机故障灯亮了

故障现象：一辆上海通用克鲁兹轿车，在一家修理厂做6万km保养后，发动机故障灯亮。

故障检查及分析：保养后出现发动机故障灯亮，不知是巧合还是保养不慎造成的。维修工说发动机保养部分只更换了机油和机油滤芯，故障与他无关。连接诊断仪，读取故障码，有一个P0171的故障码，内容为：燃油修正系统过稀。联系维修工了解了保养的内容，检查机油加注口盖，发现加注口盖没拧紧。

故障排除：将加注口盖拧紧，清除故障码，试车正常。

小结：加注口盖没拧紧，漏气引起发动机故障灯亮，以后我们又发现加注口盖的密封圈损坏可以引起同样的故障码。另外，在保养或维修时，真空管没有连接好引起的漏气，也能引起同样的故障码。

案例3：高尔夫轿车保养后机油压力报警灯闪亮

一辆2013款的高尔夫轿车保养后机油压力报警灯闪亮，该车更换了机油滤芯和空气滤芯，检测机油压力传感器线路正常，拆下机油滤芯发现滤芯上有个垫圈漏装了（图4-14），重新安装后（图4-15），机油压力报警灯恢复正常。

图4-14　机油滤芯上的垫圈

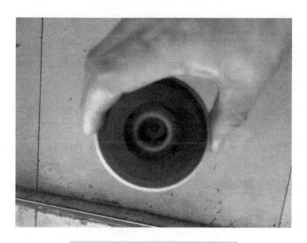

图4-15　机油滤芯垫圈安装好

二、更换汽油滤清器的要点

汽油滤清器的种类主要分为以下三种：直进直出式、带回油管路式、集成汽油泵总成式。另外，直进直出式、带回油管路式汽油滤清器均为单导向的，因此在安装时要注意方向。

1. 直进直出式

直进直出式汽油滤清器，简单地说就是汽油滤清器一端是进油口，另一端是出油口，如图4-16所示。它的优点是体积小、易拆装、成本较低；其不足主要体现在直进直出上，由于这类汽油滤清器是单管路串接的，因此容易造成油路堵塞。安装时一定要注意方向，不要安装反了，否则会引起供油不畅。

2. 带回油管路式

与第一种相比，带回油管路式汽油滤清器多了一个回油管，如图4-17所示。回油管的作用主要是把共轨内没有用完的燃油输送回油箱内。与直进直出式汽油滤清器相比，这种滤清器不容易装反。

图4-16 直进直出式汽油滤清器

图4-17 带回油管路式汽油滤清器

3. 集成汽油泵总成式

相比于前两种，集成汽油泵总成式汽油滤清器无论是在体积上，还是在更换步骤上都有比较大的差别。它的优点在于体积大，汽油通过率高、不易堵塞；其不足主要体现在成本高以及更换难度大上，更换时要注意以下事项：

1) 汽油泵单体与壳体的密封，汽油泵单体与滤芯的密封件要安装好，否则容易出现泄压现象。

2) 汽油泵总成与燃油表浮子连接在一起，安装时浮子位置一定要正确，否则容易出现燃油表不准的现象。

3) 汽油泵总成与油箱连接的密封垫要安装好，否则易引起汽油外溢。

三、更换冷却液的要点

更换冷却液时要注意安全和冷却系统放气，如果更换冷却液后没有放气，那么发动机在工作过程中会出现温度过高现象。更换冷却液时，应按以下步骤进行。

1. 排放冷却液

1) 发动机温度高时不要立即拆卸散热器盖，否则冷却液将会溅出伤人。将汽车熄火，等冷却液冷却，打开散热器盖，如图4-18所示。如果想在发动机仍然发热时拆卸散热器盖，则应在盖上放一块布，并且旋松1/4圈慢慢释放压力，然后，拆卸散热器盖。

2）举升车辆，确认散热器放水开关、缸体放水开关及散热器下水管位置。有的车辆有散热器放水开关，我们可以从这放水，没有的可以从散热器下水管放水。

3）拧松放水开关，如图4-19所示。排放冷却液，用容器收集冷却液。若该车型无放水开关，则拆下下水管夹箍，拉出冷却液软管，排放冷却液。检查排出的发动机冷却液中有无锈蚀残渣、腐蚀残渣或液体变色。如果受污染，请先冲洗发动机冷却系统。

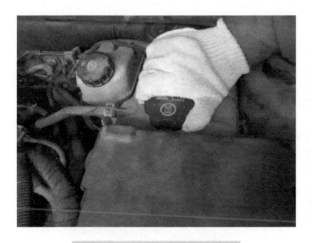

图4-18 拧开发动机散热器盖

图4-19 拧松放水开关

4）松开缸体放水螺塞，排放残余冷却液。现在很多车上没有缸体放水螺塞，此步骤可以省略。

5）紧固散热器放水开关，紧固缸体放水螺塞。

2. 添加冷却液

添加冷却液时，按以下步骤进行：

1）将冷却液添加至散热器高位线，如图4-20所示。

2）用手按压散热器进水管和出水管数次，如图4-21所示，检查冷却液液位，若液面下降，则及时添加至高位，拧上散热器盖。

图4-20 加注冷却液至规定高度

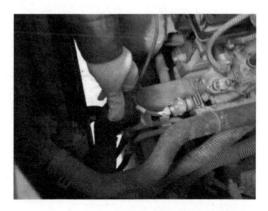

图4-21 用手按压散热器进水管和出水管数次

3）打开暖风开关。

4）起动发动机，使发动机充分暖机至冷却风扇运转，及时按压进出水管，排空冷却系统内的空气，确认冷却系统无泄漏。

5）发动机熄火，冷却后检查冷却液液位，若液位过低，及时添加至高位。

6）以上是无补充水罐的冷却液加注。对于有冷却液补充水罐的要先加满散热器，再加满补充水罐液面至规定位置，如图4-22和图4-23所示。

图4-22　散热器加注口

图4-23　补充水罐加注口

3. 更换发动机冷却液注意事项

1）为了避免烫伤，请勿在发动机温度很高时更换冷却液。若要更换，用厚布包裹住散热器盖，小心地拧开。先转动1/4圈，释放散热器内的压力。然后完全拧开此盖。

2）小心不要让发动机冷却液溅到传动带上。

四、检查更换火花塞的17个步骤

1）打开发动机舱盖，将发动机装饰板紧固螺栓拧下，如图4-24所示。

2）关闭点火开关，断开火花塞点火线圈插接器，如图4-25所示。

图4-24　将发动机装饰板紧固螺栓拧下

图4-25　断开火花塞点火线圈插接器

3）松开线圈固定螺母，如图 4-26 所示。

4）轻轻转动点火线圈，将线圈拔出，如图 4-27 所示。

注意：有些车辆使用时间长，点火线圈与火花塞长期没有拆装过，点火线圈橡胶老化会与火花塞"粘"在一起，若用力往外拔，会损坏点火线圈。这时应该先将点火线圈左右旋转，让点火线圈与火花塞分离，然后再拔出点火线圈。

图 4-26　松开线圈固定螺母

图 4-27　轻轻转动点火线圈，将线圈拔出

5）检查点火线圈表面是否有裂痕、老化等损坏，有无漏电风险等情况，如图 4-28 所示。

6）用压缩空气枪清理火花塞及四周，防止灰尘落入气缸，如图 4-29 所示。

图 4-28　检查点火线圈表面是否有损坏

图 4-29　用压缩空气枪清理火花塞

7）用火花塞套筒松开火花塞，如图 4-30 所示。

8）用点火线圈套住火花塞顶部并取出火花塞，如图 4-31 所示。

9）检查火花塞的燃烧情况，判断火花塞是正常燃烧，还是发动机存在烧机油、混合气过浓、气缸内有水等问题。

10）如果需要更换火花塞，拿来新火花塞，比较新旧火花塞规格、型号是否一样，这是一个要点，否则可能会发生严重事故。曾经有一台凯迪拉克 4.6L V8 发动机更换火花塞后起动不着车，对比火花塞长度，发现更换的火花塞比原车的长，侧电极已经被活塞顶变形，与中心电极接触在一起了。

11）将火花塞沿孔壁慢慢放入火花塞孔内，如图 4-32 所示。不可将火花塞丢到孔里，这是一个要点，否则会引起火花塞侧电极变形。

图4-30 用火花塞套筒松开火花塞

图4-31 用点火线圈套住火花塞顶部并取出火花塞

12）将火花塞套筒套到火花塞上，先用手转动火花塞套筒预紧火花塞（这点很重要），如图4-33所示。如果直接用棘轮扳手加力拧火花塞套筒，火花塞容易拧偏。

13）用扭力扳手按标准力矩拧紧火花塞。

图4-32 将火花塞沿孔壁慢慢放入孔内

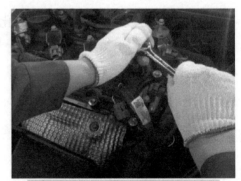

图4-33 用火花塞套筒预紧火花塞

14）将点火线圈放入、压紧，紧固点火线圈固定螺栓，如图4-34所示。

15）将火花塞插接器连接到位，如图4-35所示。

图4-34 紧固点火线圈固定螺栓

图4-35 火花塞插接器连接到位

16）起动发动机，确认发动机工作正常。

17）安装发动机装饰板，紧固发动机装饰板螺栓，将发动机舱里工具放回原位。

五、免拆清洗要点

1. 免拆清洗节气门

节气门不清洗会导致节气门的开度产生误差，引起怠速不稳；高速行驶出现突然瞬间失速（突然收加速踏板的感觉）；严重时会造成起动困难和增加油耗。

现在节气门清洗，一般采用免拆清洗，清洗时应该注意以下问题：

1）节气门清洗时，注意一定不要使用化油器清洗剂，也不要使用硬东西刮、撬节气门，否则容易引起节气门损坏。

2）免拆清洗时，清洗液流速一定要慢，过快容易对发动机造成损害。

3）清洗结束后，应上路行驶一段时间，避免部分清洗液遗留在节气门体内，同时，观察清洗后是否有故障出现。

2. 免拆清洗三元催化转化器

三元催化转化器的清洗与进气门清洗比较类似，步骤如下：

1）发动机达到正常工作温度，然后熄火。

2）将输液针头插入发动机橡胶进气真空管，将流量控制器关闭。

3）起动发动机，待发动机怠速稳定运转，慢慢打开流量控制器，并逐渐调整，保持发动机稳定运转。同时控制发动机转速逐渐升高至 2000r/min 左右，逐渐调整流量控制器，让发动机稳定工作。

4）待清洗剂全部用完，将发动机熄火，拔下输液针头。

免拆清洗三元催化转化器应该注意以下事项：

1）注意：输液针头切勿插入制动助力器真空管。

2）清洗时，清洗液流速一定要慢，否则容易损坏三元催化转化器。

六、保养复位

现在不少车辆的发动机在到达保养里程或保养日期后，仪表板上会出现保养提示，如图 4-36 所示。除了发动机保养复位外，还有轮胎气压复位、更换制动片复位等工序。

（一）发动机保养复位

发动机保养后需要复位，各种车型复位方法不一样。有的可以用专用仪器，有的可以手动复位。下面仅列举两个手动复位的例子。

1. 沃尔沃 XC90 机油保养灯复位

1）点火开关位置位于一档。

2）按下里程表的重设按钮并将其按住。

3）把点火开关拧到二档位置。

4）里程表按住重设按钮 10s 后，警告灯（三角中间是黄色感叹号）闪亮三次。

图 4-36 发动机保养提示

5）5s内放开里程表的重设按钮，仪表板内会发出"嗒"的响声，表示复位完成。

2. 丰田塞纳机油保养灯复位

1）将点火开关转到"ON"位置，把组合仪表里程显示器切换到A里程状态。

2）点火开关转到"OFF"位置，按住组合仪表上的里程显示器（此时为A里程状态）的复位按钮，并保持不放。

3）将点火开关转到"ON"位置，此时机油保养灯"MAINT REQD"先点亮3s，再闪烁2s，然后亮1s后熄灭。

4）松开复位按钮，复位完成。

5）将点火开关转到"OFF"位置。

（二）轮胎气压复位

有些轮胎缺气后，仪表板上的轮胎压力警告灯会点亮。在充气后，需要轮胎气压复位。各种车型的复位方法不一样，有的车型需要仪器复位，有些仅需要手工复位。下面简单介绍两种手工复位方法。

1. 按钮复位

现在不少汽车采用按钮复位，即汽车上有复位按钮，在点火开关位于ON时，按下按钮，停一会轮胎压力警告灯会闪动，然后熄灭，复位完成。

2. 程序复位

以奥迪系列轮胎压力警告灯复位为例，归纳有三类：

1）中控台上带"MENU（菜单）"功能键的：打开点火为开关，控中控台上的"MENU"功能键，在显示屏菜单中选择"车辆设置"或"车辆"，再选择"保养和检查"，再选择"轮胎气压监控"，再选择"存储轮胎气压值"，然后选择"是，存储"即可。

2）带触摸屏的：打开点火开关，在触摸屏上找到"车辆"，再选择"轮胎气压监控"，再选择"存储轮胎气压值"，然后选择"是，存储"即可。

3）中控台上带"CAR"功能键的：打开点火开关，按中控台上的"CAR"功能键，在显示屏菜单中选择"车辆"或"保养和检查"，再选择"轮胎气压监控"，再选择"存储轮胎气压值"，然后选择"是，存储"即可。

七、匹配

保养时需要用诊断仪检查系统里有无故障码，或者进行复位、匹配等作业，有时由于误操作，可能造成故障。例如：一辆C6A6L（2.4L）轿车定速巡航无法使用。维修工连接诊断仪，读取故障码，发动机控制单元有故障码："传动系统数据总线不可靠的仪表板信息"。读取仪表和发动机的数据流，显示仪表和发动机间的通信正常。观察一些主要的数据流都正常。那问题会出在哪里？逐一读取数据流，当读取数据流134组时发现，第一组机油温度无数值，正常情况下应显示机油温度。重新匹配机油温度传感器，故障排除。

小结： 机油温度影响定速巡航无法使用，这可能是很多人容易忽视的。在C6A6L轿车上机油温度是发动机安全运行的重要指标，由于与仪表不能匹配，无法接收机油温度信息，以致发动机功能受限，定速巡航无法使用。

八、空调滤芯更换步骤和更换要点

空调滤芯更换简单，但它的位置却不容易找到。一般轿车的空调滤芯在前排乘客侧的杂物箱后面,但也有些车较特殊,要尽快找到,确实不容易。下面列出几种较难查找的空调滤芯位置和更换步骤。

(一) 空调滤芯位置和更换步骤

1. 右侧杂物箱位置

日系车通常将空调滤芯安装在前排乘客侧杂物箱的后部。该车型更换空调滤芯步骤如下:

1)首先要打开杂物箱盖,找到杂物箱右侧的固定卡扣,并用力向外侧拔出,然后将杂物箱盖的固定卡扣取下,如图 4-37 所示。

2)用双手将杂物箱两边向中间挤压,杂物箱就可以拿下来了。

3)拿下杂物箱就可以看到空调滤芯盖板,用力按压盖板两侧的固定卡扣,盖板就可以取下,如图 4-38 所示。

图 4-37 找到杂物箱右侧的固定卡扣,并用力向外侧拔出

图 4-38 用力按压盖板两侧的固定卡扣

4)这时可以看到空调滤芯,向外侧抽出旧的空调滤芯,如图 4-39 所示。

5)将新的空调滤芯装入,按与拆卸相反的顺序恢复原位即可,安装时注意空调滤芯的安装方向。

2. 方向盘下部位置

有的空调滤芯安装在方向盘下部,例如:长安福特福克斯轿车,这样的空调滤芯是比较难换的,主要是位置不方便,要把四颗空调滤芯盖板的螺钉拆卸下来,如图 4-40 所示。

图 4-39 向外侧抽出旧的空调滤芯

图 4-40 圈里的就是空调滤芯盖板的螺钉

3. 在前风窗玻璃下导流板下

上海通用别克君越轿车的空调滤芯在前风窗玻璃下导流板的右侧。更换空调滤芯的步骤如下:

1）打开发动机舱盖。
2）在车右侧风窗玻璃下面和刮水器中部各有两个塑料卡子，取下塑料卡子。
3）取下刮水器下面的一个塑料板。

注意：
① 车右侧的排雨槽是橡胶的，用手轻轻地掰回去就可以取下来了。
② 不用管塑料板下面连接着排雨水的管子。
③ 塑料板不用完全拿下来，露出大塑料板下面的小塑料板就可以了。
4）取下小塑料板，就能看到空调滤芯，用手拽着白色的部分，就能顺利地拿出空调滤芯。
5）换上新空调滤芯，注意后半部分是插入式结构，一定要将滤芯插入其中。
6）按拆卸相反的顺序安装好附件。

4. 在防火墙上

有些汽车的空调滤芯在防火墙上，例如：东风景逸轿车的空调滤芯在发动机舱后部的防火墙中部，拆装前，需要打开发动机舱盖。

（二）更换空调滤芯要点

1）拆卸盖板时不要硬拽，避免对空调通风系统造成损坏。
2）有些车型更换空调滤芯时要提前将空气内/外循环开关打到内循环位置，否则会造成空调通风系统损坏。

案例：皇冠空调鼓风机连杆断裂

一汽丰田曾经下达过一则技术通报：关于一汽丰田皇冠轿车一段时间出现不少鼓风机连杆断裂的情况。

故障内容：车辆使用中发现前空调鼓风机侧连杆断裂（断裂的后果是需要更换鼓风机侧总成，要花费很多钱）。

检查结果：
① 经对回收的前空调鼓风机侧连杆进行检查，发现不良品断面，属于脆性断裂。
② 厂家进行再现试验检查。将鼓风机内外循环风门强行由外循环状态扳至内循环状态，连杆断裂，检查断面与回收品断面形状一致。
3）推定原因。进行空调保养时，例如清洁或更换空调滤芯时，强行用手扳动风门，导致连杆断裂。

小结：

在拆装空调滤芯时要严格按规程操作，要使用伺服电动机控制鼓风机风门的动作，使鼓风机内外循环风门由外循环状态换为内循环状态。不可用手强行扳动鼓风机风门。这种情况不只在皇冠轿车上出现，其他一汽丰田轿车上也出现过。

第二节 保养中容易犯的几个错误

一、加机油过多

机油太少影响润滑、冷却，严重时导致润滑不良，造成发动机损坏。有的维修工认为机油少了不行，多了没关系，这实际上是不对的。机油加得过多，会产生很多不良后果，主要包括：发动机在工作时，曲轴快速运动，产生剧烈的搅动，机油多就会耗费一定的能量，导致发动机输出功率的降低，油耗增加。机油过多，曲轴柄、连杆大端快速运动必然会导致机油飞溅，大量飞溅的机油会挤窜入燃烧室燃烧，而机油燃烧后容易在活塞环、活塞顶部、气门座、喷油器处形成积炭，积炭过多还会导致发动机产生爆燃现象，也会导致活塞与气缸的磨损。另外，机油燃烧产生的物质容易堵塞三元催化转化器。所以，机油一定要按照要求添加。

不同轿车发动机机油加注量都有要求，过多或过少都不行。

有的车辆没有机油尺，如部分奔驰和宝马车型。这时我们不能估计着加，有的维修工根据放出机油的多少，再添加同等量，这不科学。

没有机油尺怎么办？一是看车上的电子机油尺，二是查阅维修手册，三是自己总结汇总。下面列出奔驰轿车、宝马轿车机油加注量表供大家参考，大家可以在此基础上完善，形成一个随手资料，方便工作。

1. 奔驰轿车机油加注量

机油加注量参考表见表4-1。

表4-1 奔驰轿车机油加注量参考表

（单位：L）

车型	底盘号	发动机号	机油加注量	车型	底盘号	发动机号	机油加注量
A 级				E300	212054/154	272947	8
A160	169031	266920	5			272952	
A180	169032	266940	5	211			
B 级				E230	211052	272922	8
B200	245	266	5	E280	211054	272943	8
C 级				207			
203				E260 Coupe	207347	271860	6
C200	203046	271940	6	S 级			
C230	203052	272920	8	221			
204				S300	221154	272946	9
C180	204045	271910	6	221156		272965	9
C200	204041	271950	6			272980	
C200 CGI	204048	271820	6	S350	221157	276950	7
		271860			221182/4M	276950	8
C230	204052	272921	8		221187/4M	272975	8
C280/300	204054	272947	8	S400	221195	272974	9
C63	204077	156985	9		221171	273961	9
GK				S500	221186/4M	273968	9.5
GK300	204981	272948	7		221194/4M	278932	8.5
GLK350	204987	272971	8	S600	221176	275953	10
	204988	276957	7	S65	221179	275982	10
E 级				S63	221177	156984	10
212				220			
E200	212048/148	271820	6	S280	220063	112922	8
		271860		S500	220075	113960	8
E260	212047/147	271860	6			113986	

(续)

车型	底盘号	发动机号	机油加注量	车型	底盘号	发动机号	机油加注量
S600	220176	275950	10	ML			
	220178	137970	10	ML300	164182	272945	9
CLS 级				ML350	164156	272967	9
218				ML350/4M	164186	272967	9
CLS300	218355	276952	7	ML500	164175	113964	8
CLS350	218359	276952	7	ML500	164172	273963	9.5
219				ML63	164177	156980	10
CLS300	219354	272943	8	G 级			
CLS350	219356	272964	8	G500	463236	273963	9.5
SLK				G55	463270	113993	9
172				GL 级			
SLK200	172448	271861	6	GL320/350	164822	642940	9
171				GL320/350	164825	642820	9
SLK200	171442	271944	6	GL550	164886	273963	9.5
SLK200	171445	271954	6	GL450	164871	273923	9.5
SLK280	171454	272942	8	R 级			
SLS				R300	251154	272945	9
				R350	251165	272967	9
SLS63	197377	159980	10	R500	251172	273963	9.5
	197477	159980	10	R500	251175	113971	8

2. 宝马轿车机油加注量

BMW－M20：4.25L

BMW－M30：5.75L

BMW－M40：4L

BMW－M42：5L

BMW－M43：4L

BMW－M44：5L

BMW－M47：6L

BMW－M47：6.5L

BMW－M51（1995 年）：6.5L（1996 年以后的加 7L）

BMW－M52：6.5L（E53 加 7.5L）

BMW－M54：6.5L

BMW－M56：6.5L

BMW－M57：6.75L

BMW－M60：7.5L

BMW－M62：7.5L（E53 加 8L）

BMW－M67：8.75L

BMW－M70：7.5L

BMW－M73：8L

MINI – N12：4.2L
BMW – N13：4.25L
MINI – N14：4.2L
MINI – N16：4.2L
MINI – N18：4.2L
BMW – N40：4.25L
BMW – N42：4.25L
BMW – N43：4.25L
BMW – N45：4.25L
BMW – N46：4.25L
BMW – N47：5.2L
BMW – N52：6.5L
BMW – N53：6.5L
BMW – N54：6.5L
BMW – N55：6.5L
BMW – N57：7.2L
BMW – N62：8L
BMW – N63：9L
BMW – N73：8.5L
BMW – N74：10.5L
BMW/M – S14：4.4L
BMW/M – S38：5.75L
BMW/M – S50：7L
BMW/M – S52：6.5L
BMW/M – S54：5.5L
BMW/M – S62：6.5L
BMW/M – S63：8.5L
BMW/M – S65：8.8L
BMW/M – S70：7.5L
BMW/M – S85（2007年3月以前）：9.3L（2007年3月以后的加9.85L）

二、更换汽油滤清器出现的各种奇怪故障

在实际操作中，更换汽油滤清器后可能遇到各种各样奇怪的故障。下面看看这几个案例。

案例1：更换汽油滤清器后，发动机故障指示灯亮了

故障现象：一辆奥迪A6L 2.4L轿车，发动机型号为BDW。在一家修理厂进行了保养，更换了三滤。车辆出厂后不久，发动机故障指示灯亮了。

故障检查与分析：连接诊断仪，读出两个故障码。P1137：气缸列1混合气过浓；P1139：气缸列2混合气过浓。

开始以为是车辆保养时，不小心动了什么部件，就清除了故障码。可刚过几天发动机故障指示灯又亮了。连接诊断仪，还是原来的两个故障码。难道是喷油器和节气门脏了？于是将喷油器和节气门清洗，车辆出厂。但很快车辆又回来了，还是原来的故障码。修理厂又是更换火花塞，又是检查三元催化器。到后来，故障还是排除不了。客户只好把车开到4S店，4S店又是清洗，又是检查，但故障仍然存在。车辆最后还是开回了原来的修理厂，这次客户认定是修理厂把车修坏了。修理厂仔细分析了保养时的情况，决定将三滤全部更换。当拆下汽油滤清器时，发现壳体上印有"6BAR"的标志。"6BAR"汽油滤清器是缸内直喷发动机用的，而该车发动机型号为BDW，属于普通电喷发动机，其汽油滤清器应为"4BAR"。奥迪A6L轿车的汽油滤清器带调压装置，"6BAR"的汽油滤清器为缸内直喷发动机专用的，怠速时燃油系统压力为630kPa，而"4BAR"的汽油滤清器怠速时燃油系统压力为430kPa。

故障排除：更换正确的汽油滤清器，故障排除。

再看第2个案例。

案例2：奥迪Q7保养完之后出现起动困难现象

故障现象：奥迪Q7，BHK发动机，09L变速器，该车在修理厂进行了保养，更换了机油滤清器、空气滤清器、汽油滤清器，拆装、清洗了汽油泵。客户开车出厂后发现该车出现了起动困难的现象。

故障诊断与分析：

连接诊断仪检测，发动机控制单元有故障码：燃油压力调节过低。

读取燃油压力的数据流，检查103组燃油低压数据流，怠速时为：0.54MPa；106组燃油高压数据流怠速时为：4.6MPa。怠速时油压正常，发动机熄火后检查燃油系统的保持油压，熄火2s后检查103组燃油低压数据流，发现压力下降到0.15MPa，很显然，保持压力不正常。

因为保养时更换了汽油滤清器，拆装清洗汽油泵后才出现的故障，所以怀疑燃油管路没连接好。可是检查燃油箱内的油管，没有发现问题，检查汽油滤清器也没有问题。检查汽油泵与上盖密封法兰之间，没有连接好。

故障排除：重新连接汽油泵与上盖密封法兰，起动车辆再熄火，10min后保持压力还可以保持在0.4MPa，发动机起动困难的故障排除了。

小结：我曾经遇到过多次更换汽油滤清器后，发动机出现难着车的现象，一汽丰田卡罗拉、皇冠轿车，北京现代索纳塔轿车均出现过类似故障，主要是更换汽油滤清器时，汽油泵与汽油滤清器壳体间的密封圈安装不到位造成的。

三、更换空气滤清器反而发动机进气不顺畅

空气滤清器不仅要过滤空气中的水分、灰尘和杂质，而且要保持进气的畅通。更换空气滤清器后出现的故障主要是由于空气滤清器的质量差，或安装方法不正确引起的。有时小昆虫也会来捣乱，拆下空气滤清器，去清洗时或领料时，有小虫子进到进气管内，附在空气流量传感器上造成发动机抖动。有的维修工不注意，把抹布等物品放到了进气道内引起发动机运转不正常。也有的空气滤清器质量差使发动机产生了故障。

案例：奥迪C7/A6L轿车废气指示灯亮

故障现象：奥迪C7/A6L轿车2.0T发动机废气指示灯亮。

故障检查与分析：连接诊断仪读取故障码，有故障码 P218800：气缸列 1 燃油计量系统，怠速时系统过浓。读取数据流，混合气匹配值短期匹配值显示 0.0%，但长期匹配值显示 -20%。路试踩制动踏板，长期匹配值上升到 -30% 以上，踩加速踏板时在 -10% 左右。诊断仪导航里分析混合气过浓的原因有：炭罐电磁阀卡滞、喷油器滴漏、机油中混有燃油。

检查机油中没有汽油，检查炭罐电磁阀正常，检查喷油器没有滴漏。读取发动机的喷油时间、空气质量、氧传感器数值，都在正常范围之内。

分析混合气浓的原因是进气少或燃油消耗多，前面检查的是燃油是否过多，没有检查进气，拆下空气滤芯后，发现空气滤芯扭曲变形，观察可能是安装时安装不到位引起空气滤芯扭曲变形引起的。

故障排除：更换空气滤芯后，试车，混合气匹配值正常。混合气匹配值：短期匹配值显示 2% 左右，长期匹配值显示 4% 左右，废气指示灯指示正常。

四、喷油器免拆清洗后，发动机废气排放故障灯为什么会亮？

免拆清洗优点是操作简单，缺点是清洗效果不一定理想，适宜于喷油器轻微堵塞时采用。

免拆清洗的操作要点是使原车的汽油泵不工作，断开原车的进油管，将清洗剂输入燃油分配器中，并堵住回油管，清洗剂在清洗罐自身压力的作用下，或靠外接压缩空气的驱动进入喷油器，起动发动机，发动机工作时燃烧的是清洗剂，喷油器喷射清洗剂的过程便是清洗的过程。

当喷油器严重堵塞或免拆清洗效果不理想时，应将喷油器拆下，用专用喷油器清洗设备清洗，常用的设备为红外线超声波喷油器清洗机。拆卸清洗的优点是清洗干净，同时能进行喷油器的喷油量、喷射形状和滴漏检验，准确性高。缺点是拆卸喷油器操作不便。

案例：发动机保养后发动机废气排放故障灯亮

有的车辆喷油器或节气门清洗不彻底，或清洗油路时清洗剂过多，导致的发动机混合气过浓，引起未燃烧的混合气进入排气管，最终造成氧传感器中毒，从而导致废气排放故障灯亮。这时可以开车上高速跑一阵子，废气排放故障灯可能就熄灭了。

五、节气门清洗为何会损坏节气门

怠速控制阀或节气门体容易脏污，引起发动机怠速抖动、怠速熄火、怠速过高等故障。因此，怠速控制阀或节气门体脏污后，需进行清洗。清洗时应该注意以下问题：

1）怠速控制阀拆下后不要生拉硬拽，避免怠速控制阀损坏。

2）电子节气门在用清洗剂清洗时，应由一个人在车上打开点火开关，慢慢踩下加速踏板，另一个人在外面清洗。不能强行扳动电子节气门，有的维修工不注意，强行扳动电子节气门，有的甚至用旋具撬动节气门，引起节气门变形，造成更大的故障。

3）有的节气门上和进气道上积炭很厚，这时不能用尖锐物体硬撬。因为硬撬会破坏进气道壁，引起节气门关闭不严等故障。

4）清洗时清洗剂的流速要慢，否则易引起发动机废气排放故障灯亮。

5）节气门清洗应该使用专用的节气门清洗剂，不要使用化油器清洗剂。因为化油器清洗剂腐蚀性强，易损坏节气门壁，引起节气门密封不严。

汽车维修入门与经验技巧一点通

案例：奥迪 A6L 2.0T 轿车清洗节气门后发动机废气排放故障灯亮

故障现象：奥迪 A6L 2.0T 轿车发动机废气排放故障灯亮，到一家维修厂检查是节气门太脏。清洗节气门后，清除故障码，车辆出厂，可是一天后，发动机废气排放故障灯又亮了，经过检查又清洗了节气门后，开了两三天废气排放故障灯又亮了。

故障检查与分析：发动机废气排放故障灯的点亮涉及多方面的原因，比如某个传感器出现故障或损坏，或者是相关电路出现断路或短路的现象等，都有可能会导致排放故障灯点亮，排放故障灯已经点亮了，表明发动机控制单元已经检测到了相关控制系统出现了具体的故障，并且控制单元内也已经存储了相应的故障码，这时首先必须要用诊断仪读取故障码，在明确了故障码的具体含义，并进行相关数据流分析后，可以确定到相应的故障点。如果诊断出的故障与节气门相关或与混合气有关，那么故障可能是由于清洗节气门体引起的。

检查节气门清洗时是否操作不正确，如：强行扳动电子节气门、用尖锐物体硬撬节气门等，引起节气门关闭不严等造成故障。如果是不正确操作引用节气门损坏，那只好更换了。如果是清洗时清洗剂的流速过快引起发动机排放故障灯亮，这时可以开车上高速跑一阵子，废气排放故障灯可能就熄灭了。

故障排除：经检查该车节气门变形，分析可能是在某修理厂清洗时强行扳动电子节气门造成的。

六、小小火花塞有时会造成大麻烦

火花塞更换时一定要检查规格、型号是否正确，还要检查火花塞的长短，否则小小火花塞有时会给工作带来大麻烦。

案例1：火花塞太长顶活塞

一家修理厂给一辆途锐越野车更换火花塞，维修工到仓库领了火花塞就给该车装上了，结果一起动发动机，发动机就卡死了。拆下火花塞一比较才知道，原来新更换的火花塞比原车的要长，火花塞与活塞发生干涉，造成活塞损坏。

案例2：上海通用别克凯越轿车仪表板处异响

故障现象：上海通用别克凯越轿车仪表板处异响。这种异响类似"咔咔"的声音，在发动机不工作，只打开点火开关时，没有异响。发动机工作后，异响出现。打开电气设备如：鼓风机、前照灯等后，异响频率增加。

故障检查与排除：听异响是从仪表板后部发出的，再检查异响是从转向盘下部发出的，拆下转向柱防护罩，听声音从阻断器发出。更换阻断器后，异响仍然存在。分析应是电磁干扰影响的，产生电磁干扰最可能的部件是火花塞、高压线、点火线圈等。拆下火花塞检查，四个火花塞的电阻在 0.1~0.2Ω 之间，这显然不符合原车要求。原车火花塞为电阻型的，电阻为 4.7kΩ。

故障排除：更换四个火花塞，故障排除。

小结：某些年款的上海通用别克凯越轿车阻断器内有一个继电器，火花塞产生的电磁干扰，影响了继电器的正常工作，使其产生异响。

七、保养后油耗突然增加的处理方法

油耗问题是客户关心的一个大问题，保养后油耗应该降低，如果增加了怎么办呢？我就遇到了这样一位客户。

一位客户开的别克昂科雷越野车在修理厂保养后，客户提出仪表板显示的平均油耗值大了，原来一直在 12 ~13L/100km 间变化，现在在 16 ~17L/100km 之间变化，业务接待和客户解释说这次保养进行的项目有：更换了机油、机滤、汽油滤芯、清洗了喷油器和进气系统，更换了火花塞等，这些项目不会引起百公里平均油耗值的改变。但客户不理解，说你们把车给弄坏了，给我恢复原样。保养车的维修工拿着诊断仪左测测右看看，问题也没解决，客户更不满意了。

我让客户坐到车上，告诉他我开着车给他恢复。我边开边和客户解释说百公里平均油耗值是燃油消耗量比上公里数，刚才车辆在保养，检查机油是否渗漏时，发动机在工作，油耗增加了而车辆里程没增加。在清洗了喷油器和进气系统时，油耗增加了而车辆里程也没增加。现在我开着车，现在车辆油耗增加了而车辆里程增加了，你看百公里平均油耗值现在变到了 16 左右。客户不吱声了，我又以经济车速 90km/h 开着车跑了有 10km，百公里平均油耗值到了 13 左右。客户表示满意了。

实际上，客户提出意见没问题，关键是我们如何应对。应对得当，可以说是解决了故障。

我在网上还见到一位客户提出了这样的问题：我的车行驶了 11000km，之前的百公里平均油耗值一直是 7.0。昨天正常行驶过程中，突然百公里油耗值跳到 7.4，然后开了不到 10km 又降到了 6.8。去 4S 店咨询，说这是正常的，让我再继续观察，可是从 4S 店检查后开出来以后百公里油耗值就跳到了 9.4，之后开了差不多 100km，油耗值就一直在 7.6 ~ 8.5L/100km 之间频繁跳动。这个问题与前面我遇到的问题基本是一样的，实时上油耗值是正常的。

八、易被忽视的差速器油

差速器油常常被忽视，而忽视它的后果就是产生故障，常见的问题如下。

1. 忽视型号

不同车型差速器油有区别，还有冬季用油和夏季用油之分，但有一类差速器容易被忽视，那就是配备差速器锁的车辆。个别维修工不管什么型号的差速器油，拿来就加，结果就会出现故障。

案例：差速器异响

2011 款宝马 M3 轿车装备 S54 发动机，车辆在低速转弯时车辆后部发出异响。该车为后轮驱动，车辆转向时差速器工作，分析异响是从差速器发出的。该款车差速器装备了差速器锁，车辆转弯时差速器锁的钢片和摩擦片之间是黏性传动。因为车辆行驶了 15 万 km，差速器油也没更换，于是抱着试试看的想法，更换了差速器油。更换后，故障排除。注意：带差速器锁的差速器油和不带差速器锁的差速器油型号不一样，千万别混加。

2. 忽视差速器油的检查

奥迪轿车 01J 无级变速器的变速器油与差速器油是分开的，而有些维修工却忽视了这一点，只知道检查或更换无级变速器油，而忽视了对差速器油的检查，结果造成差速器因缺油而烧坏（图 4-41）。

图 4-41 奥迪轿车差速器因缺油而烧坏

九、油品型号不对导致的故障

一些车辆故障的产生可能与油品型号有直接的关系，油品型号不对除了能引起部件早期损坏外，还会引起手动变速器换档困难，自动变速器打滑等故障。

案例：速腾轿车手动变速器挂档困难

一辆速腾轿车冬天早上挂档困难，而且随着温度降低越来越严重。挂上档行驶一段时间，等车热了，再挂档就正常了。考虑挂档困难可能与变速器油的型号有关系，询问客户知道，他当年 6 月份更换了手动变速器油，让他找来维修单一看，发现变速器油的型号为 80W90，而速腾车变速器油的型号应为 75W90。变速器油的型号不对在夏天表现不出来，到了冬天随着温度降低油变稠了，挂档也就困难了。

第三节　保养中发现问题

保养不仅仅是单纯的保养，而应从保养中发现问题，再和客户沟通解决问题，既保证了汽车的安全、经济等各项性能，又可以增加企业的收入。

一、空气滤清器的检查

1. 空气滤清器的清洁或更换

1) 拆下空气滤清器盖夹子（有的车型空气滤清器盖是用螺钉固定的），将空气滤清器滤芯拆下，如图 4-42 所示。检查空气滤清器滤芯上的橡胶件，密封良好并且确保其没有裂纹或者其他损坏。检查空气滤清器，如果很脏或有水痕应该更换，如果有水痕还应该查明原因。

2) 空气滤清器如果可以继续使用，用气枪从空气滤清器滤芯的发动机侧吹入压缩空气以便清除滤芯上的灰尘，同时清除空气滤清器盖内污物，如图 4-43 所示。

3) 将空气滤芯装入空气滤清器中，将空气滤清器夹卡好。一定要注意安装到位，否则容易引起空气滤清器变形，引发故障。

2. 发现问题

1) 空气滤清器拆下后，应该检查空气滤清器是否有水痕，如果有水痕发动机可能进水，应该进一步检查。

2）检查空气滤清器是否扭曲变形，如果有，则可能是原来的空气滤清器质量差、安装不到位等。

3）清洗或更换空气滤清器时，可以一起检查节气门是否过脏，若过脏应该建议客户清洗。

图 4-42　将空气滤清器滤芯拆下

图 4-43　用气枪从空气滤清器滤芯的发动机侧吹入压缩空气

二、燃油箱及管路检查

1. 重点检查部位

1）检查汽油加注口盖密封圈（图 4-44），看看是否损坏。

2）拧紧加注口盖时听到"咔咔"声，表明已经拧紧。

3）检查发动机舱内的燃油管路各处是否有漏油现象，如图 4-45 所示。

图 4-44　检查汽油加注口盖密封圈

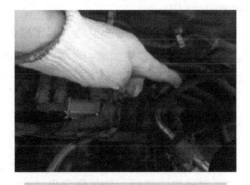

图 4-45　检查发动机舱内的燃油管路是否有漏油现象

2. 发现问题

1）燃油如果有泄漏，可能是造成驾驶室内有汽油味或燃油消耗过高的原因。

2）老化的燃油软管应该及时更换。

三、传动带磨损了必须找出原因

检查传动带是否磨损了，如果是异常磨损要找到原因，是传动带张紧力不对、还是哪个传动带轮轴承卡死了,还是带轮变形了。通过以下的检查、调整解决问题。

1. 传动带张紧力的检查

传动带张紧力检查规范的做法是将精密钢直尺倚放在发电机和曲轴带轮之间的传动带上,用98N的力推压传动带的中心后部。用钢直尺测量变形量,与维修手册标准值进行比较。这种做法较复杂,我们常见的是选择在最长的没有支撑的传动带跨度中间用拇指施加适度的压力,如图4-46所示,如果传动带的压下量在10mm左右,则认为传动带张紧力正好合适。如果传动带张紧力过大,或者说太松了,就可能造成滑齿、传动不完全。而传动带调整过紧,则会使得传动带拉伸变形,同时,也会加速带轮及轴承磨损。为此,应该把相关的调整螺母或螺栓拧松,把传动带的张紧力调整到最佳状态。

图4-46 传动带张紧力的检查

2. 传动带损伤、安装状况的检查

1)检查传动带是否有磨损、裂纹、层离或者其他损坏。

2)检查传动带以确保它已正确地安装在带轮槽内。

3)偏磨。偏磨很可能是由于张紧轮失效引起的。因此拆装时发现有传动带偏磨一定要检查张紧轮。特别当一根传动带折断了,我们要查找其折断的原因,如果是因为偏磨造成的,就要检查张紧轮及其安装位置。

4)漂移。如果传动带和带轮之间存在水分或油污,会导致多楔带在水膜或油膜上漂移,降低传动带的传动效率,同时会引起发动机的故障。出现这种情况,我们要找到产生水分和油污的原因。

5)伸长率。橡胶的磨损会引起多楔带有效长度的变化,导致张紧轮超出了张力调节范围,减少了系统的总体张力,降低了系统的性能。

四、火花塞的检查

1. 火花塞失效的3种常见故障现象

火花塞失效的常见表现有以下3方面:

1)发动机的怠速转速偏低,而且抖动。

2)发动机运转时,排气管发出"突、突"的响声。这种响声的出现是由于火花塞不点火,未燃混合气进入排气管,被正常气缸排出的废气热量点燃,造成排气管内的压力升高,而排气出口处的空间增大,由于压力突然释放,所以形成响声。

3)尾气成分超标。由于混合气无法正常点燃,形成不完全燃烧,所以尾气排放往往超过标准值。

2. 观察火花塞发现问题

维修人员拆卸下火花塞后,可以根据以下的外观颜色观察判断火花塞的使用状况。

1)如果是赤褐色或铁锈色,表明火花塞正常,如图4-47所示。

2）如果是渍油状，表明火花塞间隙失调或供油过多，高压线短路或断路。

3）如果是烟熏过的黑色，表明火花塞冷热型选错或混合气过浓，或机油上窜。

4）如果在顶端处与电极间有沉积物，沉积物是油性物时，证明气缸窜机油，与火花塞无关；如果沉积物是黑色时则说明火花塞积炭而旁路；沉积物为灰色则是因为汽油中添加剂覆盖了电极而导致的缺火。

图4-47 如果是赤褐色或铁锈色，表明火花塞正常

5）如果某缸火花塞中心电极的绝缘体呈现被洗刷的白色，并且中心电极和侧电极很干净，说明该缸存在"烧"冷却液的情况，可能是气缸垫冲坏了。

6）如果火花塞严重烧蚀，顶端出现起疤、黑色纹路、破裂、电极熔化等现象，这就表明火花塞已经损坏，应该更换。

7）检查火花塞电极间隙。火花塞电极间隙过大，会引起发动机加速不良，有可能引起其他故障。

案例：火花塞产生电磁干扰

一辆奥迪A6L轿车，档位指示灯偶发性闪烁，但是行驶时没有其他的异常感觉。经过反复检查，发现是由于火花塞电极的间隙过大，导致点火能量提高，产生电磁干扰，进而引起电控单元误判，导致档位指示灯偶发性闪烁。

8）检查火花塞与高压线的连接端子。如果端子松动，在高压线与火花塞之间就可能产生电火花。同时火花塞的插接必须到位，由于点火线圈与火花塞的配合比较紧，在安装时可能在点火线圈与火花塞之间形成间隙，当负荷大时就会因点火能量不足而引起"耸车"（高速行驶时发冲）。

五、自动变速器油品质检查

检查或更换自动变速器油时，要能从油质变化发现问题。

油质检查方法如图4-48所示。油液状态分析表如表4-2所示。

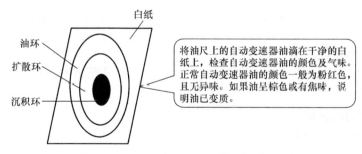

图4-48 自动变速器油品质检查方法

表 4-2 油液状态分析表

油液状态	原因
油液清洁，粉红色	正常
油液变为极深暗色、红色或褐色	• 没有及时更换油液 • 长期重载荷运转，或某些部件打滑、损坏而引起的变速器过热
油液中有金属屑	离合器盘、制动盘或单向离合器严重磨损
部件上粘附胶质油膏	变速器油温太高
油液有烧焦味	• 油温太高，油面太低 • 冷却系统管路堵塞
油液从加油管溢出	通气孔堵塞或油面过高

六、制动踏板变化

制动踏板是汽车制动操纵部分的部件，从制动踏板高度的变化，我们可以发现故障。

1. 制动踏板工作状况检查

反复踩踏制动踏板，检查制动踏板反应是否灵敏，能否完全落下，是否有异常噪声，是否过度松动（图 4-49）。

2. 制动踏板自由行程的检查与调整

在发动机停止状态下踩制动踏板 2~3 次，清除助力器影响后，用钢直尺测量初始位置，如图 4-50 所示。然后，用手轻压制动踏板，测量从开始压下至手感变重时的踏板行程，如图 4-51 所示。两者的差值即为制动踏板自由行程。制动踏板自由行程可通过调整推杆的长度来修正。

图 4-49 制动踏板检查

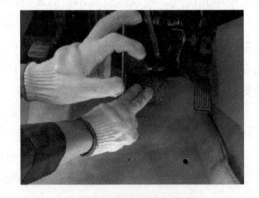

图 4-50 测量初始位置

3. 制动踏板高度的测量

测量制动踏板从手感变重至压到底端的有效行程，制动踏板的高度等于自由行程加有效行程，如图 4-52 所示。

4. 真空助力器的检查

（1）制动系统真空动力器检查

1）在发动机熄火时，来回踩制动踏板，排除助力器中的真空。

2）踩下制动踏板并保持在此位置。

3)起动发动机。
4)如果加力后踏板继续下降,表明助力器正常。
5)如果制动踏板不下降,则真空系统(真空软管、真空阀等)可能有故障,需要检查。
6)如果在检查真空系统后未发现故障,则助力器本身可能有故障。

图4-51 测量手感变重时的数值

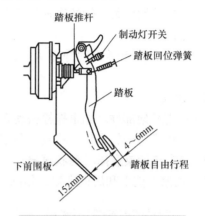

图4-52 制动踏板高度的测量

(2)气密性检查

起动发动机,怠速运转1~2min后停机;踩下踏板数次,检查制动踏板是否升高。否则,说明真空助力器气密性下降。

七、轮胎花纹变化

轮胎的常见故障是轮胎的异常磨损,在汽车保养时对轮胎花纹变化的检查,可以发现故障的早期征兆和原因,以便及时排除影响轮胎寿命的不良因素,防止早期磨损和破坏。

1. 胎肩或胎面中间磨损

1)现象:轮胎的胎肩或胎面中间出现了磨损,如图4-53所示。

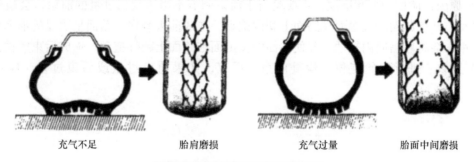

图4-53 胎肩或胎面中间磨损

2)原因:如果只是胎肩上或胎面中间的磨损,主要是由于轮胎气压不正确所致。如果轮胎充气压力过低,轮胎的中间便会凹入,将载荷转移到胎肩上,使胎肩磨损快于胎面中间。如果轮胎充气压力过高,轮胎的中间便会凸出,承受了较大的载荷,使轮胎中间磨损快于胎肩。

3）建议：检查轮胎压力。如果轮胎充气过量或充气不足，应调整压力或补充充气。

2. 轮胎的内侧或外侧磨损。

1）现象：为轮胎的内侧或外侧磨损，如图 4-54 所示。

2）原因：

① 如果轮胎面某一侧的磨损快于另一侧的磨损，可能是外倾角不正确。

② 悬架部件变形或间隙过大，造成不正常的轮胎磨损。

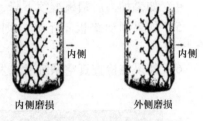

图 4-54 轮胎的内侧或外侧磨损

3）建议：

① 检查悬架部件。如果螺栓松动将其紧固；如果变形或磨损，应修理或更换。

② 车辆进行四轮定位，检查、调整外倾角。

3. 前束和后束磨损（羽状磨损）

1）现象：前束和后束磨损，如图 4-55 所示。

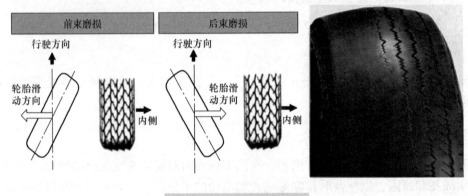

图 4-55 前束和后束磨损

2）原因：胎面的羽状磨损，主要是由于前束调节不当所致，过量的前束，会迫使轮胎向外滑动，并使胎面的接触面在路面上朝内拖动，造成前束磨损。胎面呈明显的羽毛形。过量的后束，会将轮胎向内拉动，并使胎面的接触面在路面上朝外拖动，造成后束磨损。

3）建议：进行四轮定位，检查前束、后束，如果前束过量或后束过量，应该加以调整。

第五章 一拆一装有学问

第一节 学习"七圈半精神"

中国一家著名企业引进一批德国设备,装备说明书上写明某处螺钉要拧七圈半。企业技工实际装配时有时拧七圈,有时拧八圈,认为两种做法的紧固程度差不多。德国人说那不行,规定七圈半就是七圈半,这是德国本土设备装配技师长期总结的最佳紧固度。

一、十秒钟的工作为何干了两个小时

福特福克斯轿车的油底壳放油螺栓需用 1/2in(约 12.7mm)的套筒拆装,而有的维修工找不到 1/2in 的套筒,找了个 13mm 的套筒代替,结果一拧螺栓滑方了,螺栓头部变成了圆形,这一来又是用扁铲,又是焊螺母,折腾了一个多小时才拆下螺栓。放油螺栓被折腾得不像样子了,需要换新的,又花了近一个小时买回螺栓装上,这样十几秒钟的工作干了两个多小时,而且客户还不满意。

拆装螺栓确实不是一件简单的事情,滑扣更是一件十分讨厌的事情,滑扣的原因除了螺栓拧紧力矩过大外,安装螺栓时不注意,螺栓安装偏了,还继续用力,结果也会滑扣。

一名维修工安装皇冠轿车的制动主缸,将主缸安装好后,再安装主缸上的油管。由于主缸上的油管螺钉没有装正,就用扳手拧紧,结果造成主缸上的螺纹孔滑扣,幸亏发现得早,师傅用丝锥修复了螺纹孔。师傅说幸亏发现拧不动了,没有继续拧,否则能造成整个制动主缸报废。所以在安装螺栓时应特别小心,对有些制动主缸油管螺纹不好安装的,先不安装制动主缸的固定螺栓或制动主缸的固定螺栓不拧紧,而是先安装油管螺纹,再安装制动主缸的固定螺栓,这样做收到了良好的效果。

二、拆下的螺栓放哪里

拆下的螺栓放哪里,不少维修工会说放在不碍事的地方。哪里是不碍事的地方?答案是工具柜或零件箱。车上不是放零件的地方!

有些维修工喜欢把拆下的零件和螺栓放在前风窗玻璃下面,一位维修工在拆下一辆东风日产天籁轿车进气歧管时,把一些零件和螺栓就放在了前风窗玻璃下面。这辆车等材料停了两天,维修工也没把进气歧管通气缸的管道盖上,不知谁在动零件时不小心把一个螺母掉进

了气缸内。结果可想而知，进气歧管装好后，发动机起动时掉进缸内的螺母把活塞顶碎了。

一位维修工一次在安装正时带罩时，发现一条正时带罩的螺栓不见了，他找了半天也没找到，就找了一条新的螺栓装上了。装好后发动机起动一切正常，车辆出厂了。维修工也没把丢螺栓的事放在心上。谁知当天晚上出事了，发动机正时带断了，气门被顶弯了。检查时发现正时带罩的固定螺栓有一条新换的，打开正时带罩，发现里面有一条螺栓，正是维修工丢的那条。分析维修工安装正时带时，不小心将螺栓掉进了正时带罩内，螺栓被卡在某个地方不动，晚上行车时由于振动，卡住的螺栓掉了出来，将正时带弄断，导致事故发生。

温馨提示：
① 拆下的零件和螺栓要放入工具柜或零件箱。车上不是放零件的地方。
② 安装时螺栓多了不行，少了也不行。拆几个就要装几个，数量不对要找到原因。

三、螺栓拧紧力矩不是可大可小

有的维修工认为紧固螺栓宁紧勿松，其实不然。汽车各部位的螺栓，根据直径、螺距及用途，其力矩大小均有相应规定，达不到规定力矩螺栓会松脱，但盲目增大力矩会造成被紧固的零部件变形，并会使螺杆伸长，螺纹变形甚至断裂。

另外，车上各个螺栓力矩不一样。例如：一些轿车的轮胎螺栓力矩是110N·m，轮胎防盗螺栓力矩是50N·m，一些维修工不注意，安装时防盗螺栓紧固的力矩和其他轮胎螺栓紧固的力矩一样，结果下次拆卸时，拆不下来了，造成防盗螺栓的损坏或拆卸工具的损坏。

现在很多车的发动机缸盖是铝的，螺栓力矩有严格规定，力矩小了容易造成冲缸垫，发动机工作不稳等故障。力矩过大，容易造成滑扣。

下面以上海别克君越轿车为例，说明几处重要螺栓的拧紧力矩和顺序。

1. 轮胎螺栓

1）螺栓拧紧要严格检测力矩。
2）螺栓拧紧要严格按照顺序，否则会造成零部件损坏。
轮胎螺栓的拆卸与安装顺序如图5-1所示。

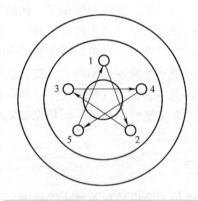

图5-1　轮胎螺栓的拆卸与安装顺序

2. 制动钳和控制臂螺栓

制动钳螺栓拧紧力矩见表5-1。

表 5-1　制动钳螺栓拧紧力矩　　　　　　　　　　（单位：N·m）

前制动器	
制动软管螺栓	54
制动钳带销螺栓	95
制动钳支架螺栓	180
后制动器	
制动软管螺栓	54
制动钳螺栓	34
制动钳支架螺栓	120

控制臂螺栓拧紧力矩见表 5-2。

表 5-2　控制臂螺栓拧紧力矩　　　　　　　　　　（单位：N·m）

前下控制臂球头螺栓至前下控制臂的连接螺栓	68
前下控制臂球头螺栓至转向节连接螺母	55
前下控制臂装配螺母	113
前部稳定器轴支架螺栓	48
前稳定器轴连杆螺母	23
前悬架支柱至车身装配螺母	41
前悬架支柱装配螺母	85
前悬架支柱至转向节连接螺栓	123
前轮驱动轴轴承螺母	130

3. 气缸盖螺栓

气缸盖螺栓拧紧时分两步进行。第一遍如图 5-2 所示顺序，将所有的螺栓拧紧至 30N·m，然后再将所有的螺栓如图 5-2 所示顺序旋转 155°。切不可改变紧固顺序，否则会引起缸盖变形。

4. 连杆螺栓

连杆螺栓拧紧时分两步进行，第一遍将所有的螺栓拧紧至 25N·m，然后再将所有的螺栓旋转 100°。

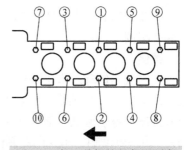

图 5-2　气缸盖螺栓的紧固顺序

5. 曲轴螺栓

曲轴螺栓拧紧时分两步进行，第一遍如图 5-3 所示顺序，将所有的螺栓拧紧至 20N·m，然后再将所有的螺栓如图 5-3 所示顺序旋转 70°。

6. 爆燃传感器

每款车的爆燃传感器（图 5-4）的拧紧力矩不都一样，有的为 20N·m，上海君威轿车爆燃传感器的拧紧力矩为 25N·m。爆燃传感器拧紧力矩过大或过小均会影响发动机正常工作。

7. 燃油箱箍带紧固件

要求燃油箱箍带紧固件用正确的紧固顺序和紧固力矩值，逐步、交替紧固箍带紧固件，直到达到规定的拧紧力矩值。如果未将箍带紧固件紧固到规定拧紧力矩，会使油箱底部向上弯曲。这样在油箱中没有燃油时，燃油表还会指示有油。

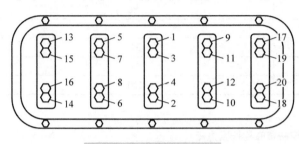

图5-3 曲轴螺栓的拧紧

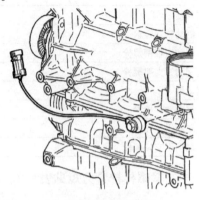

图5-4 爆燃传感器

第二节 汽车维修工不是简单的拆拆装装

我曾经和一名资深汽车维修专家交谈，一名合格的汽车维修工的基本条件是什么？会拆装，他马上说。是的，拆装里面有很多的学问，如果把汽车修理看成是简单地拆装，那就错了，拆装必须认真对待！

一、拆装不要生拉硬拽

拆装要当心，特别是拆装时不要生拉硬拽，以免损坏拆装的部件或相邻的部件。首先来看这个案例。

案例：

一家汽车修理厂来了一位大众途锐车客户，他的途锐车跑起来，左前部有"嘎啦、嘎啦"的异响，一位维修工检查发现左前轮胎附近有一个卡箍开了，就告诉客户说异响是有个卡箍碰车身引起的，客户说要求将卡箍拿掉。维修工拿钳子，夹住卡箍用力一拉，只听"砰"的一声巨响，车身向左侧倾斜了。原来该车采用了空气悬架系统，那卡箍是空气弹簧上用来固定空气囊的，这一拉不要紧，一下子将卡箍拉下来了，整个空气囊爆破了。客户说，你弄坏了，赔吧！维修工说是你让我拿钳子拉的。客户说我不知那是什么，也不知会爆，你要赔！维修工找来了厂长，厂长问清事情的来龙去脉，又问了空气弹簧的价格，要1.5万元，想让客户承担一部分，但客户坚持自己不明白，到了修理厂，你不懂别乱动！没办法，厂长只好赔了客户一个空气弹簧。

维修一定要明白，不懂要问明白，不懂别乱动！

这里要特别强调的是，在维修中必须注意各车型线束连接器的锁扣型号样式，不可盲目用力硬拉，安装时要插接到位，并将锁扣锁住。

案例：

某家丰田4S店，有个汽车维修工在拆卸、更换方向盘管柱时，拆卸了安全气囊，装复后安全气囊指示灯一直亮，故障码指示为主气囊点火器短路，检查发现该汽车维修工在拆卸气囊螺旋电缆时生拉硬拽将插接器损坏了，导致了故障。那插接器怎么会导致主气囊点火器短路的故障呢？我们看看安全气囊（SRS）的插接器。

为了便于区别电气系统线束、插接器，SRS 插接器与汽车其他电气系统的插接器有所不同。目前 SRS 的插接器和线束绝大多数采用黄色（套在黄色波纹管里），欧洲汽车有的采用橘红色，奔驰汽车采用红色。禁止修理任何安全气囊装置的导线，必须更换损坏的导线。SRS 插接器设计有防止气囊误爆机构、端子双重锁定机构、插接器双重锁定机构和电路连接诊断机构等，如图 5-5 所示，用以保证气囊系统可靠工作。

1. 防止气囊误爆机构

在图 5-5 中，从 ECU 到气囊点火器之间的插接器 2、5、8 均采用了防止气囊误爆的短路片机构。它的作用是：当插接器拔下时，短路片自动将靠近点火器一侧的插头或插接器两个引线端子短接，此时，即使将电源加到气囊点火器一侧的插接器上，因电源被短路片短路，点火器也不会引爆，如图 5-6 所示。防止静电或误通电将电热丝电路接通而造成误爆开。

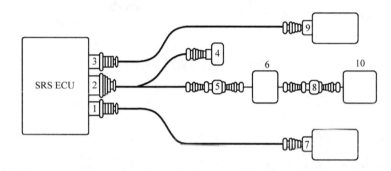

图 5-5 安全气囊系统线束与保险机构

1、2、3—SRS ECU 插接器　4—SRS 电源插接器　5—螺旋电缆与 SRS ECU 之间的中间线束插接器
6—螺旋电缆　7—右碰撞传感器插接器　8—SRS 气囊点火器与螺旋电缆制件的插接器
9—左碰撞传感器插接器　10—SRS 气囊点火器

插接器短路片无论是设置在插头上，还是设置在插接器上，短路片必须靠近点火器一侧，插接器正常连接时，插头的绝缘体将短路片顶开，插头的引线端子与插接器的引线端子接触良好，点火器电热丝电路的"＋"与保险传感器电路接通，"－"与前碰撞传感器电路接通，电热丝电路处于正常连接状态。

如果 SRS ECU 连接器连接不正确，内置短接棒将气囊警告灯的导线与 SRS ECU 搭铁线相连接，这将启亮气囊指示灯。为防止维修期间气囊展开，在如下位置添加了附加短接棒：转向柱下部的螺旋电缆连接器；乘客气囊模块以及驾驶人气囊模块。短接棒是一种后备安全装置。在开始任何维修程序前，务必解除安全气囊系统。

2. 电路连接诊断机构

用于检测插接器的插头与插接器是否连接可靠。与 ECU 连接的插接器都采用了电路连接诊断机构，如图 5-7 所示。插接器插头上有一个诊断销，插接器上有两个诊断端子，端子上有弹簧片。其中一个诊断端子与碰撞传感器触点的一端相连，另一个端子经过一个电阻与碰撞传感器触点的一端相连。

碰撞传感器触点为常开触点，当传感器插头与插接器半连接（未可靠连接）时，诊断

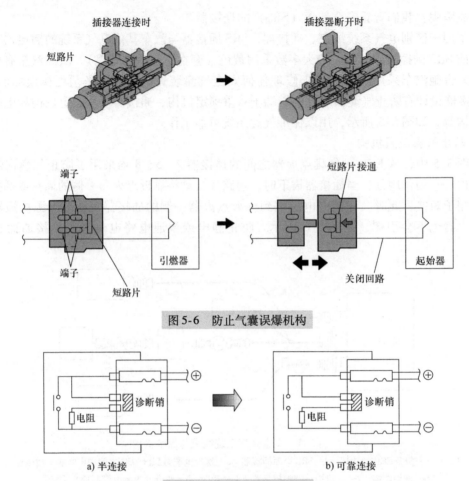

图5-6 防止气囊误爆机构

图5-7 电路连接诊断机构

端子与诊断销尚未接触，如图5-7a所示。此时，电阻尚未与传感器触点构成并联电路，插接器引线端子"＋"与"－"之间的电阻为∞。当ECU监测到碰撞传感器的电阻为∞时，即诊断为插接器连接不可靠，自诊断电路便控制SRS警告灯闪亮报警，同时存储故障码。

当传感器插头与插接器可靠连接时，诊断端子与诊断销可靠连接，如图5-7b，此时电阻与碰撞传感器触点并联。因为传感器触点为常开触点，所以，当ECU检测到电阻值为该并联电阻的电阻值时，即诊断为插接器可靠连接。

3. 插接器双重锁定机构

安全气囊系统在线束的重要连接部位，采用双重锁定机构。用于锁定插接器插头与插接器，防止插接器脱开，如图5-8所示。插接器插头上有主锁和两个凸台，插接器上有锁柄能够转动的副锁。

当主锁未锁定时，插头上的两个凸台阻止副锁锁定，如图5-8a；当主锁完全锁定后，副锁锁柄方能转动并锁定，如图5-8b；当主锁与副锁双重锁定后，插接器插头与插接器连接状态如图5-8c，从而防止插接器脱开。

4. 端子双重锁定机构

安全气囊系统的每一个连接器接线端子都设置端子双重锁定机构，防止接线端子产生滑

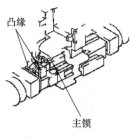 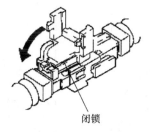 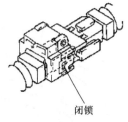

a) 主锁打开，副锁被挡住　　　b) 主锁锁定，副锁可以使用　　　c) 双重锁定

图 5-8　插接器双重锁定机构

动，主要由插接器壳体上的锁柄与分隔片组成，如图 5-9 所示。

锁柄为一次锁定机构，可防止端子沿引线轴线方向滑动；分隔片为二次锁定机构，可防止端子沿引线径向移动。

看了安全气囊插接器的结构就可以明白，故障是由于汽车维修工将插接器损坏，在插接器连接时，插头的绝缘体不能将短路片顶开，引发了故障。

图 5-9　端子双重锁定机构

现在汽车上的其他插接器为了保证连接良好，设置端子双重锁定机构或连接更加牢固，对设置端子双重锁定机构的要按程序拆卸，对连接牢固的部件应该采取适当的方式拆卸，不能生拉硬拽。

二、拆装要避开一些关键位置

拆装要避开一些关键位置，例如拆装轮胎，拆装轮胎是汽车维修工的基本功。现在不少车辆上安装有轮胎压力传感器，拆装时注意不要损坏轮胎压力传感器，下面以奥迪 A6L 直接监控式轮胎压力传感器为例来说明。

1. 更换轮胎

每次更换轮胎后必须更换镀镍气门芯，可以继续使用金属气门和车轮电子装置。更换轮胎步骤如下。

1）拆下镀镍气门芯排出轮胎空气。

2）拆下轮胎。

① 装入压出铲之后，先将轮胎气门对面一侧的轮胎压出。在阴影区 a 处不要使用压出铲（图 5-10）。

② 将顶拔器定位在气门附近，从而可在气门边上以约 30°（图 5-10 中 b）插入撬杠。

③ 拔出气门区的轮胎，目测是否有松动或损坏的部件。发现螺栓连接松动后更换整套气门。

3）安装轮胎，旋入新的镀镍气门芯。装上轮胎，在气门区不要使用压出铲。在对着车轮电子装置约 180°的地方放入顶拔器，将顶拔器前约 90°的轮胎压入胎圈，见图 5-11 中的箭头。

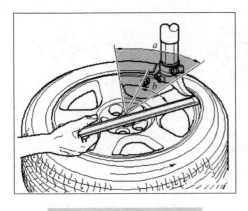

图 5-10 轮胎的拆卸示意图

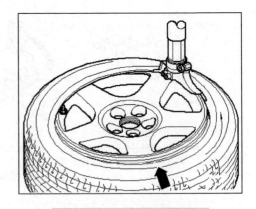

图 5-11 轮胎的安装示意图

4）给轮胎充气，然后重新拧上塑料帽。

5）给轮胎做动平衡。

2. 拆卸和安装金属气门阀体

1）从内侧将带有橡胶密封件的金属气门穿过轮辋，从外面装上自紧垫圈和锁紧螺母，然后拧紧。用夹子1（或者直径为2mm的钻头）固定以免转动（图5-12）。

2）将车轮电子装置1压到胎圈中，然后在气门后面用微密封螺栓拧紧（图5-13）。

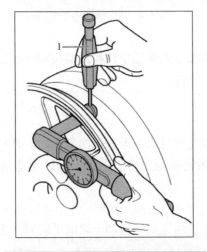

图 5-12 从内侧将带有橡胶密封件的
金属气门穿过轮辋

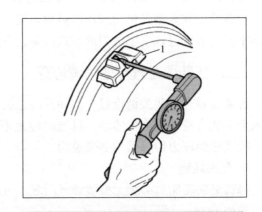

图 5-13 将车轮电子装置1压到胎圈中

3. 注意事项

有些维修人员拆卸轮胎时，不知道一些车带有轮胎压力监控功能（TPMS），用轮胎拆装机时，将传感器切坏或认为其没用扔掉，造成系统报警。更换带有TPMS的轮胎时，维修工在拆卸轮胎时一定要避开气门嘴附近，以免将传感器损坏。更不要画蛇添足地认为此气门嘴不好看而更换上一个亮晶晶的气门嘴和气门嘴帽，而将几百元的传感器扔掉。

轮胎压力监控系统的传感器在轮毂上的安装位置见图5-14，轮胎压力监控系统的传感器见图5-15。

图 5-14　轮胎压力监控系统的传感器在轮毂上的安装位置

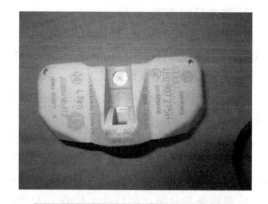

图 5-15　轮胎压力监控系统的传感器

三、讨厌的胶讨厌在哪里

零部件安装时，不少地方要涂密封胶。密封剂有很多不同的级别，用途也是多种多样的，从密封部件之间的接缝到螺纹密封不一而足。

1）有的螺纹密封剂用来防止漏泄，有的则是涂少量不同的密封剂以防止螺栓松动。

2）有的级别的密封剂粘接的成分更大一些，用作轴承、带轮和齿轮之类零件的固定剂。有时密封剂的作用比过盈配合的效果要好得多。

3）密封剂的形态是液态或膏状。涂在零件上的密封剂层只要接触空气就一直保持液态，一旦隔绝空气便开始固化。零件金属表面的催化作用也有助于固化。固化使液体凝固，不过有的级别的黏结剂在固化后仍有一定的柔性。用这类特殊密封剂/黏结剂装配的零件，只要装配中使用的是正确的级别，就可以用一般工具（如液压机）拆卸。

4）在现代汽车所用的发动机传感器上，使用正确品类与级别的密封剂也是非常重要的，要保证所发生的腐蚀反应不会影响到传感器。

正确使用密封胶能帮助我们保证良好的维修质量，但密封胶使用不正确会给我们带来很多麻烦，有的维修工在被密封胶折腾后会恨恨地骂一句"讨厌的胶"。

那么密封胶讨厌在哪里？

1. 胶涂得太多

胶涂得不能太少，太少了密封不严。胶涂得太多，则会造成过多的胶进入机体。发动机油底壳的胶涂得过多，胶会进入油底壳，堵塞集滤器，造成发动机机油压力低的故障。自动变速器壳体密封垫、油底壳垫涂胶过多，胶进入自动变速器，堵塞油道，引起换档时间晚、换档冲击等故障。

2. 胶涂得不均

在一个密封面上胶要涂得均匀，如果有的地方多，有的地方少，就起不到密封效果了。

3. 胶用的地方不对

有些地方是不需要涂密封胶的，如汽油泵与汽油箱的密封是靠橡胶垫，如果我们涂了密封胶，不仅起不到密封作用，而且汽油与密封胶发生化学反应，破坏了密封，密封胶还会进入汽油箱。

4. 胶未及时清理

有些维修工喜欢用胶，什么地方都要用，一些螺栓上也要涂胶，但有的维修工在拆卸螺栓重新安装时，不注意清理螺孔内部残余的胶，硬把螺栓拧进没有处理的螺孔，造成螺纹的损坏。

5. 密封胶涂的位置很重要

密封胶涂的位置有讲究，尤其是有油道孔的地方，不注意容易堵塞油道，打密封胶要避开油道孔。

案例：奥迪轿车为何发动机行驶中熄火无法起动

故障现象：奥迪 C7/A6L 轿车 2.5L 发动机，行驶中熄火。再起动发动机，发动机勉强可以工作，但怠速不稳，同时发动机伴有异响。

故障检查与分析：进行基本检查，发动机机油油位正常，无漏油、漏水现象，连接诊断仪读取发动机控制单元的故障码，有一个故障码"P034100 - 凸轮轴位置传感器 G40 信号不可信"。结合发动机有异响，判断是发动机正时出现了问题。

拆下气门室盖后，如图 5-16 所示，发现第一列气缸盖的进气凸轮下的摇臂已断裂成两半。进一步拆解，发现进气凸轮后端可变配气相位链轮固定螺栓明显松动，分析是因为链轮与凸轮轴烧结在一起。分解气缸盖后发现活塞顶部有被撞击的痕迹，再拆下气门，部分气门与活塞干涉，被顶弯。具体分析都是因为第一列进气凸轮轴抱死而引起的。而第一列进气凸轮轴抱死，明显是缺少机油润滑引起的。检查第一列气缸盖后，发现进气凸轮轴第一道轴颈瓦架油孔被黑色密封胶堵塞。

图 5-16 密封胶堵塞造成气缸盖损坏

故障排除：更换第一列气缸盖总成，故障排除。

小结：凸轮轴轴颈是靠从气缸盖主油道分出的油孔，通过凸轮轴瓦架上相对应的油孔进行润滑。当进气凸轮轴第一道轴颈轴瓦架油孔被黑色密封胶堵塞后，导致第一道轴颈缺乏润滑而慢慢抱死。此时曲轴通过链条带动可变相位链轮强制转动，由于曲轴转动方向和链轮螺栓紧固方向正好相反，导致链轮螺栓松动。正时的错乱，导致了气门和活塞干涉。本案例的教训是：在结合处打密封胶时，一定要注意是否对附近的油道造成了影响。注意：打胶的位置和数量必须合适。

四、拆装时不要损坏其他部件

拆装时要当心，注意不要损坏其他部件。如拆卸发动机时，有些插接器要拔下来，搭铁线要拆下来，如果不注意拉断了，要恢复到原状就比较困难，特别是搭铁线。另外还要注意，安装时不要挤压着相邻的导线。

案例1：奥迪A6L更换节温器后不能着车

故障现象：奥迪A6L（C6）轿车，3.0T发动机，该车更换节温器后不能着车。

故障诊断与分析：检查发动机不喷油也不点火。连接诊断仪读取发动机控制单元的故障码，有故障码显示：传感器标准电压B太低。首先选取霍尔传感器G40和霍尔传感器G163电源线进行检查，经检查两个传感器的电源电压为0。顺着传感器电源线仔细查找，原来是翻板电位计的供电线被挤压造成了搭铁。原来，维修工在安装节温器时将翻板电位计的供电线挤压，导致其搭铁，恰巧霍尔传感器G40和霍尔传感器G163电源线与其为同一供电线。

故障排除：拆下节温器，重新安装，并将线路包扎后，故障排除。

五、拆装蓄电池有学问

在维修任何电器部件前，点火钥匙必须处于"OFF"（关闭）或"LOCK"（锁止）位置"，并且所有电气负载必须为"OFF"（关闭），除非操作程序中另有说明。如果处理接触带电的外露电气端子，还要断开蓄电池负极电缆。否则会导致人身伤害或车辆损坏。例如：有的维修工在拆装发电机或起动机时不断开蓄电池负极电缆，结果在拆装时，导致发电机或起动机上的正极电缆搭铁，产生强烈的火花，易引起火灾或电器元件的损坏。

发动机在运转过程中，严禁拆卸蓄电池，也不可用刮火的方法检修电路。否则容易造成电器设备的损坏。

案例1：蓄电池高度不同险酿火灾

一位维修工在更换奔驰500的蓄电池时，只看到新旧蓄电池的长宽高一样，而没有看到新旧蓄电池的极桩不一样，旧蓄电池极桩与上平面平齐，而新蓄电池极桩高出上平面，巧的是蓄电池极正极桩上的护盖也没有了，维修工安装好后，合上发动机盖，蓄电池的正负极通过发动机盖短接，冒出强烈的火花，瞬间蓄电池的正负极与熔化的发动机盖焊接在一起。这时拉发动机盖拉手，已不能打开发动机盖，几个维修工用撬杆撬开发动机盖，才避免了更大事故的发生。

案例2：蓄电池极柱装反烧坏线路

一辆北京现代索纳塔轿车，维修工在更换蓄电池时，将蓄电池正负极极柱与正负极电缆装反，导致线路烧毁。

六、拆下再装上怎么会出现故障

一辆捷达王轿车，拔下冷却液温度传感器插头起动发动机，发动机不能起动，此时，装上冷却液温度传感器插头，发动机可能也起动不了。只有清除故障码，对发动机控制单元重新进行基本设置后，发动机才能正常起动。如果不知道这个情况，可能认为发动机有故障了，恐怕要费不少周折了。

还有一辆上海大众途安轿车前照灯不亮，到修理厂检查，前照灯修好了，可车辆刚一出厂，客户就说安全气囊警告灯亮了，自动变速器不换档了。检查一下前照灯就能引起安全气囊警告灯亮、自动变速器不换档？修理厂矢口否认，并与客户发生争执，最后客户将车开到4S店，原来维修工在检查前照灯时，拔下了仪表熔丝，引起了安全气囊警告灯亮，自动变速器不换档的故障。排除故障很简单，用诊断仪清除故障码即可。一个简单的问题非但没处理好，还因此失去了一个客户，得不偿失。作为有经验的维修工，首先应该想想前面动了什么东西，再想想动的东西是否能引起车辆故障。

这两种情况都是拆卸后出现的。电控元件拆卸后一定要记得用诊断仪看看系统是否有故障存在。

七、安装不是简单的安装

安装时不是简单地把模样一样的部件安装上就可以了，这里面有不少应该注意的问题。

1. 规格、型号

例如，汽油泵安装时的注意事项：

1）根据发动机需要，电动汽油泵有不同的流量，外形相同、能够装得上的汽油泵未必是合适的。维修时采用的汽油泵零件号必须跟原来的一致，不允许换错。

2）为了防止汽油泵损坏，请不要在干态下运行。

3）如需更换汽油泵，应注意清洗汽油箱和管路，更换汽油滤清器。

2. 要注意新旧件对比

一辆奥迪A6L轿车，更换了进气歧管（图5-17）后出现怠速抖动。刚开始认为是进气歧管的质量问题，将两个进气歧管放在一起仔细检查，发现旧的进气歧管后部有一个细的真空管用橡胶堵头堵住了（图5-18），而新的进气歧管后部那个真空管上却没有。将橡胶堵头移到新的进气歧管后部那个真空管上后，发动机工作正常。

图5-17 进气歧管

图5-18 这个进气歧管上有真空堵头

八、拆装为何返工多

在不少维修企业，拆装导致的返工明显高于其他项目。拆卸返工一般是因为工作不仔细造成的，检查不仔细、操作不仔细、检验不仔细。

1. 仔细检查

有些疑难故障一次排除不了还能让人原谅，但有些简单故障就让人难以接受了。例如：有些轿车传动带断了，维修工更换一条，跑了几天又断了，又更换了一条其他品牌的传动带，又断了。连换三条都断了，这里面肯定有问题。仔细检查发现曲轴带轮转起来摆动。现在不少轿车曲轴带轮是带缓冲橡胶的，缓冲橡胶断裂易引起带轮摆动。拆下曲轴带轮发现，果然是缓冲橡胶断裂，更换曲轴带轮，又更换传动带，故障再没出现。

这个返工是由于检查不仔细造成的。零部件磨损或损坏了，我们不能简单地更换，要能从零部件的磨损情况或损坏情况，发现零部件磨损或损坏的真正原因。

2. 前后数据做对比

我们在拆装汽油泵时容易造成汽油表不准，造成返工。分析产生故障的原因，原来是我们拆卸时汽油表浮子与汽油泵一起拆下来了，更换好汽油泵或汽油滤芯后，在安装时汽油表浮子的安装位置或浮子线路易与其他部件产生干涉，导致安装完汽油泵后浮子不准，但浮子不准这一情况，很多维修工当时发现不了。将拆卸的所有部件安装完毕，将车交给客户，当几天后客户发现浮子不准后，找到修理厂，客户肯定不满意了，修理厂又要耗很长时间来重新拆卸汽油泵，重新安装了。

那么有没有好办法能杜绝或减少返工呢？方法肯定是有的。实际上很简单，拆装汽油泵前，记下汽油表的刻度，安装后检查这时汽油表的刻度与先前记录的刻度是否相符，若不相符，赶快整改。

3. 一个小动作，可以避免返工

拆装时没有发现问题，而拆装过部件的车辆出厂后又出现了问题，也属于返工。

我们不但要会拆，还要在拆装中发现问题，例如：拆装正时带，我们要检查正时带的张紧器和传动轮是否损坏，检查水泵是否漏水，若发现问题，要及时和客户沟通。不要不检查，车辆出厂了，跑了没有几天，水泵漏水了，客户肯定要抱怨。

九、拆装时要特别注意的几个事项

1. 处理怠速空气控制阀的特别注意事项

如果怠速空气控制阀正在使用中，不得推拉怠速空气控制阀枢轴。强行移动枢轴，会损坏蜗杆传动件上的螺纹。此外，不得将怠速空气控制阀浸泡在任何液体清洁剂或溶剂中，否则会造成损坏。

2. 动力转向系统中空气的特别注意事项

动力转向系统维修后，如果不放出转向系统中的空气，液面指示会产生误差。油液中的空气使转向助力泵产生气蚀噪声，长时间运行还会导致转向助力泵损坏。

3. 传动轴（半轴）球笼防尘套卡箍

传动轴（半轴）球笼防尘套卡箍应该用专用工具卡紧，安装后仔细检查护套卡箍，确保它已经正确安装并且没有损坏（如图5-19所示）。否则会引起润滑脂渗漏，

图5-19 检查护套卡箍

严重时会导致球笼的损坏。

第三节　千万要注意的正时校对

发动机正时校对千万要注意,这是汽车维修人员都知道的,因为大家都知道正时不对的后果,轻则发动机抖动,重则发动机不能起动,最严重的是发动机活塞和气门干涉,引起发动机损坏,甚至发动机报废。

发动机正时校对分为两种方式,一种是靠正时标记来校对正时,另一种是靠专用工具来校对正时。正时标记包括曲轴和凸轮轴的正时带标记、曲轴和凸轮轴的正时链条标记、进排气凸轮轴标记、平衡轴标记等,任何一个标记不正确,都会引起发动机故障或损坏。

大多数人认为正时校对的难度在于不知道标记在哪里,知道了就知道怎样装配了。其实不然,总结这些年来的经验,我认为正时校对的关键是：工作认真仔细,以及按正确步骤进行作业。

一、德国培训师要求的细节

2018年和2019年7~8月,我参加了德国手工行业协会的机动车机电师培训班,主讲人是德国培训师Micheal Jahrens老师,在谈到正时带的拆装时,他说正时带的拆装是非常重要的一个维修项目,操作不正确,可能导致发动机损坏,严重时甚至造成发动机报废。因此,维修中的每一个细节都关系到维修是否成功。他以任务工单的方式,让我们首先做任务工单,然后进行讲解,以加深我们对正确方法的掌握,同时指出应该注意的细节,主要有以下几点：

1）更换正时带时必须转到上止点,而且要顺着发动机旋转的方向转动。

2）在拆下正时带后,要将曲轴往回转动一个角度。这样是为了避免凸轮轴或曲轴转动时,活塞与气门干涉,造成气门损伤。

3）对拆下来的正时带要认真检查。检查正时带上是否有油污、防冻液或裂纹。对正时带上背面的裂纹要认真分析,分析是由于老化造成的还是高温造成的。如果是高温造成的,那肯定是正时带传动装置转动卡滞造成的。这就要求我们要仔细检查正时带上的各个传动齿轮、张紧轮和惰轮。

4）装上新的正时带,要手动转动发动机两次。目的是确认凸轮轴和曲轴上的标记是否与基准标记一致。

二、正时标记不对的表现

维修中要特别注意正时标记,标记错误,正时肯定也是错误的,这时发动机会出现起动困难、加速无力、排气管放炮、发动机冒黑烟等现象,有的发动机会伴随出现故障码。

案例1：大众系列轿车出现关于凸轮轴的故障码

维修有些奥迪、帕萨特、宝来等大众车时,拆装凸轮轴后,在装好起动发动机后,有时会出现一个故障码（图5-20）,有人以为这是凸轮轴位置传感器有故障了,其实不然,这是在拆装凸轮轴时正时标记不对引起的,那么这些车型的正时标记该如何校对呢？

如图 5-21 所示，在进排气凸轮轴的瓦盖上有两个箭头，两个箭头之间的链条辊轮的数量，维修手册上说应是 16 个，实际上是 15 个半，你对成 16 个半或者 14 个半都不对。那该怎么数呢？

图 5-20　拆装凸轮轴后出现的故障码

图 5-21　在进排气凸轮轴的瓦盖上有两个箭头

从图 5-22 所示的箭头开始，将上面的辊轮与箭头对齐，然后开始数，数到第 15 个辊轮，这时另一根凸轮轴上的箭头标记应位于第 15 个辊轮和第 16 个辊轮中间，如图 5-23 所示，这时两个箭头之间的链条辊轮实际上是 15 个半了，正时也就正确了。

图 5-22　将上面的辊轮与箭头对齐

图 5-23　另一根凸轮轴上的箭头标记应位于第 15 个辊轮和第 16 个辊轮中间

案例 2：宝马 X5 发动机怠速抖动，发动机故障灯点亮的故障

故障现象：宝马 X5 越野车，发动机为 N62，行驶里程：165000km。该车发动机大修后出现发动机怠速抖动，发动机故障灯点亮的故障。

故障诊断与排除：读取故障码为 P0390：1 列信号波形峰值数目不可信。

用示波器检查 1 列和 2 列排气侧凸轮轴的信号波形，观察 1 列排气侧凸轮轴信号波形不正常。

分析波形不正常的原因，包括：配气相位错误、信号齿轮有故障、凸轮轴位置传感器故障、发动机控制单元故障。结合该车发动机大修中曾拆装过正时链条，分析故障应在正时部分。

宝马轿车正时采用可变气门正时系统，正时需用专用工具（图5-24）进行校对。

故障排除：用专用工具校对正时后，故障排除。

小结：可变气门正时（Variable Valve Timing，VVT）系统通过配备的控制及执行系统，对发动机凸轮的相位进行调节，从而使得气门开启、关闭的时间随发动机转速的变化而变化，以提高充气效率，增加发动机功率。目前，很多带可变气门正时系统的发动机，在安装正时链条或正时带时需要专用工具，不能靠传统的划记号的方法。

图5-24 宝马正时校对专用工具

三、正时标记正确不能保证配气相位也正确

在维修实践中，我们也要注意，正时标记对了，也可能配气相位不正确，引起配气相位错误的原因还有以下几点：

1）曲轴带轮与曲轴的定位失准，或凸轮轴带轮与凸轮轴的定位失准。造成这一现象的主要原因是定位销、半圆键等定位部件磨损或折断。

2）配气相位相关零部件，如凸轮轴、摇臂等制造存在误差。

3）正时带轮中的某个带轮磨损或带齿变形。

4）配气相位相关零部件，如凸轮轴、摇臂等磨损。

5）正时带或正时链条磨损或齿数不对。

6）可变正时机构失效。如：机油压力不足、滤网堵塞等。

四、正时带的拆装

下面以上海通用雪佛兰科鲁兹轿车1.6L（LDE或LXV）发动机为例，说明正时带的正时校对如何进行。

1. 正时部件

首先来看正时部件，正时部件图（1.6L LDE、LXV 和1.8L 2H0）见图5-25。

2. 正时带的更换（1.6L LDE、LXV 和1.8L 2H0）

（1）专用工具

旧车型上更换正时带不需要专用工具，现在不少正时带的更换需要用专用工具，科鲁兹轿车正时校对使用的专用工具有：EN-6625曲轴锁止装置、EN-6340凸轮轴锁止工具、EN-6333正时带张紧器锁销、EN-45059扭矩角度传感器组件。

特别提示：

以前正时校对靠标记来确定，而目前不少发动机的正时校对使用专用工具，这些专用工具有给曲轴定位的，有给凸轮轴定位的，作业时应使用专用工具，这样正时校对有保证。尤

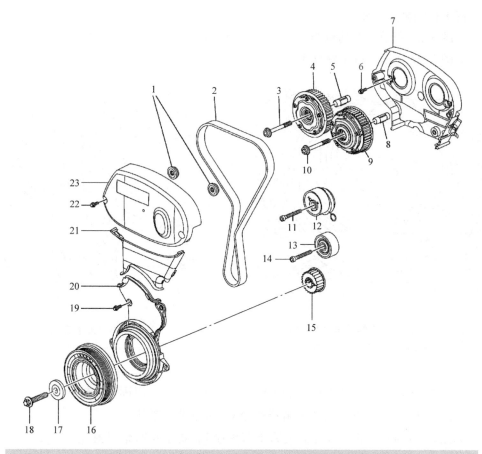

图 5-25　正时部件（1.6L LDE、LXV 和 1.8L 2H0）图
1—凸轮轴调节器封闭螺塞　2—正时带　3—进气凸轮轴调节器螺栓　4—进气凸轮轴调节器
5—进气凸轮轴调节器螺塞　6—正时带前上盖螺栓　7—正时带后盖　8—排气凸轮轴调节器螺塞
9—排气凸轮轴调节器　10—排气凸轮轴调节器螺栓　11—正时带张紧器螺栓　12—正时带张紧器
13—正时带惰轮　14—正时带惰轮螺栓　15—曲轴调节器　16—曲轴平衡器　17—曲轴压力垫圈
18—曲轴平衡器螺栓　19—正时带前下盖螺栓　20—正时带下前盖　21—正时带中部前盖
22—正时带前上盖螺栓　23—正时带上前盖

其凸轮轴带有可变正时调节器装置的，更应使用专用工具。

（2）拆卸

特别提示：

正时带更换时需要拆装一些附件，这也是更换正时带工作的一部分，不能马虎。例如：雪佛兰乐风和乐骋轿车用的 L91 发动机，更换正时带时需要拆下右侧的发动机支架，拆发动机支架时要用千斤顶顶起油底壳，这时要注意了，千斤顶和油底壳之间要垫上弹性元件，以免损坏油底壳。

1）拆下空气滤清器总成。

2）拆下正时带前上盖。

3）拆下前舱防溅罩。

4）拆下传动带张紧器。

5）如图5-26所示，发动机旋转至"1缸压缩行程上止点"1的位置。

6）如图5-27所示，拆下螺栓1。

图5-26 将发动机旋转至"1缸压缩行程上止点"1的位置

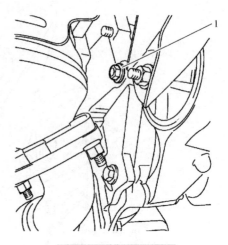

图5-27 拆下螺栓1

7）如图5-28所示，安装螺栓1和EN-6625锁止装置2以固定曲轴。

8）如图5-29所示，拆下曲轴平衡器螺栓1，拆下曲轴带轮2。

9）如图5-30所示，拆下4个正时带下盖螺栓1，拆下正时带下盖2。

图5-28 安装螺栓和EN-6625锁止装置以固定曲轴
1—螺栓 2—EN-6625锁止装置

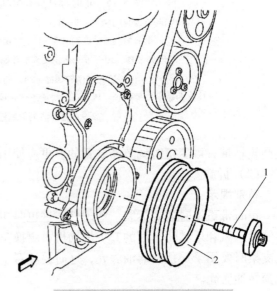

图5-29 拆下曲轴平衡器螺栓，拆下曲轴带轮
1—曲轴平衡器螺栓 2—曲轴带轮

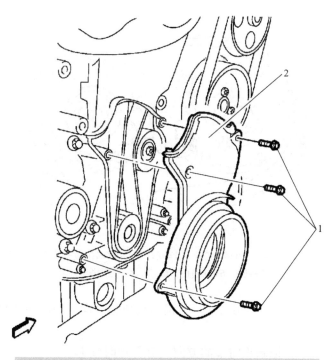

图5-30 拆下4个正时带下盖螺栓1,拆下正时带下盖2
1—正时带下盖螺栓 2—正时带下盖

特别提示:

正时带盖拆下后应放置好,防止变形。有的维修人员随意放置,造成正时带盖变形,安装后与正时带干涉,产生异响。

10) 如图5-31所示,准备好EN-6340锁止工具的右半部分,将前侧板1从EN-6340锁止工具右侧分离,拆下两个螺栓2。

注意: EN-6340锁止工具的右半部分可通过箭头所指工具上的字母"Right(右)"识别。

11) 如图5-32所示,将EN-6340锁止工具1安装至凸轮轴位置执行器调节器上。

注意: 如图5-32所示,进气凸轮轴调节器上的点形标记4和EN-6340左侧的凹槽在此过程中不对应,但是必须略高。

如图5-32所示,将EN-6340右侧锁止工具2安装至凸轮轴位置执行器调节器。

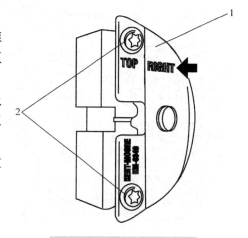

图5-31 准备好EN-6340
锁止工具的右半部分
1—前侧板 2—螺栓

注意: 如图5-32所示,排气凸轮轴调节器上的点形标记3必须与EN-6340右侧的凹槽相对应。

12) 松开正时带张紧器螺栓。

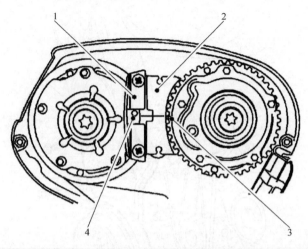

图 5-32 将 EN-6340 锁止工具安装至凸轮轴位置执行器调节器
1、2—EN-6340 锁止工具 3、4—点形标记

13)如图 5-33 所示,使用专用工具 1,沿箭头所指方向向正时带张紧器 2 施加张紧力。安装 EN-6333 锁销 3。

14)如图 5-34 所示,记录正时带的方向,拆下正时带 1。

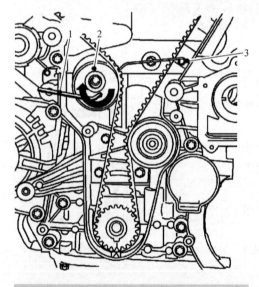

图 5-33 使用专用工具 1,沿箭头所指方向向正时带张紧器 2 施加张紧力
1—专用工具 2—正时带张紧器 3—EN-6333 锁销

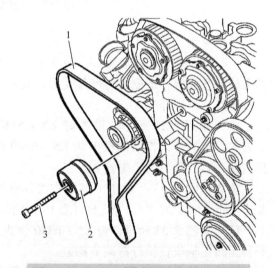

图 5-34 记录正时带的方向,拆下正时带
1—正时带 2—正时带张紧器 3—螺栓

特别提示:
如果正时带不更换,记住要记录正时带的旋转方向。如果安装时反方向运转,可能引起正时带的损坏,引起大的故障。

(3)安装

1)检查正时带。

特别提示：

检查正时带的长度、宽度、齿形和齿数等，这一条维修手册上没有，是本书作者加上的，即使是在 4S 店的售后服务站，本书作者也要求维修人员这么做，毕竟这么做可能多花费了几分钟的时间。要知道如果装好后怀疑正时带不对，可能要花费几个小时的时间。

2）如图 5-35 所示，将正时带 1 安装到闭合装配工具 2 上。用装配工具引导正时带穿过发动机支座托架。拆下装配工具。

特别提示：

使用随新正时带提供的装配工具，将正时带穿过发动机支座托架，否则可能在此阶段由于扭结而损坏正时带。

3）安装正时带。引导正时带穿过张紧器并将其放置到曲轴链轮上。

4）将正时带放置到排气和进气凸轮轴位置执行器调节器上。

5）如图 5-33 所示，使用专用工具 1，沿箭头所指方向向正时带张紧器 2 施加张紧力。

6）如图 5-33 所示，拆下 EN-6333 锁销 3。注意：正时带张紧器可自动移至正确位置。

7）释放正时带张紧器的张紧力。

8）将正时带张紧器螺栓紧固至 20N·m。

9）如图 5-28 所示，拆下螺栓 1，拆下 EN-6625 锁止装置 2。

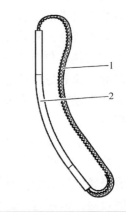

图 5-35　将正时带 1 安装到
闭合装配工具 2
1—正时带　2—闭合装配工具

10）拆下 EN-6340 锁止工具。

11）如图 5-32 所示，进行正时检查。

① 沿发动机旋转方向，用曲轴平衡器上的螺栓转动曲轴 720°。

② 将 EN-6340 左侧锁止工具 1 按图 5-32 所示安装至凸轮轴位置执行器调节器。

注意：如图 5-32 所示，进气凸轮轴位置执行器调节器上的点形标记 4 和 EN-6340 左侧的凹槽在此过程中不对应，但是必须略高。

③ 将 EN-6340 右侧锁止工具 2 按图 5-32 所示安装至凸轮轴位置执行器调节器。

注意：如图 5-32 所示，排气凸轮轴位置执行器调节器上的点形标记 3 必须与 EN-6340 右侧的凹槽相对应。

12）拆下 EN-6340 锁止工具。

13）如图 5-36 所示，固定曲轴带轮位置。

注意：正时带主动齿轮与机油泵壳体必须对准。

14）如图 5-28 所示，安装螺栓 1 和 EN-6625 锁止装置 2 以固定曲轴。

15）安装正时带下盖 1。

16）如图 5-30 所示，安装 4 个正时带下盖螺栓 2，并紧固至 6N·m。

17）如图 5-29 所示，安装曲轴带轮 2。

18）如图 5-29 所示，用 EN-45059 传感器组件分 3 次安装和紧固曲轴平衡器螺栓 1。第一遍紧固至 95N·m；第二遍再紧固 45°；第三遍再紧固 15°。

特别提示：

一定要按照这个顺序拧紧，否则能造成螺栓力矩不合格或造成螺栓损坏。

19）如图 5-28 所示，拆下螺栓 1，拆下 EN-6625 锁止装置 2。

20）如图 5-27 所示，安装螺栓 1，并紧固至 70N·m。

21）安装传动带张紧器。

22）安装发动机舱防溅罩。

23）安装正时带前上盖。

24）安装空气滤清器总成。

25）检查其他附件是否安装到位，检查冷却液、转向助力油等是否符合标准。

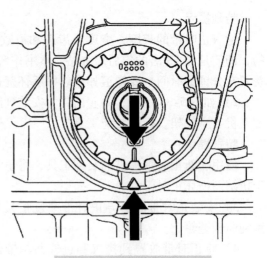

图 5-36　固定曲轴带轮位置

26）起动发动机，检查发动机是否工作正常。

特别提示：

正时带换好了，如果车辆不能起动或起动困难，我们不能首先怀疑是否正时带安装不正确，需要先检查一些外部的部件。例如，我们拆装了空气滤清器，可能动了空气流量传感器，要看看是否空气流量传感器是否插接牢固、进气管是否连接牢固。把外部因素排除了，再查找正时校对。但在这个过程中，不能随意起动发动机。

27）发动机工作一段时间，检查冷却液温度是否正常，若正常，工作完成。

特别提示：

一些车辆的水泵由正时带驱动工作，水泵损坏或漏水能引起正时带损坏，因此更换正时带时建议客户更换水泵。更换水泵后，要按照更换水泵的作业流程，对冷却系统进行放气。

第六章 仪器仪表使用技巧

第一节 诊断仪的使用

对汽车维修企业来说,工具仪器是工作的基础。仪器不是万能的,但现在的汽车故障诊断离不开诊断仪器,这要求我们能熟悉仪器,同时结合多方面的手段,准确诊断出故障。下面对诊断仪做一些简单的介绍,方便大家正确地选择诊断仪和快速、正确地使用诊断仪。

案例:

维修人员必须了解诊断仪的性能和使用方法。有个维修工用 X431 诊断仪检测一台蓄电池电压为 24V 的柴油车,插上诊断仪,接通电源,诊断仪就黑屏了,原来他使用的 X431 诊断仪只能用在 12V 电源上,维修工也不查找原因,就又换了一台,结果又烧了。接连烧了两台诊断仪,才知道原因,损失很大!

一、故障诊断仪分类

市场上的故障诊断仪品种繁多,大致可分为通用型诊断仪和专用型诊断仪两大类。通用型诊断仪,一般是汽车诊断仪开发商设计和生产的,是针对汽车维修企业开发的适合多种车系的诊断仪。专用型诊断仪是汽车生产主机厂设计开发的,是针对单一车系而开发的诊断仪。

(一)通用型诊断仪

通用型诊断仪有德国博世的 KTS、美国实耐宝的红盒子 MT2500,以及国产的诸如"元征 X431"等。它们的优点是覆盖车型面较宽,因此通用型诊断仪适用于一般综合维修厂使用。缺点是由于得到的诊断通信协议不足,常常需要通过一定的测试来破解车辆的诊断通信协议,完善自己的诊断软件,因此不能覆盖车辆的全部控制系统,测试功能不够齐全。

(二)专用型诊断仪

专用型诊断仪是汽车生产主机厂设计开发的,是针对单一车系而开发的诊断仪。比如奥迪大众车系的 VAS5056、奔驰的 HHT 和 STAR、宝马的 GT1、日产的 CONSULT Ⅱ 等。由于得到主机厂的认可,可得到控制系统原开发商的诊断通信协议。专用诊断仪的特点是检测项目覆盖全车控制系统,功能齐全,作业深度大,特别是有关设定和编程功能(对于控制软件缺陷的升级是必要的），被主机厂配置给特约维修站（4S 店）使用。但由于是为单一主机厂设计的，因此专用故障诊断仪所能应用的车型相对单一。下面主要介绍大众和奥迪以及上海通用两个车系的专用型诊断仪。

1. 大众和奥迪车系的故障诊断仪

大众和奥迪车系的故障诊断仪有 VAS5051B、VAS5052A、VAS5053、VAS5054 以及 VAS5056 等，诊断仪主要包括如下三大功能。

1）诊断功能。它包含常规诊断仪的一般故障诊断功能，即对控制单元进行故障码的读取、删除；读取数据块或数据流；控制单元编码/长编码；基本设定；自诊断或匹配；控制单元升级等。

2）测试功能。诊断仪可以连接各种测试导线，进行电压、电阻、电流、二极管、通断等常规电路检测，还可以进入 DSO 数字存储示波器进行波形操作。通过波形操作可以快速诊断一些传感器或 CAN 总线的故障，利用示波器提供的长时测量功能配合 100A 电流钳，还可以进行最长连续 48h 的静电流测试和记录，方便车辆偶发性漏电故障的维修判断。

3）导航功能。包括故障导航和功能导航。作为原厂故障诊断仪，它可以通过车辆的诊断接口，自动读取全车所有带有自诊断功能控制单元故障存储器中的信息，并自动生成客观的测试计划，帮助维修人员做出故障诊断。如果没有故障码，也可以根据顾客描述的故障现象或投诉类别，自行提出故障假设，选择想要测试的传感器、执行器；或者对控制单元的诸如编码、匹配的操作意图，系统会提示操作者按照它提示的步骤进行测试。也就是说，有了故障导航或功能导航，相当于在维修过程中伴随着一个可以提供思路、帮助查找维修手册以及测试功能的专家。系统自动查询故障码并给出故障解释、故障可能原因及相关维修方法，或者自行调取编码表、数据块等进行编码读取等操作。因此，对于车辆电控系统的维修，导航功能的作用越来越重要。

大众奥迪车系每个控制单元都有自己唯一的地址码，通过地址码可以进入控制单元，大众奥迪车系主要地址码见表 6-1。

表 6-1　大众奥迪车系主要地址码

地址码	系统	控制单元代码	地址码	系统	控制单元代码
01	发动机控制单元	J220/J623	34	空气悬架控制单元	J197
02	自动变速器控制单元	J217	37	导航	J401
03	ABS/ESP 控制单元	J104	46	舒适系统控制单元	J393
07	MMI 显示操作控制单元	J523	53	电子驻车制动器（EPB）系统	J540
08/18	空调系统/辅助加热	J255/J364	55	前照灯照程调节	J431
15	安全气囊控制单元	J234	61	蓄电池管路控制单元	J644
16	转向柱电器控制单元	J527	65	胎压监控控制单元	J502
17	组合仪表	J285	76	停车辅助控制单元	J446
19	网关/诊断接口	J533	77	电话	R36

大众奥迪车系控制单元支持的功能很多，具体有：读取控制单元信息、读取控制单元故障码、执行元件自诊断、基本设定、清除故障码、控制单元编码、读取数据流、匹配或自适应、登录网站等，如图 6-1 所示。

2. 上海通用汽车专用型故障诊断仪

上海通用汽车专用型故障诊断仪发展经历了以下几个阶段。

1）TECH 2。这是通用汽车公司的第二代故障诊断仪，有两张诊断信息存储卡（PCM-CIA）供选择，配 OBDII 接头（16P），支持 1993 年后生产的所有通用车型，包括北美通用、上海通用、五十铃、绅宝、欧宝。

2）TECH 2 加 CANdi 模块。用于诊断装有新的 GM LAN/CAN（通用本地区域网络/控制器区域网络）的通用汽车，如君越、凯迪拉克、雪佛兰等。CANdi 模块的主要作用是在 TECH 2 中添加 CAN（控制器区域网络）功能。CANdi 模块的基本特征：支持三个 CAN 总线的同时通信、提供与 TECH 2 之间的高速 UART 通信。CANdi 模块的运行由TECH 2控制。安装之后，CANdi 模块不干扰 TECH 2 当前执行的任何诊断程序，与 TECH 2 软件完全兼容。

3）GDS 软件加 MDI 通信模块。GDS 软件加 MDI 通信模块是通用公司的第三代故障诊断仪，具有强大的和全面的检测功能，测试动力系统，车身和底盘，支持 2008 年后生产的通用车型，包括北美通用、上海通用，支持有线网络和无线网络连接。

图 6-1　大众车系控制单元功能

二、控制单元信息

这一功能主要描述了控制单元的基本信息，如图 6-2 所示。控制单元信息包括控制单元的硬件号、软件号以及版本号。在更换控制单元时，要检查新的控制单元的硬件号、软件号以及版本号与原来的是否相同。若不相同，要问清原因，是产品升级了，还是有其他原因，不能盲目更换。

图 6-2　控制单元基本信息

三、读取和清除故障码

读取和清除控制单元故障码是诊断仪必备的功能，但故障码不是故障诊断的唯一依据，因此我们先要知道电控汽车故障自诊断系统的工作原理，然后再去读取和清除故障码。

（一）电控汽车故障自诊断系统工作原理

故障码诊断是维修工最常用的一种故障诊断方法，它简单、实用、易掌握，学过汽车维修的都会用，但要做到通过故障码确诊故障却不是一件简单的事情。我们先从电控汽车故障自诊断系统的工作原理说起。

现在汽车上都配备有故障自诊断功能，它可以对汽车内的控制系统进行自动检查和监测。当汽车出现故障时，系统会记录下故障码，读取故障码可以帮助我们判断汽车的故障所在。自诊断功能，还能够实时提供汽车的各种运行参数，明白电控汽车故障自诊断系统工作原理，对我们正确读取和运用故障码很有帮助。

电控汽车自诊断系统的核心是电控单元。自诊断系统主要对汽车工况参数的输入信号（传感器）及其相应电路，执行器及其相应电路以及电控单元本身进行诊断。当系统发现输入、输出信号超出规定的范围，或相应电路有短路、断路等故障，影响汽车驾驶性能或超出排放标准等时，便会设置相应故障码，并将其存入自诊断系统电脑的存储器内，有的故障会同时点亮仪表板上的故障指示灯，提醒驾驶人及时进行维修。但也有故障码只存储在电脑的存储器内，不同时点亮仪表板上的故障指示灯。

现以电控汽油喷射系统为例，说明自诊断系统的工作原理，该电控系统一旦发生故障，其诊断与处理过程如下所述。

1. 传感器系统故障诊断与处理

在发动机运转时，如果传感器输出的信号电压超出规定范围，诊断系统即会判定出现故障。例如：冷却液温度传感器工作正常时，其输出电压在0.3~4.0V范围内；否则，即被诊断为故障，并记录其故障码。自诊断系统只能诊断出该传感器已坏，或其电路发生短路或断路，并无法确定其性能好坏。对于偶然出现的异常信号，诊断系统便立即判断为故障。为了使发动机不因冷却液温度传感器的故障而停止运转，在持续故障的同时，自诊断的电控单元会立即采用预先存储的正常冷却液温度值（如80℃），对发动机进行控制，使其能维持一定水平的工作能力。

案例：锐志轿车发动机故障灯亮

故障现象：锐志轿车发动机故障灯亮。

故障检查与分析：用故障诊断仪检测故障码为P0156：2排2列氧传感器故障。检查2排2列氧传感器线路正常。

故障排除：更换2排2列氧传感器，清除故障码，故障码不再出现，故障排除。

2. 执行系统故障诊断与处理

在发动机运转时，电控系统按照发动机工况，不断地向执行机构发出各种指令。若执行系统不能正常工作，则其故障由监控回路把信息传给电控单元，由电控单元进行故障显示，并及时采取相应措施，以确保发动机安全运转。例如：当发动机点火系统的功率晶体管工作异常时，其点火监控回路就没有正常工作的确认信号传回电控单元，这时电控单元就会发出报警信号，并向执行系统发出停止喷油指令，以防止未点燃的混合气进入排气系统，造成三元催化器的损坏。

案例：奥迪A6L 2.0T发动机加速不良

故障现象：奥迪A6L 2.0T发动机加速不良，车速只能达到120km/h左右。

故障诊断与分析：用诊断仪VAS5052读取发动机控制单元故障码，有一个故障码：00665，增压器增压传感器（A）电路控制极限未到达。检查循环空气电磁阀N249的橡胶密封膜片出现破损。

故障排除：更换循环空气电磁阀N249后，试车，故障排除。

3. 电控单元故障诊断与处理

电控单元内设有监控回路，用以监视电控单元是否按正常的控制程序工作。在监控回路

第六章　仪器仪表使用技巧

内设有监视时钟，按时对电控单元进行复位；当电控单元发生故障时，程序不能正常执行，据此即判为故障，并予以显示。

为了防止电控单元出现故障时汽车被迫停驶，在电控单元内备有应急回路。当应急回路收到监控回路发出的异常信号后，便立即启用备用的简单控制程序，使发动机各种工况的供油量与点火时刻都按原设定的程序进行控制，从而保证汽车仍维持一定的运行能力。

自动变速器的"跛行"回家功能也是这样，当自动变速器的电控系统发生故障时，自动变速器锁定在某一档位（例如三档）。

（二）故障码的读取

控制单元监测控制系统的各个功能，当出现故障时，会在控制单元内存储相应的故障码，并且根据情况采取相应的应急控制策略。故障诊断仪可以与控制单元通信，读取控制单元内存储的故障码，帮助查询故障。

故障码分为历史故障码和当前故障码。

我们读取的故障码由很多数字和字母组成。那这些数字和字母有什么意义呢？

举例：大众车系故障码 xxxxx　Pxxxx　001。其中 xxxxx 为大众公司规定的故障码，为五位数字。根据故障码可以查询故障码的含义。P 为 OBD 规范中规定的故障码，由一位表示系统类型的英文字母和四位数字组成。OBD 故障码是按照美国工程师协会 SAE 的标准制定的，目前所有汽车生产厂家都采用这一标准。第一位表示系统类型的英文字母，主要包括 P、B、C、U。P 代表动力系统，B 代表车身，C 代表底盘，U 代表其他未定义系统。后面的四位数字有不同的含义，第二位表示标准代码：P0XXX 是由 SAE 统一制定的故障码。P1xxx 是由厂家各自制定的与废气排放有关的故障码，这些故障码必须报给立法者。第三位表示出现故障的部件信息，Px1xx 燃油计量和空气计量，Px2xx 也是燃油计量和空气计量，Px3xx 点火系统，Px4xx 辅助废气调节，Px5xx 车速调节和怠速调节，Px6xx 计算机信号和输出信号，Px7xx 变速器。第四位和第五位表示部件/系统的标识代码。

001 表示故障类型。一个故障出现后，如果在一段设计周期内不再出现的则表示为偶发性故障，用 001 表示。002 表示短时间故障。000 表示当前故障。

读完故障码，明白了故障码的含义，接下来不要简单地清除故障码，而要分析故障码的含义。

案例：奥迪 A6L 轿车停车后偶尔不好起动

故障现象：奥迪 A6L 轿车，2.0T 发动机，01J 变速器，该车停车后偶尔不好起动。行车当中在红绿灯处怠速停车，出现熄火现象。

故障诊断与分析：用 VAS5052A 检测，有故障码：12555　P3108　002 低燃油压力调节燃油压力超出规定/静态。更换燃油低压传感器，故障不能排除。用 VAG1318 检测燃油压力低压只有 0.25MPa，观察数据流 01-08-103 燃油压力低压数据，亦如此，分析油压偏低，可能是燃油泵的故障。拆下燃油泵，发现燃油泵滤网脱落。

故障排除：重新装配燃油泵滤网，故障排除。

小结：故障码 12555　P3108　002 的意义我们要知道。其中 12555 为大众公司规定的故障码，为五位数字。根据故障码可以查询故障码的含义。第三位表示出现故障的部件信息，Px1xx 燃油计量和空气计量，Px2xx 燃油计量和空气计量，Px3xx 点火系统，Px4xx 辅助废气

· 107 ·

调节，Px5xx 车速调节和怠速调节，Px6xx 计算机信号和输出信号，Px7xx 变速器。该车故障码 P3108 第三位为 1，说明为燃油计量和空气计量方面的故障。

00x 表示故障类型。一个故障出现后，如果在一段设计周期内不再出现的则表示为偶发性故障，用 001 表示。002 表示短时间故障。000 表示当前故障。该车显示 002 为短时间故障与该车故障"停车后偶尔不能起动"相符。

除了诊断仪外，有些车型的故障码诊断还可以靠人工读取与清除，例如丰田轿车。丰田轿车诊断座如图 6-3 所示，以 ABS 系统故障码的读取为例：

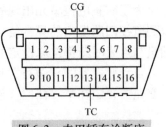

图 6-3 丰田轿车诊断座

读取故障码：用 SST 连接诊断仪的端子 TC 和 CG，将点火开关置于 ON（IG）位置，读取 ABS 和 VSC 警告灯闪烁的次数，根据闪烁次数读取故障码。完成检查后，断开诊断仪的端子 TC 和 CG，关闭点火开关。

（三）故障码清除

存储在控制单元的故障码有三种清除方法，一是累积一定循环没有再次出现的故障，系统会自动清除故障码；二是利用故障诊断仪清除故障码；三是手工清除故障码。除了诊断仪清除故障码以外，我们也可以用手工清除故障码。下面以丰田轿车 ABS 故障码手工清除为例讲解。

清除故障码：

1）用 SST 连接诊断仪的端子 TC 和 CG。
2）将点火开关置于 ON（IG）位置。
3）在 5s 内踩下制动踏板至少 8 次，则清除存储在 ECU 中的故障码。
4）检测 ABS 警告灯是否显示正常系统代码，若正常，则拆下 SST。

清除故障码前一定要记录故障码，清除故障码后可重新读取故障码，见图 6-4。若故障码清除不了，要继续查找原因。若故障码被清除了，我们还要模拟故障出现条件，观察故障码是否会再次出现。

案例 1：一汽丰田皇冠轿车发动机故障警告灯亮

故障现象：一汽丰田皇冠轿车发动机故障警告灯亮。

故障检查与分析：用故障诊断仪检测出：故障码 P0031：1 排 1 列氧传感器加热器控制电路低。检查线路正常，分析氧传感器故障。

故障排除：更换 1 排 1 列氧传感器，清除故障码，故障码不再出现，故障排除。

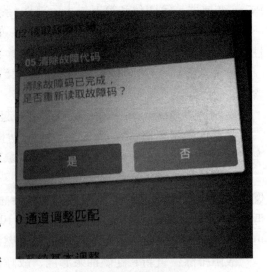

图 6-4 清除故障码

案例 2：安全气囊警告灯亮

故障现象：奥迪 A6L 2.0T 轿车安全气囊警告灯长亮。

故障诊断与分析：用诊断仪读取安全气囊系统的故障码，显示故障码01639：前排乘客侧后部侧面安全气囊碰撞传感器 G257 故障，清除故障码后再打开点火开关，安全气囊警告灯不亮。但车辆行驶一段时间后，安全气囊警告灯又亮。

故障排除：按照电路图检查传感器线路正常，更换前排乘客侧后面的侧面安全气囊碰撞传感器 G257，故障排除。

四、执行元件测试

执行元件测试也称执行动作测试，是利用故障诊断仪给控制单元发出执行元件自诊断的信号，让控制单元命令执行元件动作，见图6-5，以观察执行元件动作情况。执行元件自诊断可以判断故障是由执行元件损坏，还是执行元件没有得到相应的控制信号引起的。例如，风扇不工作，我们用执行元件自诊断，执行风扇电动机动作的指令。如果风扇转动了，说明风扇电动机正常，风扇电动机的工作电路正常，问题应在风扇电动机的控制电路。如果风扇不转动，说明风扇电动机不正常，或风扇电动机的电路不正常，或控制单元有故障。

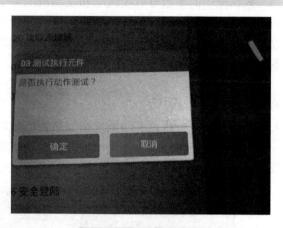

图6-5 执行元件测试

在诊断仪的执行元件测试功能中，可以测试元件动作情况，也可以与故障码、数据流结合起来，诊断故障。例如：发动机怠速不稳，怀疑 EGR 阀漏气。可以将 EGR 阀拆下来，用诊断仪的执行元件测试使 EGR 阀关闭，看看漏不漏气。车辆行驶时抖动，观察自动变速器的 TCC 转速差过大，怀疑是变矩器 TCC 离合器故障。为进一步验证，可用诊断仪关闭 TCC 阀，这时故障现象消失了，说明故障是由变矩器 TCC 离合器故障引起的

五、读取数据流

数据流读取的是系统传感器的输入信号、控制单元控制过程的指令数据，以及执行元件的工作状态。

数据流是指含有某一特定时间车辆工作状况的数据块。汽车故障自诊断系统通过传感器时刻监控着汽车的运行，保证汽车安全运行。ECU 监控的结果是动态的，是随时间变化而变化的一组数据。诊断仪通过与汽车 ECU 进行通信读取这组动态数据。诊断仪都有数据流读取功能，每款测试软件都可以实时读取所测汽车的数据流，便于维修人员了解汽车的综合运行参数，完成定量分析，有目的地去检测、更换有关元件。

数据流的输出方式包括电压、电流、频率、压力、开关状态、占空比等形式。数据流包括了各传感器、执行器的工作状况，彼此之间具有紧密的相互联系，认清其相互关系是正确理解数据流的先决条件。

根据各数据在诊断仪上显示方式的不同，数据参数可分为两大类型：数值参数和状态参数。数据参数是有一定单位、一定变化范围的参数，它通常反映出电控装置工作中各部件的

工作电压、压力、温度、时间、速度等。

状态参数是那些只有两种工作状态的参数，如开或关，闭合或断开、高或低、是或否等，它通常表示电控装置中的开关和电磁阀等元件的工作状态。

根据 ECU 的控制原理，数据参数又分为输入参数和输出参数。输入参数是指各传感器或开关信号输入给 ECU 的各个参数。输入参数可以是数值参数，也可以是状态参数。输出参数是 ECU 送出给各执行器的输出指令。输出参数大多是状态参数，也有少部分是数值参数。

数据流中的参数可以按汽车和发动机的各个系统进行分类，不同类型或不同系统的参数的分析方法各不相同。在进行电控装置故障诊断时，还应当将几种不同类型或不同系统的参数进行综合对照分析。不同厂牌及不同车型的汽车，其电控装置的数据流参数的名称和内容不完全相同。

通用、福特、丰田等车系的数据流是列在一起以列表方式读取的，而大众、奥迪等车系的数据流可以列表读取，也可以分组读取。是分组读取的，每一组里又分不同的区。下面以大众、奥迪车系分组读取为例说明数据流的读取方法。

大众、奥迪车系读取数据流读取的是系统传感器的输入信号、控制单元控制过程的指令数据及执行元件的工作状态。首先要输入通道号，见图 6-6。读取的数据流格式见图 6-7。

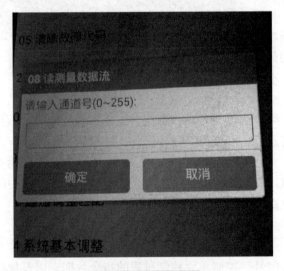

图 6-6　输入通道号

图 6-7　读取的数据流格式

读取数据流时应该注意的问题：

数据流有一定的直观性，响应速度较快。但数据流和真实状况相比有一定的时间滞后。也就是说数据流不能及时反映车辆技术状况。如：发动机怠速抖动，我们不能把发动机抖动瞬间数据流的变化不加分析地理解为是这些变动的数据引起了发动机抖动，而应考虑到时间滞后这一因素。

六、基本设定、控制单元编码和匹配

基本设定、控制单元编码和匹配将在本书第八章详细介绍，这里只是简单说明。

1. 控制单元编码

现在汽车生产厂家将不同的控制程序写进电控单元的存储器中，一个控制单元能够适应多种车型，这由其控制单元内部所存储的不同程序来决定，控制单元的一个编码代表了其中一个程序。而每种车型因为年款、装备的不同，需要的控制单元也不同。当控制单元装到车辆上以后，需要根据车辆的年款和装备配置相应的控制程序，这种控制程序的配置是通过"控制单元编码"实现的。

2. 匹配或自适应

匹配功能与基本设定类似，不同的是基本设定是由故障诊断仪发出设定的指令，控制单元根据一个程序自行控制学习过程，找到一个目标值。而匹配则是由故障诊断仪发出匹配的指令，同时由人工通过故障诊断仪输入一个目标值，由控制单元进行学习存储。平时我们使用最多的是仪表的保养里程或日期复位。

3. 清除部件防盗保护

在欧洲，车辆保费的高低与车辆的防盗技术相关联，为吸引客户的眼球，各个欧洲汽车生产商积极开发汽车防盗技术。传统的防盗技术是指必须取得合法授权才能起动的车辆，因此防盗技术局限在发动机控制单元锁止和防盗控制单元起作用，而防盗控制单元以前集中在仪表中。后来，在第四代防盗技术上，防盗系统控制单元与进入和起动许可控制单元制成一体，这样其他控制单元不参与防盗功能。部件保护就是将很多重要而且昂贵的控制单元用程序锁止，也就是一辆车的控制单元拆下来装到另一辆车上，这个控制单元的部分功能或全部功能会失效，此时必须解除部件防盗保护，控制单元才可正常工作。其工作过程是：电控单元读取网关中的 17 位底盘号与控制单元内部存储的底盘号比较，如果一致则控制单元可以正常使用；如果不一致则控制单元停止其功能，并存储故障码"部件保护功能激活"。目前带有部件防盗保护的控制单元有：转向柱电器控制单元 J527、中央电器控制单元 J519、驾驶人座椅记忆控制单元 J136、空调控制面板 E87、安全气囊控制单元等。

电控系统有故障时，特别是存储有故障码"部件保护功能激活"时，说明部件防盗保护激活。我们首先要清除部件防盗保护。

七、诊断座位置

现在车型的 OBD Ⅱ－16 诊断座一般位于驾驶人侧、仪表板下方，有单独的 OBD 诊断座，有的直接蹲下身子就可以看到，具体位置因车型不同而有所不同，主要有两个位置，方向盘的左下侧和方向盘的右下侧。例如：宝马 X5 诊断座在方向盘的左下侧，发动机舱盖拉手（图 6-8）的上方，有一个长方形的塑料盖上面写着"OBD"（图 6-9），将塑料盖拿下来就露出诊断座了。2018 款荣威 RX5 的诊断座在方向盘的右下侧，加速踏板的上方（图 6-10）。

目前我们常见的一些车型里仍有一些的诊断座位置较特殊，有的在熔丝盒内，需要打开熔丝盒才可以看到。有些老旧车型目前在市场上还能见到，而老旧车型因原来没有统一规定，

图 6-8　发动机舱盖拉手

有一些位置特殊，这些需要我们记住，具体见表6-2。

图6-9 诊断座塑料盖上面写着"OBD"

图6-10 荣威RX5诊断座

表6-2 老旧车型诊断座位置

车型	位置
本田	仪表板左下侧　仪表板下储物箱内
丰田	老TOYOTA-17F长方形诊断座一般在发动机舱内 SMART OBDⅡ-16诊断座一般在驾驶室方向盘柱下方
日产	诊断座一般位于仪表板下收音机左侧
宝马	1980—1990款宝马诊断座位于发动机室右侧 525i和535i的诊断座位于发动机室左侧或右侧 BMW735i发动机室左侧，20PIN
捷达前卫	诊断插座位于方向盘下方的熔断器盒内的右侧，从外表看不到，要从右侧向里看，位置难找，也较难插上
桑塔纳	桑塔纳2000GLi和2000GSi诊断插座位于变速杆附近的控制台下面，而桑塔纳2000俊杰的诊断插座位于左侧仪表板的下方。桑塔纳3000轿车故障诊断插座位于仪表板的下方
宝来	诊断插座位于中央空调面板的下方，有一小盖板挡着，拿掉小盖板即可看到

八、就绪状态

2019年11月1日起，机动车年审尾气检测开始执行新标准（GB18285—2018和GB3847—2018）。

GB3847—2018新标准规定了柴油车自由加速法和加载减速法排气污染物排放限值及测量方法。标准同时规定了柴油车外观检验、OBD检查的方法和判定依据。标准适用于新生产的柴油汽车下线检验、注册登记检验和在用汽车检验。也适用于其他装用压燃式发动机的汽车。

GB18285—2018 新标准规定了汽油车双怠速法、稳态工况法、瞬态工况法和简易瞬态工况法排气污染物排放限值及测量方法。标准同时规定了汽油车外观检验、OBD 检查、燃油蒸发排放控制系统的检测方法和判定依据。

尾气检测前增加了车辆 OBD（车辆故障诊断仪）检查，车辆要能与 OBD 诊断通信，无故障码，而且要通过 OBD 接口检测"I/M 准备就绪"状态，根据 GB18285—2018 要求，汽油车环检报告单要体现催化器、氧传感器、氧传感器加热器、废气再循环（EGR）/可变气门（VVT）这四项就绪状态项，故主要检测这四项的完成情况。未就绪未完成超过 2 项，车辆就不能进行尾气检测。

如图 6-11 所示，这是机动车尾气检测站检测信息报告，这辆车有三项"就绪状态未完成项目"，故不能进行尾气检测。

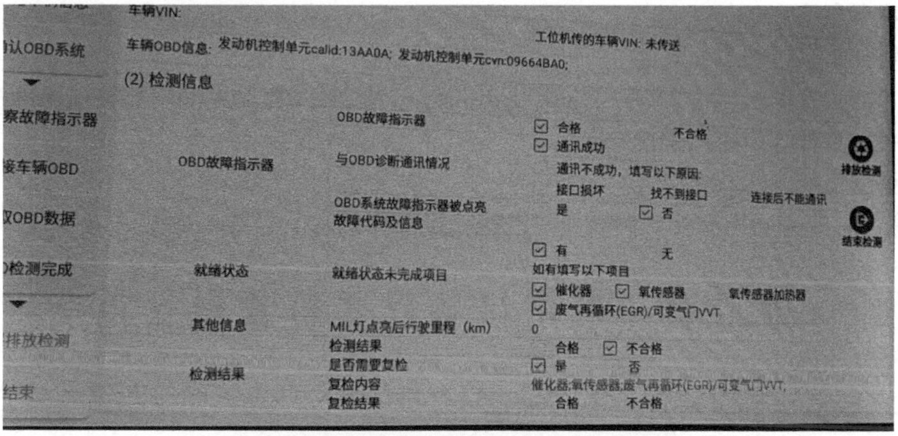

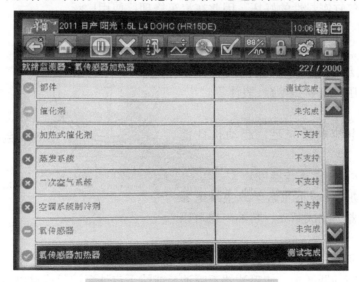

图 6-11 机动车尾气检测站检测信息报告

不用尾气检测站的仪器，汽车维修厂的诊断仪也可以读到就绪状态的信息，如图 6-12 所示，这里不要管"不支持"项目，只看"未完成"的不能超过两个。知道了这些，我们在车辆年审前，既要保证车辆没有故障信息，就绪状态也要在两个（含两个）之内。

图 6-12 待检测车辆就绪状态信息

车辆没有故障码了，就绪状态不合格怎么办？本书作者与检测站的专业人士交流，得出一些方法：

1）如果确实是因为氧传感器响应速度降低、催化器劣化导致就绪状态未完成，那就应该考虑更换相关配件。

2）充分行驶，在城市快速路路况下行驶10~20km，转速大约在2500r/min左右，完成后再用诊断仪读取就绪状态。直到就绪状态合格。

也有人提出了这样的方案，大家可以试试：

氧传感器检测激活：冷却液温度80℃以上，3档、发动机保持2500~3000r/min，行驶车辆，车速稳定在45km/h，运行10min；

催化器检测激活：

① 着车怠速400s。

② 驾驶车辆行驶10min。

③ 二档、发动机保持2500~3000r/min持续行驶20s（行驶期间不能松加速踏板）。

④ 满足步骤③后原地怠速60s。

⑤ 重复步骤③④共5次。

注意：怠速期间不能开空调改变发动机稳定工作状态。

第二节 常用仪器仪表的使用技巧

一、汽油发动机气缸压力的测量

气缸密封性是表征发动机技术状况的重要参数，气缸密封性与气缸体、气缸盖、气缸垫、活塞、活塞环和进排气门等零件的技术状况有关，在发动机使用过程中，由于这些零件磨损、烧蚀、结焦或积炭，导致气缸密封性下降，使发动机功率下降，燃油消耗率增加。

气缸压力表是用来测量发动机压缩行程时气缸内的最大压缩压力的。气缸压力可以方便、快速地确定气缸密封性的好坏，因此在汽车修理厂使用广泛。

1. 测量工具

气缸压力表，如图6-13所示。

气缸压力表组成有接头、放气阀（按下放气阀放气，泄压，表针归零）、表体等。

2. 测量步骤

1）确认蓄电池电量充足，起动机性能良好。

2）发动机达到正常工作温度。

3）关闭发动机，拔下主熔丝或主继电器或曲轴位置传感器，完成断火、断油。也可以分别断油、断火。

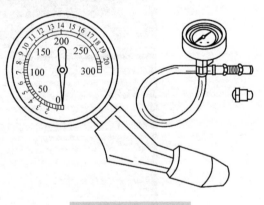

图6-13 气缸压力表

断火：拆下所有气缸高压线，使分缸高压线不跳火。

断油：拆下喷油器插头，使喷油器不喷油。或拔下汽油泵熔丝或继电器。

4) 清洁火花塞周围。先用压缩空气吹火花塞凹窝的灰尘,然后松动火花塞大约一圈,但不要拆除,再用压缩空气将火花塞凹窝的灰尘清除掉。

5) 拆下全部火花塞。把全部火花塞卸下来按顺序放好。

6) 连接气缸压力表,如图6-14所示。根据火花塞螺纹直径,选择合适的气缸测试头,并安装到相应气缸火花塞孔。

7) 测试气缸压力。将加速踏板踩到底,起动发动机,转动2~4个压缩行程,使气缸压力表的压力读数停止上升为止。

注意:发动机转速要足够,发动机转速低是测量误差较大的主要原因之一,连续起动不超过5s。2次起动间隔30s以上。

8) 记下读数后,按下放气阀,使表针归零,然后再测一次,取最大值。

9) 用同样方法测量其余各缸。每个缸测2次,取最大值。

10) 装复各拆卸零件,清洁工具。

3. 检测分析技巧

1) 每种汽车的气缸压力,汽车制造商在说明书中都会标明其压力值。如果检测气缸得到的压力读数与标准压力值相差不超过10%,则可认为该车气缸压力是正常的。各缸压力值应符合该车型维修手册的规定。例如:别克轿车系列最低读数不应低于最高读数70%,极限不低于690kPa。一般轿车的缸压为900~1300kPa,极限为650kPa,各缸压力差不大于300kPa。

图6-14 连接气缸压力表

2) 如果显示的压力值比被检车说明书载明的压力值高很多,说明该车燃烧室积炭过多或缸盖被磨削过,磨削量过大,或正时校对不正确。

3) 若相邻两缸压力均低,可能是气缸垫有故障。这种情况下,一般在气缸中可以发现水或油等物质。

4) 对压力值低的气缸,用加油器加约20mL机油到气缸内火花塞端口,重新测试,记录压力值。

① 压力低的气缸,加入机油后,压力明显提高,故障可能是气缸、活塞、活塞环磨损较大,缸壁间隙、活塞环端隙、侧隙大。

② 压力低的气缸,若加入机油后,压力不变,故障可能是气门、缸垫密封不良。

二、柴油发动机气缸压力的测量

柴油发动机气缸压缩压力的测量与汽油机是不相同的,主要区别如下:

1) 断油:断开高压油泵截止电磁阀的线束。这里提醒一下,柴油机无节气门,没有火花塞无须断火。

2) 拆下预热塞,从预热塞处接入压力表。拆预热塞比拆喷油器简单。

3) 喷油器喷射方式是缸内直喷的发动机,气缸压力低可以加注机油重试;若是涡流式燃烧室的,不要加机油(机油只能加至燃烧室中,后随从排气门排出,加入的机油到不了活塞环上)。

4）柴油发动机气缸压缩压力是汽油机的 2~3 倍，一般缸压为 3000kPa 左右。

三、气缸漏气量的检测

气缸的密封性可用气缸漏气量测量仪（图 6-15）检测气缸漏气量的方法进行评价。检测气缸漏气量时，发动机不运转，活塞处在压缩终了上止点位置，从火花塞孔处通入一定压力的压缩空气，通过测量气缸内压力的变化情况，来表征整个气缸组的密封性，即压力变化不仅表征气缸活塞摩擦副，还表征进排气门、气缸垫、气缸盖及气缸的密封性。该方法仅适用于对汽油机的检测。

1. 检测工具

检测工具为气缸漏气量检测仪，如图 6-15 所示。

2. 测试步骤

1）起动发动机前，将自动档的车的变速杆放在"P"档，手动档的车的变速杆放在空档，并拉紧驻车制动。测试工作中，不要起动汽车，发动机在静止状态下测试。

2）清洁火花塞周围，拆下所有火花塞，拧紧散热器盖，机油盖，空气滤芯要清洁。

3）拆下正时齿轮盖上盖罩，用扭力扳手转动曲轴，对齐凸轮轴正时齿轮上的正时标记，使一缸活塞处于压缩上止点，一缸进排气门全关。

4）将一端带有快速接头、另一端可旋入火花塞孔的高压橡胶管安装到一缸火花塞孔内。

5）将检测仪右侧的压力表连接到快速接头上。

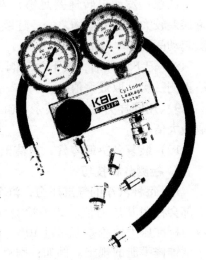

图 6-15　气缸漏气量检测仪

6）将检测仪左侧的压力表通入压缩空气，用调节阀调节左侧压力表的压力值至 392kPa。

7）此时，右侧压力表显示的是一缸的压力。如果左侧压力表的压力值为 392kPa，右侧压力表的压力值也是 392kPa，则表示一缸密封性良好。例如：如果左侧压力表的压力值为 392kPa，而右侧压力表的压力值是 353kPa，则表示一缸的漏气率约为 10%。

通用车系气缸漏气率应小于 18%，帕萨特的气缸空气压力（右侧表的数值）应大于 250kPa。

对漏气率较大的气缸，同时应检查进气管、加机油口、排气管、散热器加注口处是否有气体漏出，查找漏气部位及漏气原因。

8）转动曲轴，在下一个气缸的压缩行程上止点，依照上述方法测量该缸及其余各缸的漏气率。

9）测试结束后，拆除测试仪，并将原车点火系统连接好。

10）一般车型正常气缸漏气率应小于 12%~18%，漏气率超过 30% 时应维修。

3. 检测分析技巧

对漏气率较大的气缸，同时应检查进气管、加机油口、排气管、散热器加注口处是否有气体漏出，查找漏气部位及漏气原因。

1）若从进气管处能听到漏气声，则为进气门密封不严。

2）若从排气管处能听到漏气声，则为排气门密封不严。

3）若从加机油口处能听到漏气声，则为气缸、活塞、活塞环磨损较大，缸壁间隙、活塞环间隙大。

4）打开散热器盖，观察散热器加注口处有无水泡冒出，若有为缸垫冲坏。

案例：我曾经维修一辆奔驰 R350，该车发动机怠速不稳，加速抖动。经检查是二缸工作不良，检查火花塞和喷油器正常，测量二缸气缸压力低。为了进一步确定是活塞环损坏、缸壁磨损还是气门密封不严引起的故障，用气缸漏气量测量仪检测气缸的漏气量，结果听到进气管内有漏气声，分析是二缸进气门漏气引起的故障，拆检后，果然发现进气门烧蚀。

四、进气歧管真空度的测量

进气歧管真空度（也称负压）是进气歧管内压力实际数值低于大气压力的数值。

正常工作的发动机，其进气歧管内真空度的大小及变化都有固定的范围和规律。反之，如真空度大小与正常值相偏离，则发动机必然存在某种故障，直接影响进气压力传感器的输出信号，导致发动机工作不良。造成真空度读数异常的常见原因有：一个或多个火花塞缺火、空气软管破损或软管接头松脱、气门密封不良、气缸垫或进气歧管垫等漏气、活塞环漏气严重、废气再循环阀（EGR）不能关闭、曲轴箱强制通风阀（PCV）被卡住而全开等。不同的原因所对应的真空表读数不同，因此掌握常见工况下真空表的正确读数，及一些因故障而造成的异常情况，对故障诊断很有帮助。

1. 工具

进气歧管真空度的测量工具真空表如图 6-16 所示。

2. 进气歧管真空度测量步骤

1）发动机热机。

2）安装真空表组。拆下发动机进气歧管上的真空软管接头，连接真空表。

3）拉紧驻车制动，变速器挂空档，起动发动机，怠速运转。

4）读取真空表上的示值。根据真空表指示值，进行故障分析，找出真空表读数异常的原因。

5）拆下真空表组，清洁工具。

3. 检测分析技巧

1）有时读取了故障码，也发现数据流有问题，但落实到具体问题上，还需要仪器来解决问题。进气歧管真空度的测量可以帮助我们进一步分析、解决故障。

图 6-16 真空表

例如：一辆凯越轿车有时出现怠速抖动，加速不良的故障，连接诊断仪，没有故障码，读取故障时的数据流，发现怠速时进气歧管绝对压力传感器的数值为 57kPa，长期燃油调整为 -30%，见图 6-17。进气歧管绝对压力传感器的数值不正确，那么这个数值是进气歧管绝对压力传感器有故障，还是其他故障引起的进气歧管绝对压力传感器的数值不正确呢？

这时想到用真空表来验证，拆下发动机进气歧管上的进气软管接头，连接上真空表，将诊断仪的数值和真空表的数值比较，见图 6-18。把真空表用胶带贴在前风窗玻璃上，如图

6-19 和图 6-20 所示。一人开车，一人拿着诊断仪，开车上路试验，验证诊断仪和真空表的数值是否同步，结果发现诊断仪和真空表的数值是同步的，这样就证实进气歧管绝对压力传感器是好的。

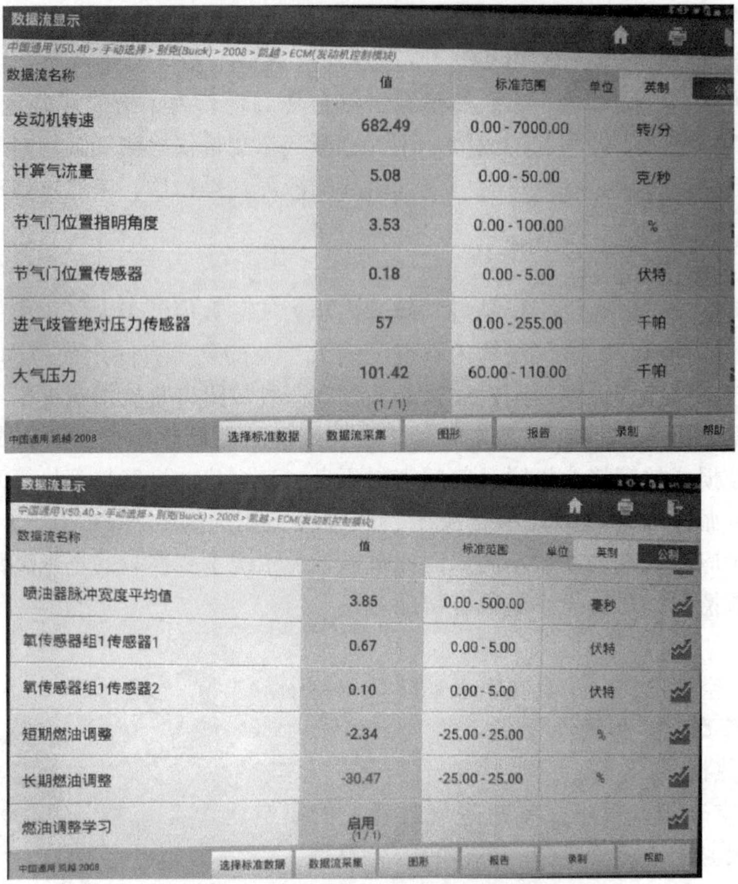

图 6-17 进气歧管绝对压力传感器的数值

图 6-18 将诊断仪的数值和真空表的数值比较

2）测量进气歧管真空度在判断三元催化转化器堵塞的故障时，也可以派上用场。具体方法是：把真空表连接到进气歧管上，起动发动机并缓慢加速，在正常情况下，进气歧管的真空度应为 57~71kPa。当三元催化转化器发生堵塞时，进气歧管的真空度将低于标准值，而且波动很大，如果急加速时真空度下降得更为明显，三元催化转化器堵塞后，进气歧管真空度的变化见表6-3。

图6-19　真空表贴在前风窗玻璃上

图6-20　观察真空表的数值

表6-3　三元催化转化器堵塞后进气歧管真空度的变化

状态	正常数值	三元催化转化器堵塞的进气管真空度
急速	稳定在57~71kPa之间	45kPa左右，有时可达55kPa，随后很快跌落到0
急加速	迅速关闭节气门时，真空表指针7~85kPa之间灵敏摆动	由45kPa急速下降到5kPa以下，同时真空表指针随节气门的急剧变化而大幅波动

五、排气管压力的测量

排气管的堵塞故障，我们可以借助排气压力表进行诊断。通过测量排气管的压力，可以判断三元催化转化器是否堵塞、排气管是否堵塞。

1. 工具

排气管压力的测量工具排气压力表见图6-21。

2. 测量步骤

注意事项：

① 如果急速时，压力值超过20kPa，则应立即熄火，不允许提高发动机转速，以防仪器损坏。

② 由于排气温度较高，所以测试时间应尽量缩短（最长不超过3min），以避免仪器连接的橡胶管部件长时间承受高温而损坏。

下面以君威车为例说明用测量排气背压法，检测三元催化转化器是否堵塞。

图6-21　排气压力表

1）预松开氧传感器。因为氧传感器长时间工作在高温条件下，氧传感器较难拆卸，因此应在冷车时将氧传感器预松开。

2）发动机热机。

3）拆卸氧传感器。选择相应工具，拆卸氧传感器，不得敲击、磕碰。如果是双氧传感器应拆卸前氧传感器。

4）安装排气压力表，将压力表安装到氧传感器孔上，连接时要注意拧紧力矩。

5）测试压力。

① 起动发动机，测量怠速时排气压力值在 8.6kPa 以下。如果怠速时压力值超过 20kPa，则应立即熄火，不允许提高发动机转速，以防仪器损坏。

② 将发动机转速提高到 2000r/min。检查压力不超过 20.7kPa。

③ 根据压力表指示值，判断排气系统是否堵塞。

④ 由于排气温度较高，所以测试时间应尽量缩短（最长不超过 3min）避免仪器连接的橡胶管部件长时间承受高温而损坏。

6）拆下排气压力表。排气压力表拆下后，应采用自然冷却的方式降温，不能强行降低温度，待接头温度和室外温度一致时，方可将仪器放入盒内。

7）安装氧传感器。按规定拧紧力矩 41N·m 紧固氧传感器，确认无漏气。

8）清洁工具。

3. 检测分析技巧

排气压力的测量，需要拆下氧传感器，检查三元催化转化器是否堵塞，可拆下前氧传感器（空燃比传感器）安装排气压力表。检查后消声器是否堵塞时可拆下后氧传感器，安装排气压力表。测试的压力，在怠速时排气压力值在 8.6kPa 以下。将发动机转速提供到 2000r/min。检查压力不超过 20.7kPa。根据压力表指示值，判断排气系统是否堵塞。

各种车型的排气压力有区别，对于大众车系，怠速时排气压力值应在 8.6kPa 以下，在发动机 2500r/min 时观察压力表的读数，此时压力值应小于 17.24kPa，此时若排气管压力大于或等于 20.70kPa，则说明排气系统堵塞。其他车系的排气压力值可以此做参考。

案例：奥迪 A6L 轿车加速无力

故障现象：奥迪 A6L 轿车，2.5L 发动机，行驶里程约 72000km，该车加速无力，最高车速只能达到 80km/h。

故障检查与分析：连接诊断仪读取故障码，有 1 缸、2 缸、3 缸失火的故障码，故障码为偶发。在怠速状态下读取发动机系统的数据流，查看 1 缸、2 缸、3 缸的失火状况，结果正常。原地进行加速，感觉动力不是很足。进行路试，明显感觉加速无力，此时查看数据值，发现 1 缸、2 缸、3 缸失火严重。

该车发动机为 V 型发动机，1 缸、2 缸、3 缸在右侧，4 缸、5 缸、6 缸在左侧。故障为 1 缸、2 缸、3 缸同时失火，而在一般情况下，这 3 个缸的火花塞、高压线、点火线圈等各自独立的部件同时损坏的可能性不大。因此怀疑 1 缸、2 缸、3 缸共用的零件损坏。

怀疑气缸垫不好，拆下火花塞检查，没有发现问题。测量各缸的气缸压力，1 缸、2 缸、3 缸的气缸压力都约为 820kPa，4 缸、5 缸、6 缸的气缸压力都约为 940kPa。在 1 缸、2 缸、3 缸内滴入机油，重新测量气缸压力，仍然约为 820kPa。分析该车 1 缸、2 缸、3 缸的进排气系统可能有问题。

测量 1 缸、2 缸、3 缸排气管的背压，明显比 4 缸、5 缸、6 缸排气管的背压要大，分析三元催化转化器堵塞。

故障排除：更换 1 缸、2 缸、3 缸侧的三元催化转化器，故障排除

小结：对于堵塞严重的三元催化转化器，不用连接排气压力表，将氧传感器或排气管断

开，加油即可判断三元催化转化器是否堵塞。另外，三元催化转化器堵塞，气缸压力也会相应提高。

六、冰点测试仪

冰点测试仪可以检测蓄电池电解液的密度、防冻液和玻璃洗涤液的冰点。

1. 工具

冰点测试仪见图6-22。

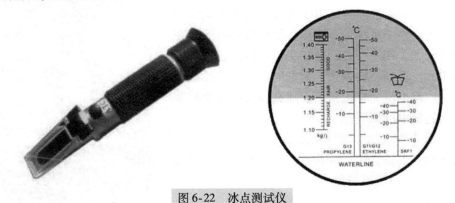

图6-22　冰点测试仪

2. 测试步骤

冰点测试仪使用方法很简单，例如测试蓄电池电解液密度时：

① 打开蓄电池的加液盖。

② 把吸管插入单格电池的加液孔内，吸取少量电解液。

③ 将电解液滴在冰点测试仪上，将盖子放平。

④ 读取电解液的密度。

3. 检测分析技巧

冰点测试仪除了这些用处外，在故障判断上也可以起动关键的作用。例如驾驶室地面上发现有水，如果不能从颜色上判断这是空调水还是冷却液，可以用冰点测试仪检查。

案例1：上海别克凯越轿车暖风不热

故障现象：上海别克凯越轿车，1.6L发动机，暖风不热。

故障检查与分析：检查节温器正常，初步判断是暖风水箱堵塞了。更换暖风水箱费事费力，这时想到了冷却液，观察冷却液的颜色有点轻淡，测试冰点为-5℃。

故障排除：更换冰点为-30℃的冷却液，暖风正常了。

案例2：一汽大众速腾轿车变速器上有油污

故障现象：一汽大众速腾轿车，1.6L发动机，手动变速器，变速器上有油污。

故障检查与分析：检查手动变速器前面上部凹坑内有一小滩油污，检查发现发动机后部也有油污，怀疑是气门室盖垫漏油了，就更换了气门室盖垫。

一个月后，又出现变速器上表面凹坑内有一小滩油污，检查发动机后部有轻微的油污，好像是上次没有擦干净，那上面是什么呢？用冰点测试仪测试油污的冰点，显示冰点为-25℃，原来油污是冷却液泄漏造成的。

故障排除：检查发动机后部的四通损坏了，更换四通后，故障排除了。

七、光纤短接头

光纤短接头（4E0 973 802）是一个用途很广的工具，如图6-23所示。光纤系统故障，如有时声音时断时续，有时黑屏等疑难问题均可用其排除故障，而且线束中的光纤损坏也可用其修复，省去了更换整个线束的费用，可降低维修成本并大大缩短维修时间。

在判断光纤系统故障时，由于光纤系统拔下其中一控制单元熔丝，整个系统均不工作，很难确定故障出在哪个控制单元上。用一个光纤短接头，可依次替代光纤系统控制单元。例如，检查系统漏电时，当替换掉某个控制单元时，静电流完全正常了，那么替换的这个控制单元就是引起漏电的原因。

案例：奥迪A6L轿车电气系统漏电

故障现象：奥迪A6L（C6PA），2.4L BDW发动机，01J变速器，该车电气系统漏电。

故障诊断与分析：用VAS5052检测，有断电级别6产生。读取历史数据，有总线不能睡眠信息。蓄电池充电后，锁车观察车辆睡眠指示灯，40min后不能睡眠，静电流为3.2A；于是依次拔取各熔丝盒处熔丝，当拔下音响系统熔丝时，VAS5052静电流为0.93A。不到1min，系统进入睡眠模式，静电流10mA。由于光纤系统拔下其中一控制单元熔丝，整个系统均不工作，很难确定故障出在哪个控制单元上，用一个光纤短接头，依次替代光纤系统控制单元，当替换掉行李舱的功放时，如图6-24所示，静电流完全正常。

故障排除：更换行李舱的音响功放，故障排除。

图6-23　光纤短接头

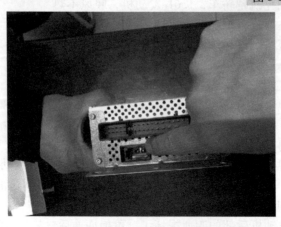

图6-24　行李舱音响功放的光纤接头

第六章 仪器仪表使用技巧

八、冷却系统检测设备

1. 检测设备

冷却系统检测的专用设备如图 6-25 所示。

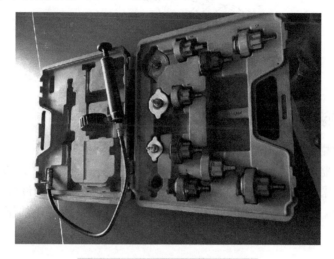

图 6-25　冷却系统检测专用设备

2. 工作步骤

注意：

① 在发动机暖机时，冷却系统处于压力之下，必须小心溅出烫伤。

② 打开冷却液补偿罐盖时，要用抹布盖住冷却液补偿罐盖，并小心地打开。

1）打开冷却液补偿罐的封盖。

2）如图 6-26 所示，将冷却系统检测设备和适配接头安装到冷却液补偿罐上。用冷却系统检测设备的手动加压泵产生一定的压力。注意：压力不要太高了，否则可能引起水管破裂。可一边加压，一边用手感觉水管的压力。

3）如果压力下降，表明冷却系统有泄漏部位，查找并排除故障。

4）检查冷却液补偿罐的封盖中的安全阀。将冷却系统检测设备用适配接头安装到封盖上，如图 6-27 所示。用冷却系统检测设备的手动加压泵产生压力。当压力达到 140～160kPa 时，安全阀必须自动打开。封盖中的安全阀如果不按规定打开，必须更新封盖。

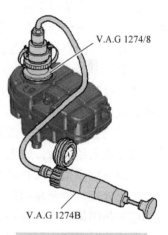

图 6-26　冷却系统加压

3. 检测分析技巧

如果怀疑缸垫冲坏，可以拆卸火花塞，将冷却系统检测设备和适配接头安装到冷却液补偿罐上，用冷却系统检测设备的手动加压泵产生一定的压力，并持续加压一段时间，然后配合内窥镜从火花塞孔观察气缸内的情况，往往可以发现问题。

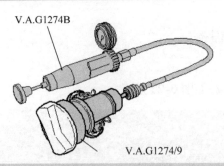

图6-27 将冷却系统检测设备用适配接头安装到封盖上

九、红外测温仪

在汽车维修检测中，利用温度分析汽车故障的方法应用已经很久，例如用手感觉制动器的温度以判断制动器工作是否正常；用手来感觉空调出风口的温度，以检查空调的制冷情况等。但仅仅依靠手来感觉温度的高低是很不准确的，而且在汽车的许多部位由于温度太高（如排气管）是不敢用手去碰的。因此，如果能用测温仪器来代替手的温度感觉，许多问题将会迎刃而解。

1. 仪器设备

常用的温度检测仪器有红外测温仪、普通温度计、汽车电脑故障诊断仪和带测温功能的万用表等。

红外测温仪（图6-28）采用红外技术，可快速、方便、准确地测量物体的表面温度，不需要机械地接触被测物体，只需瞄准，按动触发器，在LCD显示屏上读出温度数据。红外测温仪重量轻、体积小、使用方便，并能可靠地测量热的、危险的或难以接触的物体，不会影响被测物体和烫伤测量人员，每秒可测若干个读数，可以直观、连续地测试，观察物体表面的温度变化。利用红外测温仪对发动机特殊部位的检测，并通过其数值对发动机故障进行分析，已经成为一种有效可行的方法。

红外测温仪通过红外探测器将物体辐射的热功率信号转换成电信号后，成像装置的输出信号就可以完全一一对应地模拟扫描物体表面温度的空间分布，经电子系统处理，传至显示屏上，得到与物体表面热分布相应的热图像。运用这一方法，便能实现对目标进

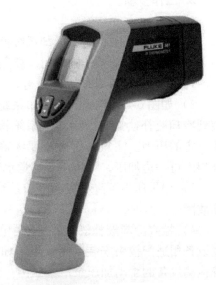

图6-28 红外测温仪

行远距离热状态图像成像和测温，进而进行分析判断。红外测温仪的优点主要体现在以下几个方面：

1）准确：红外测温仪的测量精度一般都在2℃以内，这种特点可以方便维修人员对一些温度连续变化的位置进行精确的检测。例如，发动机冷却系统中的散热器、制动鼓、制动片、轴承、排气管、进气管等。红外测温仪可以快速检测出被测量物体表面的温度，并且可

以在一个范围内连续地测量物体表面的温度。在用普通接触式温度计读取一个温度变化连接点的时间内,利用红外测温仪几乎可以测出所有连接点的温度,进而迅速找出汽车部件表面温度变化大的地方。

2)安全:安全是使用红外测温仪最重要的优点。不同于接触式测温仪的是,红外测温仪能够在不接触被测物体表面的情况下,在测温仪允许的量程内读取目标温度值。这避免了接触式测温仪在使用中被损伤的危险。并且红外测温仪可以进行远距离精确测量。检测约0.6m以外的温度就像在手边测量一样容易。另外,红外测温仪具有激光瞄准功能,方便维修工识别目标区域,使工作变得更加轻松。

2. 使用技巧

(1)三元催化转化器检测

通过检测三元催化转化器前后两侧的温度差值,可以方便地判断出三元催化转化器的故障。起动发动机到正常运转温度,然后将三元催化转化器进口温度和出口温度进行比较。

1)如果三元催化转化器的出口温度等于或低于进口温度,说明三元催化转化器已经失效;如果怠速时三元催化转化器的出口温度比进口温度高约10%,而在正常工作温度下进口温度与出口温度没有差别,也说明三元催化转化器失效。

2)如果三元催化转化器的出口温度高于进口温度20~100℃,说明三元催化转化器工作正常。

3)如果三元催化转化器的出口温度大大高于进口温度(超过120℃),说明进入三元催化转化器的废气中含有异常多的CO和HC,产生这一现象的原因往往是发动机的燃烧过程不良,或者是电控系统出了问题,需要对发动机做进一步检测,查明真实的故障原因。

(2)冷却系统检测

利用红外测温仪可以检测发动机冷却系统大小循环的过程,准确判断节温器和散热器的故障。

1)节温器。检查节温器是否失效,可以用红外测温仪瞄准节温器壳体,测试节温器的温度变化,可以判断节温器是否打开。当汽车发动机正常运转,节温器打开时,散热器上部软管冷却液温度应迅速上升。若没有此现象,则可能有以下故障:节温器堵塞或节温器常开。

2)散热器和暖风水箱。要检查散热器是否阻塞或存在故障,需要起动发动机并运行至正常温度且温度稳定。用红外测温仪扫描散热器表面,沿着冷却液流动的方向检测散热器表面的温度。若检测到有温度突变的地方,表明此处管路有阻塞现象。如果散热器有阻塞的地方,则该散热器需要清洗或更换。

(3)空调系统

通过对空调系统高低压侧的温度检测,以及对进出风口的温度检测,可以比较快捷地发现故障点的位置。制冷剂通过装在蒸发器出口上的外平衡管,将蒸发器出口端的压力作用于膨胀阀膜片下部。外平衡式膨胀阀膜片下腔和蒸发器出口相通,由于从蒸发器的入口流到出口存在流动阻力,因而引起压力下降,导致蒸发器进、出口温差约为2~8℃。这种温差很重要,只要数值合适,就不会有液体制冷剂离开蒸发器。

(4)发动机工作状况

通过对排气歧管的温度检测可以准确地发现发动机各缸的工作状况,能找出工作不良的缸，以缩小维修人员的检测范围。

1）如果测试中某一气缸的温度明显高于其他缸，则需检查此缸的工作状况，很有可能是真空泄漏或喷油器过脏所导致。

2）如果某一气缸显示的值与其他气缸相比稍有不同，但并不是高出许多或低出许多，这可能是此缸工作性能不佳的迹象。检查时可能涉及其他机械问题，应检查以下各项：火花塞或高压线；该气缸的燃油供应；缸压是否过低；积炭是否过多。

3）如果某缸的排气温度低出许多，则说明该缸不工作。此时，应该重点检查该缸点火系统和喷油系统。

（5）制动系统

对于前后分开式制动系统的车辆，正常工作时前轮制动盘通常比后轮制动盘温度高。前后正常温度差为30℃左右。

十、蓄电池测试仪

蓄电池性能的好坏不能通过静态测量蓄电池端电压确定。可以在起动时通过蓄电池的电压降来判断，也可以通过蓄电池测试仪来确定。蓄电池测试仪包括简易的放电计和蓄电池性能检测仪等。在工作中简易的放电计就可以满足测试要求，放电计见图6-29。

图6-29 放电计原理及表盘图

1. 放电计测试步骤

1）将测试夹分别对应夹在蓄电池的正、负极桩上。此时读数显示蓄电池的空载电压值。通常显示在11.8~13V范围内为正常。

2）按下按钮开关，蓄电池开始瞬间大电流放电，在5s内读出电压表的负载电压指示数值。

注意：此项测量不能连续进行，必须间隔1min后才可以再次检测，以防止蓄电池过放电。

2. 分析技巧

1）若指针稳定在10~12V区间（绿色区域），说明蓄电池存电充足，不需要充电。

2）若指针在9~10V区间（黄色区域），说明蓄电池存电不足，需要充电。

3）若指针在9V以下区间（红色区域），说明蓄电池严重亏电，这种情况下一般需要更换，但如果蓄电池原来就亏电，需要将蓄电池充足电后再测试，测试三次（必须间隔1min后才可以进行下一次测试），如果出现一次指针在9V以下区间（红色区域），说明蓄电池严重亏电，建议更换。

4）如果空载电压基本符合要求，但负载时指针迅速下降至红色区域以下，也需要更换蓄电池。

第七章 电路检查有技巧

第一节 电路图识读技巧

一、电路图是个好帮手

汽车维修时经常要对电路进行检测，检测就要用到电路图，特别对初级汽车维修工来说，会读电路图、会用电路图进行电路检测至关重要。

汽车电路图是利用图形符号和文字符号，表示汽车电路构成、连接关系和工作关系的一种简图。

目前，汽车上所应用的先进电控装置越来越多，使汽车电路图越来越复杂了。另外，不同国家电路图也采用了不同的绘制方法，因此，一些维修人员在识读电路图时会感到比较困难。而快速、正确地识读汽车电路图，对汽车故障诊断及排除具有非常重要的意义。因此，现代汽车维修工作要求维修人员必须掌握识读电路图这一基本技能。以下这些知识都应该知道。

（一）电路图的分类

汽车电路图可以有多种表示方法，我们常见的电路图有电路原理图（简称电路图）、敷线图、线束图、配线图等。

1. 电路原理图（简称电路图）

电路图是根据有关技术标准，用图形符号、文字符号，以统一检查的方法，将电路图画在图纸上，它详细表示了实际设备或成套装置电路的全部基本组成和连接关系，而不去管元件的实际位置。电路图是电气技术中使用最广泛的一种重要的电路简图，图 7-1 是迈腾 B8 起动机继电器的电路图。

2. 敷线图

敷线图是专门用来标记电气设备的安装位置、外形、线路走向等的指示图。它按照全车电气设备的实际方位绘制，部件与部件之间的连线按实际关系绘出，为了尽可能接近实际情况，图中的电器不用图形符号，而是用该电器的外形轮廓或特征表示，在图上还注意将线束中同路的导线尽量画在一起。这样，汽车敷线图就较明确地反映了汽车实际的线路情况，查

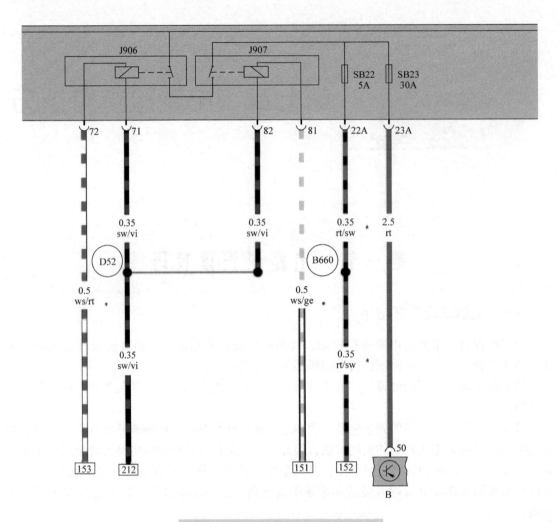

图 7-1 迈腾 B8 起动机继电器电路图

线时导线中间的分支、接点很容易找到,为安装和检测汽车电路提供了方便。但因其线条密集,纵横交错,给读图、查找分析故障带来不便。

3. 线束图

线束图是根据电气装备线束绘制的电路图。线束图不详细描述线束内部的导线走向,只将露在线束外面的线头与插接器详细编号,并用字母标定。由于线束图上的部件与部件间的导线以线束形式出现,接近实际,对维修人员适用性强。

4. 配线图

配线图是根据电气设备在汽车上的实际安装位置而绘制的电路图。配线图与线束图相似,但比线束图更直观,线束在车身上的走向、插接器上的位置、搭铁点的位置等,均在图上标出。这对于目前线束布置多,插接器、搭铁点多的车辆来说,有了此图,查找故障时更方便、更省事。

在维修时,很少有车辆电路原理图(简称电路图)、敷线图、线束图、配线图都提供的。最多的提供电路原理图（简称电路图）和配线图。实际上有了这两种电路图就可以很方便地查找故障，大部分车只有电路原理图（简称电路图），这种情况下，我们可以结合电控元件位置图来查找故障。

（二）汽车用电线

1. 导线截面积的正确选择

在图 7-1 上导线中间有 0.35、2.5 等数值，这是标注的导线截面积。汽车上根据用电设备的负载电流大小选择导线的截面积。选用的一般原则为：长时间工作的电气设备可选用实际载流量 60% 的导线；短时间工作的用电设备可选用实际载流量 60%～100% 之间的导线。同时，还应考虑电路中的电压降和导线发热等情况，以免影响用电设备的电气性能和超过导线的允许温度。

在实际线路查找检测时，对于有些导线，根据截面积大或小可以方便找到具体是哪一根。另外，导线截面积的知识也告诉我们不能随便在导线上加装负载或乱拉线路。

2. 导线的颜色

为便于安装和检修，汽车导线标有颜色，采用双色导线的，主色为基础色，辅色为环布导线的条色带或螺旋色带，且标注时主色在前，辅色在后。以双色为基础选用时，各用电系统的电源线为单色，其余为双色。

应该注意的是电路图的导线颜色与实车的导线颜色不一定一样。

二、电路图的识读技巧

对初学者来说要熟练掌握电路图的识读有一定难度，因为各个车系的电路图识读方法并不一样，主要有：丰田车系、美国车系、大众车系、国产车系等，即使一个国家的不同车系电路图识读方法也不一样，例如：德国的大众、宝马、奔驰等电路图识读方法就不一样。这里不再讲解如何识读电路图，只是讲解几个识读技巧。

1. 认真读几遍图注

图注说明了该汽车所有电气设备的名称及其数码代号，通过读图注可以初步了解该汽车都装配了哪些电气设备。然后通过电气设备的数码代号在电路图中找出该电气设备，在进一步找出相互连线、控制关系。如图 7-1 所示，J906、J907 在图注上可以看到，J906 是起动继电器 1、J907 是起动继电器 2，然后我们可以在电路图上找到 J906、J907。

2. 牢记电气图形符号

汽车电路图是利用电气图形符号来表示其构成和工作原理的。对于一些常见的电气符号必须牢记，如：蓄电池、熔丝、继电器、起动机、发电机等。只有牢记电路图形符号的含义，才能快速看懂电路原理图。为了便于绘制和识读汽车电路图，有些电器装置或其接线柱等上面，都赋予了不同的标志代号，这些都要知道。

3. 牢记汽车电路特点

汽车电路的特点是：单线制、负极搭铁、用电设备并联。

（1）单线制

汽车电路图线路多采用单线制。单线制指靠车体的金属部分代替一部分导线的连接方式，减少了导线的使用量，简化了线路。

（2）负极搭铁

电源及用电器与车体连接的部位叫接地，也叫搭铁。目前世界各国的汽车均采用负极搭铁。

（3）用电设备并联

汽车上均有两个电源：蓄电池和发电机，这两个电源并联。

电气设备采用并联方式，且受各自开关控制。

4. 掌握回路原则

汽车电器同其他电器一样，任何一个完整的电路都由电源、开关、用电器及导线组成。用电设备要工作，就要有电能，而电能需要一个完整的回路才能提供。汽车电器上用的是直流电，电流要从电器的正极开始，通过导线，经过开关、熔丝、继电器到达用电器，再搭铁形成一个回路。在这个回路中任一部件均要正常工作，若有一个出现故障就不是一个完整的回路。汽车回路有两点需要注意：

1）从电源正极出发，经某用电器（或再经其他用电器），最后又回到同一电源的正极，由于电源正极的电位差（电压）仅存在于电源的正负极之间，电源的同一电极是等电位的，没有电压。这种"从正到正"的途径是不会产生电流的。

2）在汽车电路中，发电机和蓄电池是电源，在寻找回路时，不能混为一谈，不能从电源的一个正极出发，经过若干用电设备后，回到另一个电源的负极，这种做法，不会构成一个真正的通路，也不会产生电流。所以必须强调，回路是指从电源的正极出发，经过用电器，回到同一电源的负极。

我们在识读时，就要从电源开始，至搭铁结束，这样来查找每一个电器设备的回路。

由于任何一个完整的电路都是由电源、熔断器、开关、控制装置、用电设备、导线等组成。电流流向必须从电源正极出发，经过熔断器、开关、控制装置、导线等到达用电设备，再经过导线（或搭铁）回到电源负极，才能构成回路。因此读电路图时，有三种思路：

思路一：沿着电路电流的流向，由电源正极出发，顺藤摸瓜查到开关、用电设备、控制装置等，回到电源负极。

思路二：逆着电路电流的方向，由电源负极（搭铁）开始，经过用电设备、开关、控制装置等回到电源正极。

思路三：从用电设备开始，依次查找其控制开关、连线、控制单元，到达电源正极和搭铁（或电源负极）。

实际应用时，可视具体电路选择不同思路，但有一点值得注意：随着电子控制技术在汽车上的广泛应用，大多数电气设备电路同时具有主回路和控制回路，读图时要兼顾两回路，例如：继电器控制回路。

5. 浏览全图，分割各个单元系统

要读懂汽车电路图，首先必须掌握组成电路的各个电器元件的基本功能和电器特性。在大概掌握全图的基本原理的基础上，再把一个个单元系统电路分割开来，这样就容易抓住每一部分的主要功能及特性。

在框划各个系统时，一定要遵守回路原则，注意既不能漏掉各个系统中的组件，也不能多框划其他系统的组件，一般规律是：

各电器系统只有电源和总开关是公共的，其他任何一个系统都应是一个完整的、独立的电器回路，即包括电源、开关（熔丝）、用电器（或电子线路）、导线等。从电源的正极经导线、开关、熔丝至用电器后搭铁，最后回到电源负极。

6. 掌握各局部电路之间的内在联系和相互关系

从整车电路来讲，各局部电路除电源电路公用外，其他单元电路都是相对独立的，但它们之间也存在着内在联系（如信号共享）。因此，识图时，不但要熟悉各局部电路的组成、特点、工作过程和电流流经的路径，还要了解各局部电路之间的联系和相互影响。这是迅速找出故障部位、排除故障的必要条件。

7. 掌握各种开关在电路中的作用

当开关接线柱较多时，首先抓住从电源来的一两个接线柱，再逐个分析与其他各接线柱相连的用电设备处于何种档位，从而找出控制关系。

对于组合开关，实际线路是在一起的，而在电路图中又按其功能画在各自的局部电路中，遇到这种情况必须仔细研究识读。

8. 全面分析开关、继电器的初始状态和工作状态

在电路图中，各种开关、继电器都是按初始状态画出的。在识图时，不能完全按原始状态分析，否则很难理解电路的工作原理，因为大多数用电设备都是通过开关、按钮、继电器触点的变化而改变回路的，进而实现不同的电路功能。所以，必须进行工作状态的分析。

9. 掌握电器装置在电路图中的位置

大量电器装置是机电合一的，在电路图上表示时，厂家为了使画法既简单（便于画图）又便于识图，多根据实际情况采用集中或分开表示法。

10. 先易后难

有些汽车电路图的某些局部电路可能比较复杂，一时难以看懂，可以暂时将其放一放，待其他局部电路都看懂后，再来进一步识读这部分电路。

11. 注意搜集资料和经验积累

对于看不懂的电路要善于请教有关人员，同时还要善于查找收集相关资料。

12. 汽车电子控制系统的读图方法

汽车电子控制系统越来越多，其读图方法除以上所述要领外，以下方法与步骤对汽车电子控制系统的读图很有帮助。

1）要以电控系统的 ECU 为中心，因为这是整个系统的控制中心，所有电器部件都必然与这里发生关系。

2）了解 ECU 的各个接脚。

3）找出给 ECU 供电的电源线，注意一般 ECU 都不止一根电源线，弄清楚各电源线的供电状态（如常电源线或开关控制）。

4）找出该系统的搭铁线有哪些，注意分清哪些是在 ECU 内部搭铁，哪些是在车架上搭铁，哪些是在各总成机体上搭铁。

5) 找出哪些是系统的信号输入传感器，各传感器是否需要电源，并找出相应的电源线、搭铁线。

6) 找出系统的执行器有哪些，弄清电源供给和搭铁情况，电脑控制执行器的方式（控制搭铁端或电源端）。

13. 掌握电路图共同点

一张电路图拿过来以后，我们可能会觉得很乱，但仔细观察就会发现，电路图有很多共同点，抓住这些共同点，可以提高识读电路图的效率。

1) 每个电气设备电路中均采用设备熔丝、易熔线等保护装置，防止电路短路或搭铁烧坏线束及用电设备。这样如果某个电器设备不工作，我们应首先从设备熔丝、易熔线入手查找故障。

2) 关注共用导线。不经过用电器而连接在一起的一组导线，若有一根接电源或接地，则该组导线都接电源或接地。明白这个道理在判断故障时，就可以运用。例如：发动机不工作，若发动机冷却液温度传感器、凸轮轴位置传感器、进气温度传感器共用一根电源线，电源线从发动机控制单元而来，若均无电压，说明故障由控制单元及相关线路故障引起，而非某一传感器或线路的故障，这就需要从控制单元及相关线路查起。

3) 巧用排除法。对不易判断故障的线路可用排除法，例如：某传感器三根线，我们不知道哪根是信号线，我们测量出电源线和接地线，则另一根肯定就是信号线了。

4) 注意线路特点。控制器会共用电源线、接地线和控制线，但传感器可以共用电源线和接地线，不会共用信号线。例如，某车开前照灯时刮水器动作，前照灯和刮水器是两个分开的系统，公用的地方是搭铁点，这时首先应从搭铁点开始检查。

第二节　电路检测技巧

一、万用表的优点与缺点

汽车维修工使用的万用表，最大的优点是价格便宜、使用方便，因此深受汽车维修工的喜爱。在一个修理厂别的仪表可能见不到，但万用表是每个汽车修理厂必备的。

车辆电控、电器系统的故障检查离不开万用表，即使是故障码和数据流指示了某个部件有故障，我们也要用万用表进行验证。况且很多故障码所得到的信息仅是关于发动机电控系统的故障原因和范围，而不是具体的某一故障部件或部位。为了进一步确定故障部件或部位，需要用仪表检测。如果知道各传感器和执行部件的技术参数和电脑各端子间的电阻值和电压值，则可用数字式万用表进行检测。

通过使用万用表测量控制单元线束插头内各端子的工作电压或电阻，来判断控制单元及其控制线路是否工作正常，用这种方法检测控制单元及其控制线路的故障，必须以被测车型的详细维修技术资料为依据。这些资料应包括：该车型控制单元线束插头中各端子与控制系统中的哪些传感器、执行器相连接；各端子在汽车不同工作状态下的标准电压值或标准电阻值，如果在检测中发现某一端子的实际工作电压或电阻与标准值不相符，即表明控制单元或控制线路有故障；与执行器连接的端子工作电压不正常，则表明控制单元有故障；与传感器连接的端子工作电压不正常,则可能是传感器或线路故障,只要通过进一步的检测,即可找出故障的准确部位。

必须指出,这种利用万用表检测的方法,对于判断控制单元及其控制线路的故障只是一种辅助的方法。因为控制单元在工作中所接收或输出的信号有多种形式,如脉冲信号、模拟信号等。而一般的万用表只能检测出电路的平均电压值。因此,即使在检测中控制单元各端子的工作电压都正常,也不能说明控制单元就绝对没有故障,而运用示波器可以帮助进一步确定故障。

本节主要介绍在每个汽车维修工都要用到的万用表的使用和电路检测技巧。

二、万用表使用方法及注意事项

1)尽管袖珍数字万用表内部电路有较完善的保护措施,还应避免出现误操作,例如用电流档去测电压,用电阻档去测电压或电流,用电容档去测带电的电容量,如图7-2所示,这样的误操作会损坏万用表。

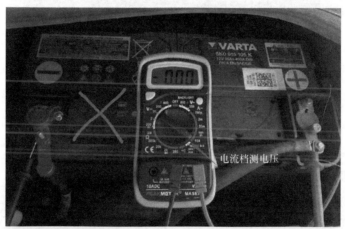

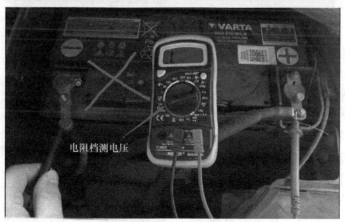

图 7-2　错误使用万用表的方法

测量之前必须明确现在要测什么和怎样测,然后选择相应的测量项目和合适的量程。

2)一定要知道各个档位、开关的作用,万用表档位及开关见图7-3,每次用万用表准

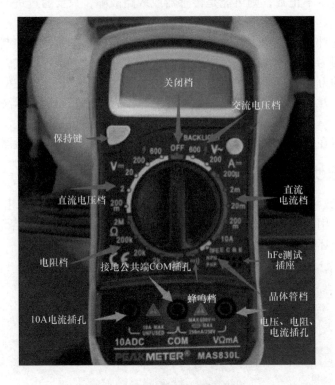

图 7-3 万用表档位及开关

备测量时,一定要核对测量项目和量程开关是否拨对位置,输入插孔(或专用插口)是否选对。对于自动量程式袖珍数字万用表,也不得按错功能键或把输入插口搞错。

3)测量电阻时两手不得碰触表笔的金属端或被测物体,如图 7-4 所示,以免人体电阻影响测量结果。

4)严禁在被测线路带电的情况下测量电阻,也不允许用电阻档测量电池的内阻。因为这相当于给数字万用表的电阻测量电路外加了一个电压,测量结果完全失去意义,而且还有可能损坏仪表。

5)直流电流的测量。将黑表笔插入 COM 孔,当被测电流小于 200mA 时,红表笔插入 mA 电流插孔;当被测电流在 200～10A 之间时,红表笔插入 10A 电流插孔,如图 7-5 所示。

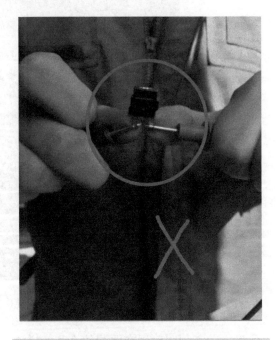

图 7-4 测量电阻时两手不得碰触表笔的金属端

将量程开关置于直流 A - 量程范围,测试表笔串入被测线路中,读数即显示,红表笔所接的极性也同时显示。

注意:

① 不要接入高于测量值的电流,以免损坏仪表。

② 测量时,如果不知道测量电流的范围,应将量程置于最高档,再逐渐调低。

③ 10A 插孔无熔丝,测量时间应小于 10s,以免线路发热,影响准确度。

6) 电阻的测量。将量程开关拨至 Ω 的合适量程,黑表笔插入 COM 孔,红表笔插入 V/Ω 孔,如图 7-6 所示,将测试表笔跨接在待测的电阻上,读数即显示。

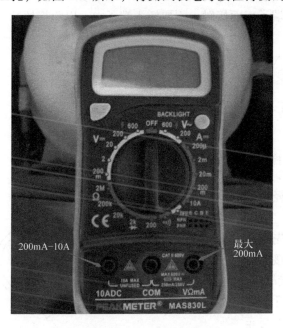

图 7-5　直流电流的测量

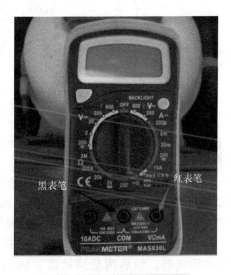

图 7-6　测量电阻表笔连接

注意:

① 在线测量时,务必请确认被测电路已经关断电源,同时电容已经放电完毕,方可以测量电阻。

② 如果被测电阻值超出所选择量程的最大值,万能表将显示"1",这时应选择更高的量程。

③ 测量高电阻时,尽可能将电阻插入 COM 孔和 V/Ω 孔,以免干扰。当电阻值大于 1MΩ 时,仪表需要数秒后才能稳定度数,属于正常现象。

7) 二极管测量。将黑表笔插入 COM 孔,红表笔插入 V/Ω 孔(红表笔为 +);将量程开关置于 ⊷ 位置,将测试表笔跨接在被测二极管两端。

注意:

① 当输入端开路(或二极管断路)时,仪表显示为过量程状态。

② 仪表显示值为正向电压降,当二极管反接时,显示过量程状态。

三、检测汽车电路的方法

1）在测试过程中除特殊指明外，不能用指针式万用表测试电脑和传感器，应使用高阻抗数字式万用表，万用表内阻应不低于10kΩ。

2）在用万用表检查防水型插接器时，应小心取下皮套（图7-7a），用测试表笔插入插接器检查时不可对端子用力过大（图7-7b）。检测时，测试表笔可以从带有配线的后端插入（图7-8a），也可以从没有配线的前端插入（图7-8b）。但有不少车型在维修手册中指出，不可以从端子的前端插入，因为那样会损坏端子，影响端子的接触，产生故障。这里特别提醒，从前端检查时，要用万用表的表笔与端子表面接触，不要插入端子内，以免损坏端子。

图7-7 检查防水型插接器

3）测量电阻时要在垂直和水平方向轻轻摇动导线，以提高准确性。

4）检查线路断路或虚接故障时，应先断开电脑和相应传感器的插接器，然后测量插接器相应端子间的电阻，以确定是否有断路或虚接故障。

5）检查线路搭铁短路故障时，应拆开线路两端的插接器，然后测量插接器被测端子与车身（搭铁）之间的电阻值。电阻值大于1MΩ为无故障。

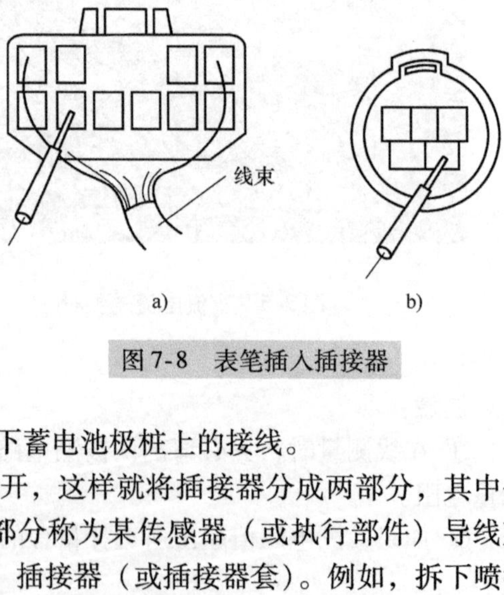

图7-8 表笔插入插接器

6）在拆卸发动机电子控制系统线路之前，应首先切断电源，即将点火开关断开（OFF），拆下蓄电池极桩上的接线。

7）在测量电阻或电压时，一般要将插接器拆开，这样就将插接器分成两部分，其中一部分称为某传感器（或执行部件）插接器；另一部分称为某传感器（或执行部件）导线束插接器，或导线束一侧的某传感器（或执行部件）插接器（或插接器套）。例如，拆下喷油器上的插接器后，其中一部分称为喷油器插接器，另一部分则称为喷油器导线束插接器，或导线一侧的喷油器插接器。在测量时，应弄清楚是哪一部分插接器。

四、电压和电压降检测技巧

（一）电压检测方法

1）测量两个端子间或两条线路间的电压时，应将万用表（电压档）的两个表笔与被测量的两个端子或两根导线接触（图7-9a）。

2)测量某个端子或某条线路的电压时,应将万用表的正表笔与被测的端子或线路接触;而将万用表的负表笔与地线接触(图7-9b)。

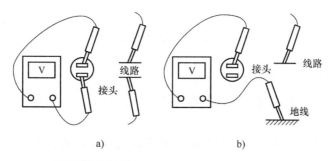

图7-9 用万用表测量端子或线路的电压

(二)电压降的检测技巧

在维修实践中,电压降的检测有着重要的作用。电压降能反映某个部件或导线性能的好坏。有两种方法可以检测。

1. 直接测量电压降

将万用表开关转到直流电压(V)档(选择合适的量程),将测试表笔接至被测部件两端,如图7-10所示。用测电压的方法可以检查电路上各点的电压(信号电压或电源电压),以及部件上的电压降。下面以测量蓄电池正极至熔丝/继电器盒电源电缆之间电压降为例,说明两点之间电压源降的检测方法。

图7-10 直接测量电压降

1)将数字式万用表设在直流电压档。
2)将数字式万用表正表笔连接到待测电路一点(例如:蓄电池正极)。
3)将数字式万用表负表笔连接到待测电路另一点(例如:熔丝/继电器盒的电源接线柱)。

4）数字式万用表将显示两点之间的电压差，这个值就是蓄电池正极至熔丝/继电器盒电源电缆之间的电压降。

2. 间接检测

仍以测量蓄电池正极至熔丝/继电器盒电源电缆之间电压降为例，说明两点之间的电压降间接检测方法。

1）将数字式万用表设在直流电压档。

2）将数字式万用表正表笔连接到蓄电池正极，负表笔连接到蓄电池负极，读取电压值 U_1（图 7-11）。

3）将数字式万用表正表笔连接到继电器盒电源接线柱，负表笔连接到蓄电池负极，读取电压值 U_2（图 7-12）。

4）U_1 与 U_2 的电压差就是蓄电池正极至熔丝/继电器盒电源电缆之间的电压降。

图 7-11　蓄电池电压检测

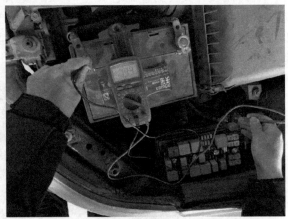

图 7-12　继电器盒电源接线柱到蓄电池负极的电压降检测

这个办法可以判断蓄电池正极至熔丝/继电器盒电源电缆的性能，也可以判断搭铁线的性能。测试方法如下。

1）将数字式万用表设在直流电压档。

2）将数字式万用表正表笔连接到蓄电池正极，负表笔连接到蓄电池负极，读取电压值 U_1。

3）将数字式万用表正表笔连接到蓄电池正极，负表笔连接到车身或发动机上的搭铁点，读取电压值 U_2。

4）U_1 与 U_2 的电压差就是蓄电池负极至车身或发动机上的搭铁点之间的电压降。

第七章　电路检查有技巧

五、导通性检测技巧

检查端子、触点或导线等的导通性，是指检查端子、触点或导线之间是否导通，或端子、触点、导线分别与搭铁之间的导通情况，导通性可以用万用表电阻档测量电阻值的方法进行检查（图7-13）。

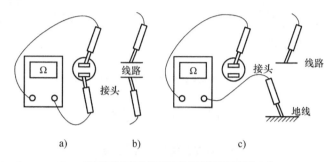

图7-13　用万用表检测导通性

图7-13a 为检查端子间的导通性。

图7-13b 为检查导线间的导通性。

图7-13c 为检查端子与地线、导线与地线间的导通性。

有的维修工喜欢用万用表的蜂鸣档测试是否导通（图7-14），以为听到蜂鸣器响了，就是导通了。其实这样不准确，因为在蜂鸣档，测量小于一定值的电阻时（一般为50Ω）蜂鸣器就会发声。因此用万用表蜂鸣档，只有数字式万用表显示电阻很低或电阻为0Ω并能听到蜂鸣声才表明电路具有良好的导通性，所以一定要看电阻值。

在汽车上检查线路时可以用蜂鸣档来校表，用电阻档来检测导线的导通性，用电阻档可以检测导线的电阻是多少，一般导线要求其电阻少于1Ω，如果大于1Ω，说明导线有虚接处。但在一个人检查开关等端子多或端子用表

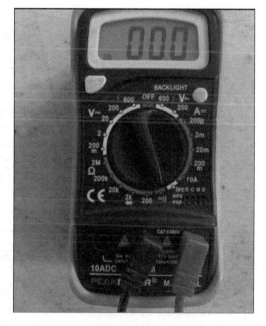

图7-14　蜂鸣档

笔不容易接触的地方时，还是蜂鸣档方便。对于一些开关既有导通性检测，又有电阻检测的，我们要来回转换万用表的档位，原则是方便、准确。

例如：卡罗拉灯控开关总成的检测，开关的状态只有通、断两种状态，可以使用万用表蜂鸣档进行导通性检测，检测灯控开关每个档位相关端子间的导通性，并与标准值进行比较，判断开关性能是否良好。卡罗拉灯控开关每个档位的标准值如表7-1所示。灯控开关总成如图7-15所示。

1）检查转向信号开关导通性。转向信号开关每个档位的标准值如表7-2所示。

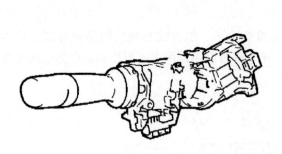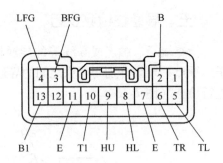

没有线束连接的零部件(灯控开关总成)

图7-15 灯控开关总成

表7-1 灯控开关每个档位的标准值

开关操作	检测接脚	规定状态
OFF	10（T1）-13（B1）	10kΩ 或更大
TAIL	10（T1）-13（B1）	小于1Ω
HEAD	10（T1）-13（B1） 11（E）-13（B1）	小于1Ω

2）检查前照灯变光器开关导通性。变光器开关每个档位的标准值如表7-3所示。

表7-2 转向信号开关每个档位的标准值

开关操作	检测接脚	规定条件
OFF	6（TR）-7（E） 5（TL）-7（E）	10kΩ 或更大
RH	6（TR）-7（E）	小于1Ω
LH	5（TL）-7（E）	小于1Ω

表7-3 变光器开关每个档位的标准值

开关操作	检测接脚	规定状态
HIGH FLASH	9（HU）-11（E）	小于1Ω
LOW	8（HL）-11（E）	小于1Ω
HIGH	9（HU）-11（E）	小于1Ω
HIGH 或 HIGH FLASH	8（HL）-11（E）	10kΩ 或更大（变光开关置于HIGH 位置时，近光前照灯熄灭） 小于1Ω（变光开关置于HIGH 位置时，近光前照灯和远光前照灯同时点亮）

3）检查前雾灯开关导通性。前雾灯开关每个档位的标准值如表7-4所示。

表 7-4 前雾灯开关每个档位的标准值

开关操作	检测接脚	规定条件
OFF	3（BFG）-4（LFG）	10kΩ 或更大
ON		小于 1Ω

4）检查后雾灯开关导通性。后雾灯开关每个档位的标准值如表 7-5 所示。

表 7-5 后雾灯开关每个档位的标准值

开关操作	检测接脚	规定条件
OFF	2（B）-4（LFG）	10kΩ 或更大
ON		小于 1Ω

六、电路断路的检测技巧

如图 7-16 所示的导线有断路故障，断路在插接器Ⓑ与Ⓒ的导线"1"上，这时可用"检查导通"或"检查电压"两种方法来确定断路的部位。

1."检查导通"方法

1）将 ECU 插接器Ⓐ与 ECU 断开，将传感器插接器Ⓒ与传感器断开（以下简称：断开插接器Ⓐ和Ⓒ），测量它们之间的电阻值（图 7-17）。若插接器 A 端子 1 与插接器Ⓒ端子 1 之间的电阻值为∞，则它们之间不导通（断路）；若插接器Ⓐ端子 2 端与插接器Ⓒ端子 2 之间的电阻值为 0Ω，则它们之间导通（无断路）。

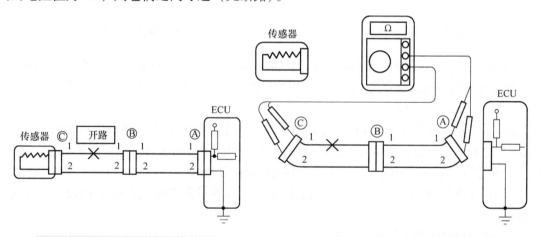

图 7-16 举例用的断路检查线路　　　　图 7-17 检查配线是否导通

2）断开插接器Ⓑ，测量插接器Ⓐ与Ⓑ、Ⓑ与Ⓒ之间的电阻值。若插接器Ⓐ的端子 1 与插接器Ⓑ的端子 1 之间的电阻值为 0Ω，而插接器Ⓑ的端子 1 与插接器Ⓒ的端子 1 之间的电阻为∞，则插接器Ⓐ的端子 1 与插接器Ⓑ的端子 1 之间导通，而插接器Ⓑ的端子 1 与插接器Ⓒ的端子 1 之间有断路故障，这样就找到了断路处。

2."检查电压"方法

在电脑插接器端子加有电压的电路中，可以用"检查电压"的方法来检查断路故障（图 7-18）。在各插接器接通的情况下，电脑输出端子电压为 5V 的电路中，如果依次测量插接器Ⓐ的端子1、插接器Ⓑ的端子1和插接器Ⓒ的端子1与车身（搭铁）之间的电压，测得的电压值分别为5V、5V和0V，则可以判定：在Ⓑ的端子1与Ⓒ的端子1之间的配线有断路故障。

七、电路短路的检测技巧

短路包括导线与导线之间短路、导线对搭铁短路、导线对正极短路。

1. 导线对搭铁短路

如果导线与搭铁之间短路，可通过检查导线与车身（或搭铁线）是否导通来判断短路的部位（图7-19）。

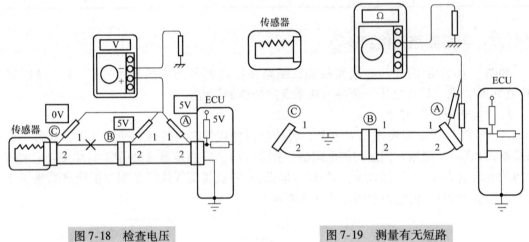

图7-18 检查电压　　　　　　　　图7-19 测量有无短路

1) 断开插接器Ⓐ和Ⓒ（图7-19），测量插接器Ⓐ的端子1和端子2与车身之间的电阻值。如果测得的电阻值分别为0Ω和∞，则插接器Ⓐ的端子1与插接器Ⓒ的端子1的配线与车身之间有短路搭铁故障。

2) 断开插接器Ⓑ（图7-19），分别测量插接器Ⓐ的端子1和插接器Ⓒ的端子1与车身（地线）之间的电阻值。如果测得的电阻值分别为∞和0Ω，则可以判定：插接器Ⓑ的端子1与插接器Ⓒ的端子1之间的配线与车身之间有短路搭铁故障。

例如：我们常见的插上熔丝就烧毁的故障，这可能是熔丝输出端有搭铁处，可以这样检测：

1) 拆卸可疑电路上的供电熔丝。

2) 断开负载。

3) 将数字式万用表设在电阻档。

4) 将数字式万用表的一个探针连接到熔丝输出端。

5) 将另一个数字式万用表探针连接到可靠接地上。

6) 如果数字式万用表显示的电阻不是无穷大，电阻为0，则电路存在对接地短路故障（图7-20）。

7) 如果数字式万用表显示的电阻为无穷大，则连接上负载，重复上述检测，如果检测电阻为0，则负载存在对接地短路故障。

2. 导线与导线之间短路

如果导线与导线之间短路，可通过检查导线与导线是否导通来判断短路的部位（图7-21）。

图7-20 熔丝输出端短路检测

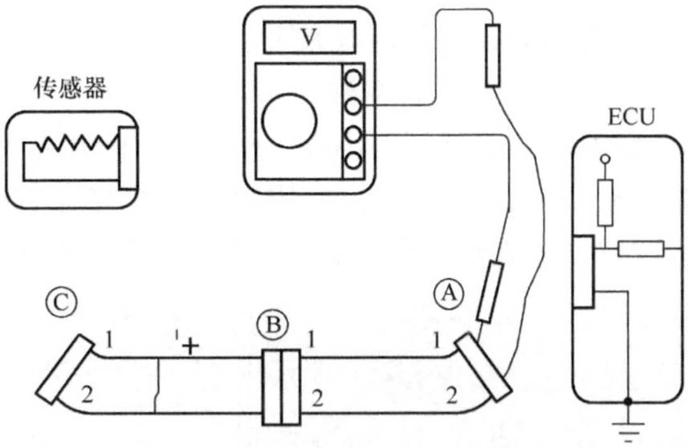

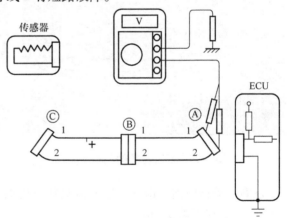

图7-21 导线与导线之间短路检测

1) 断开插接器Ⓐ和Ⓒ（图7-21），测量插接器Ⓐ或Ⓒ的端子1和端子2之间的电阻值。如果测得的电阻值为0Ω，则导线1和导线2之间有短路故障。

2) 断开插接器Ⓑ（图7-21），测量插接器Ⓐ的端子1和端子2之间的电阻值，如果测得的电阻值为∞，则插接器Ⓐ和Ⓑ之间的导线无短路现象。

3) 测量插接器Ⓒ的端子1和端子2之间的电阻值，如果测得的电阻值为0Ω，则可以判定：插接器Ⓑ和插接器Ⓒ之间的导线1和导线2有短路故障。

3. 导线对正极短路

我们在读取故障码时，有时会遇到某某传感器对正极短路等故障码。这是说某某传感器的导线与正极短接了，也就是导线对正极短路了。

如果导线对正极短路，可通过检查导线与车身（或搭铁线）之间的电压来判断对正极短路的部位（图7-22）

1) 断开插接器Ⓐ和Ⓒ（图7-22），点火开关ON，分别测量插接器Ⓐ的端子1和端子2与车身之间的电压值。如果测得的电压值分别为有电压（一般为5V或12V）和0V，则插接器Ⓐ的端子1与插接器Ⓒ的端子1之间的导线有对正极短路故障。

图7-22 导线对正极短路检测

2) 断开插接器Ⓑ（图7-22），点火开关ON，分别测量插接器Ⓐ的端子1和插接器Ⓒ的端子1与车身（地线）之间的电压值。如果测得的电压值分别为电压0V和有电压（一般为5V或12V），则可以判定：插接器Ⓑ的端子1与插接器Ⓒ的端子1之间的导线有对正极短路故障。

3) 如果测量导线没有问题，则可以分别连接插接器Ⓐ和Ⓒ，进行测量，以确定是否

ECU 或传感器内部有对正极短路故障。

八、漏电电流的检测技巧

汽车有时会出现漏电故障，我们要学会漏电电流的检测。漏电电流的检测有两种方法，一是用万用表，二是用电流钳。

1. 万用表电流检测法

这种方法必须用万用表，检测时，断开点火开关，拆下蓄电池负极接线，把数字万用表调到电流档（图 7-23），万用表正表笔接在负极电缆上，万用表负表笔接在负极接线柱上（图 7-24），观察电流表数值，等待车上电脑进入休眠状态，读取此时的电流值（图 7-25）。

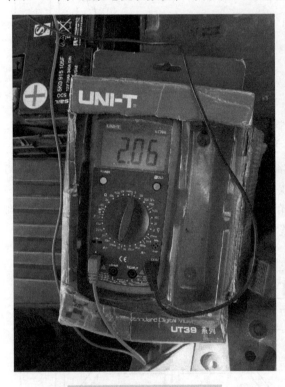

图 7-23　万用表调到电流档

图 7-24　正负表笔连接好

注意： 等待时间，即汽车进入休眠状态的时间因车型而异，有的为 5~10min，有的为 30min，有的甚至需要 1h。

将测得的电流值与维修资料对照，是否在正常范围内。若测得的电流值过大，则说明车辆有漏电故障。

对带音响防盗密码的车辆，在不知防盗密码的情况下，具体检查方法如下：

1) 关闭点火开关、用电设备及所有车门。
2) 遥控上锁（智能车辆将智能卡远离车子 3m 以上），等待一段时间，让车辆进入休眠状态。
3) 旋松蓄电池负极桩螺栓（为下一步检测做准备工作）。
4) 将数字万用表转换到电流档（注意：表笔要移到相应插孔）。

5）将万用表红表笔接负极导线上，黑表笔接蓄电池负极极桩。

6）慢慢将负极导线和红表笔一并上移，与蓄电池负极极桩完全脱离（此时状态是黑色表笔套在卡子里）。

7）观察串联电流表电流值，一般来说非智能车辆0.03A，智能车辆0.05A左右。如超出过多即为异常。

2. 电流钳检测法

这种方法是借助专用工具电流钳（图7-26）进行的，电流钳可对某一线路是否漏电进行测量。另外，电流钳使用也方便，不用断开蓄电池负极或线路。

3. 漏电部位检测技巧

1）首先断开汽车上加装的设备，如行车记录仪、空气净化器、倒车影像等，根据维修实践经验，这些加装设备漏电的可能性很大。

图7-25　等待汽车电脑进入休眠状态，观察电流表数值

2）漏电部位检测一般通过拔熔丝或继电器的方式，逐步缩小怀疑漏电部件范围。

此方法是将熔丝或继电器逐个拔下，观察指针变化。当拔下某个熔丝或继电器时，漏电电流大幅度下降，则故障点是通过此熔丝或继电器的电路或用电器。通过查阅电路图或查看线路走向，顺线路查找出损坏部位进行修理。

3）有些部件没有熔丝或继电器控制，这样可以通过拔下控制单元插接器的法来查找漏电部位。根据经验，音频设备是比较容易漏电的一个部件。

图7-26　电流钳图

第三节　电路故障诊断技巧

一、做几个方便实用的电路检测小工具

汽车电路检测的工具主要是万用表和示波器，对初级汽车维修工来说，不很熟练，用起来不是档位选不对，就是读数不准。我建议做几个简单的小工具，方便、直观也很实用，比如说汽车电路有时会虚接，拿万用表测量电压和蓄电池电压基本一样，而拿自己做的测试灯，一测量，发现灯泡发暗，那就是有虚接的地方。

（一）制作测试灯

测试灯由一只12V灯泡及连接的一对引线组成，虽然简单，但能迅速地检查低阻抗电路是否有电压,因此维修工都喜欢这个工具。测试灯可以自己制作,找一个两端带线路的小灯插座,引线的连接根据需要进行,可以引线的两端都连接探针,也可以线的一端连接一个夹子方便搭铁,线的另一端连接表笔,方便检测线路。还有其他连接方法,根据需要而定,然后安上灯泡,就可以使用了。测试灯可以按下述方法使用。

1. 测试点有电测试

1)将一条引线连接到接地。

2)将另一条引线沿电路接触应该有电压的不同点。

3)如果灯泡点亮表明测试点有电压。

我们使用万用表测试时虽然有电压显示,但可能为虚电。使用测试灯的好处是可以排除测试点为虚电,测试灯如果发暗说明线路中有虚接的地方。

2. 电路连续性测试

在低阻抗电源和接地电路上使用,可以测试线路连续性。

1)断开可疑电路上的熔丝,即断开电路供电。

2)断开负载。

3)将测试灯一个探针连接到蓄电池正极,将测试灯的另一个探针连接到待测电路的一端。

4)将待测电路的另一端连接到搭铁。

5)如果测试灯正常点亮则电路具有良好的连续性,如果测试灯发暗则电路有虚接处。

3. 短路测试

1)断开可疑电路上的熔丝,即断开供电。

2)断开负载。

3)将一个测试灯探针连接到蓄电池正极。

4)将另一测试灯探针连接到待测电路一端。

5)如果测试灯正常点亮,则电路存在对搭铁短路故障。如果测试灯发暗则电路对搭铁虚接状态。

注意:测试灯不能用来检测控制单元控制搭铁信号,即不允许将一个测试灯探针连接到蓄电池正极,将另一测试灯探针连接到控制单元控制搭铁信号端。那样测量可能损坏控制单元。

(二)带熔丝的跨接线

带熔丝的跨接线是为了对电路起到保护作用。它的做法很简单:两根导线中间加个熔丝即可。建议使用在废旧导线中找带熔丝座的导线断开,连接上探针即可。

这种带熔丝的跨接线配的熔丝规格,视电路负载而定,使用的熔丝不能超过用于所测电路上的熔丝的额定电流。

(三)二极管试灯

二极管试灯可以自己制作,也可以网上买一个,很便宜。二极管试灯如图7-27所示。二极管试灯用来测试脉冲信号,如喷油脉冲、点火脉冲等等,不建议使用二极管试灯代替测试灯来进行

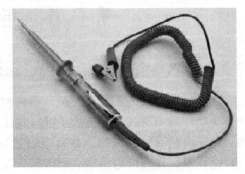

图7-27 二极管试灯

有电测量，因为电路虚接，二极管试灯也会点亮，我们无法从其发亮的程度来判断电路是否虚接。

二、电路故障诊断方法

1. 直观诊断法

直观诊断法即通过眼看、耳听、手摸、鼻子闻等方式诊断故障，汽车电路发生故障时，有时会出现冒烟、火花、异响、焦臭、发热等异常现象。这些现象可直接观察到，从而可以判断出故障所在部位。

（1）听声音

通过某些电器总成件工作时（有时是瞬间）的声响状况，进行故障检查的方法。例如：我们在检查继电器好坏时，可以听继电器的声音。如果有声音，说明继电器的控制线路没有问题，这样可以给我们缩短很多维修时间。

（2）触摸法

用手触摸电器或电路接触部位，通过感受温度的不同来检查故障的方法。如用手触摸断电器、导线、控制单元，来判断部件是否正常工作。

（3）眼看

观察线路有无断路、搭铁的情况，观察汽车仪表板上的电流表、冷却液温度表、燃油表、机油压力表等的指示情况，判断电路中有无故障。例如，发动机冷态，接通点火开关时，冷却液温度表指示满刻度位置不动，说明冷却液温度表传感器有故障或该线路有搭铁。

2. 断路法

汽车电路设备发生搭铁（短路）故障时，可用断路法判断，即将怀疑有搭铁故障的电路段断开后，观察电器设备中搭铁故障是否还存在，以此来判断电路搭铁的部位和原因。

3. 短路法

汽车电路中出现断路故障，还可以用短路法判断，即用导线将被怀疑有断路故障的电路短接，观察电器设备工作状况，从而判断出该电路中是否存在断路故障。如起动机不转，可用导线短路起动机继电器的"30"接柱与"50"接柱，若起动机运转正常，说明起动机控制线路有故障。

4. 试灯法

试灯法就是用测试灯检查电路故障，试灯检查适用于各种电器设备和控制电路的电源检查。

例如：检查电动风扇不转的故障，断开电动风扇插接器，在达到电动风扇运转的条件下（用诊断仪驱动或短接风扇继电器触点端子），将试灯一端接通电动风扇电源端子，另一端接电动风扇搭铁端子，试灯亮，说明电源正常，故障在电动风扇自身。若试灯不亮，将试灯一端接通电动风扇电源端子，另一端接车身，若试灯亮，说明电动风扇搭铁不正常。若试灯不亮，将试灯一端接通电动风扇搭铁端子，另一端接蓄电池正极，若试灯亮，说明电动风扇供电不正常，若试灯不亮，说明电动风扇供电、搭铁均不正常。

试灯法在检查熔丝上下两端有无供电时也很方便，将试灯一端搭铁，另一端接熔丝的输入、输出端即可，很快捷。

5. 仪器仪表检查法

仪器仪表通常指万用表检查，对一些特殊的故障要用到示波器，如：CAN线检测、LIN线检测等。仪表检查虽有高效、准确的优点，但要求操作者必须熟练掌握仪表的使用方法及被检元件的技术标准，才能对被检元件的技术性能做出准确判断。

6. 比较换件法

即用新的或工作良好的配件，替代怀疑有故障的部件，察看故障现象是否发生变化或解决，这是最有效的办法，但也是最死板的办法。例如：有台汽车发动机偶尔熄火，没有故障码，怀疑是曲轴位置传感器故障，我们就可用此方法。若换上新的传感器后，故障现象消失，说明原传感器损坏。

这种方法虽然简单，但需要有新或好的配件替代。在汽车上有些电器元件是可以互换的，例如：继电器，有一台奥迪A6L 2.4轿车起动机不转动，发动机无法起动。检查蓄电池电量正常，检查蓄电池电缆连接正常。用诊断仪读取故障码，发现发动机控制单元内有一个故障码，内容为50号线的供电故障。检查发现起动供电继电器不能吸合，拆下驾驶人侧下护板，拆下继电器，检查继电器的供电正常。再检查继电器，在继电器的电磁线圈上通电，检查继电器触点不能闭合。因前照灯喷水继电器与起动继电器相同，取下前照灯喷水继电器替换，故障排除。

三、电路故障诊断从哪里入手

我们要检查线路是因为有故障存在，比如说发动机不工作、灯光不亮等。有故障我们就要围绕着问题检查线路，读电路图时应从用电器开始读，实际检查时，我们就要先从最怀疑的地方入手、最容易下手的地方入手。

（一）从最怀疑的地方入手

1. 有异常现象的地方

前面讲了电路故障直观诊断方法，如果通过直观诊断发现电器元件或线路有冒烟、火花、异响、异味、发热等异常部位，那我们就从这些部位开始。例如：蓄电池从通风口往外冒白烟，这时在发动机工作时直接测量蓄电池的电压，如果电压过高，说明发电机充电量过大，需要维修或更换。如果蓄电池电压正常，那说明蓄电池自身故障。再比如打开点火开关，熔丝/继电器盒里有个继电器"啪啪"响，这时就从继电器开始检查，是继电器自身问题还是控制线路不良造成的。

2. 诊断仪指示的部件

现在汽车维修都要借助诊断仪，诊断仪读取的故障码和数据流，可能会指示某个部件有故障，例如：冷却液温度传感器，关于冷却液温度传感器的故障码有冷却液温度传感器对搭铁短路、冷却液温度传感器对正极短路，或冷却液温度传感器信号错误等。不管是哪个故障码，我们都从冷却液温度传感器入手，检测电路、检测冷却液温度传感器。

3. 根据经验确定

根据维修经验，一些故障是有规律可循的，例如：小灯的检查，如果前后小灯都不亮，那不大可能是四个灯泡都烧了，这时可以从熔丝处开始检查。如果只有一个小灯不亮，那一般是这个小灯泡烧了。如果前部小灯亮而后部不亮，那我们可以先检查一个小灯泡，如果损坏，那可能两个小灯泡都损坏了。如果小灯泡良好，那要重点检查行李舱的线束是否有折断的地方，或后部搭铁是否不良。

（二）从最容易下手的地方入手

最容易下手的地方就是易于检测的部位或部件，如熔丝、继电器、暴露在外面的连接器、部件等。

1. 熔丝处

熔丝在熔丝盒里，在车上也就两三处，容易找到。熔丝的检查方法有三种。

1）直观检查法。拔出熔丝，检查是否熔断。

2）拔出熔丝，用万用表导通档测量两个外露点是否导通，不导通为熔断。

3）用万用表电压档，一个表笔搭铁，另一个表笔分别接触熔丝的两个外露点，检测这两点的电压是否一致，不一致为熔丝熔断或接触不良。这种方法在维修实践中比较实用、快速、便捷！但应该注意不是所有电路检测都适用这种方法，有些电路熔丝熔断了，其上下两端的电压也均为蓄电池电压，这时就不能靠这种方法了。例如：有的汽车左右远近光灯分别有一个熔丝保护，当其中一个熔丝熔断，用万用表测量熔丝上端为蓄电池电压，下端也是蓄电池电压，这是因为熔丝下端与另一侧的前照灯灯丝相连。所以用万用表检测熔丝，一定要熟悉电路。如果不熟悉电路，最好采用试灯检测，如图 7-28 所示。

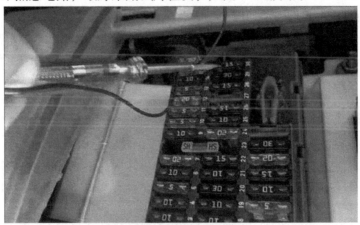

图 7-28　试灯检查熔丝

2. 继电器

继电器在继电器盒里，大部分车继电器和熔丝都集中安装在一个熔丝/继电器盒里。继电器检测方法有：

1）开路检测。采用数字万用表测电阻法，以图 7-29 所示的继电器为例，用万用表 R×200 档检查：若 1 脚与 2 脚（线圈）的电阻值符合要求，3 脚与 4 脚的电阻为 ∞，则正常，否则继电器有故障。汽车用继电器电阻值可以参考维修手册。

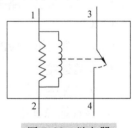

图 7-29　继电器

2）换件法。同一辆车可能有若干个继电器是相同的，零件号相同的继电器，可以进行互换试验。

3）加电检测。若线圈电阻符合要求，给继电器线圈加载工作电压，检查其触点的工作情况。在继电器 1 脚和 2 脚之间加 12V 电压，测量 3 脚与 4 脚是否导通，电阻值小于 1Ω，若导通为正常，否则继电器有故障。

3. 易接触到的插接器或电器元件

注意这里讲的易接触的插接器或电器元件不是一成不变的，例如起动机，有些车的起动机很容易接触到，有的插接器很容易接触到。迈腾轿车的起动机很容易接触到，我们就可以拔下起动机的插接器，从这里入手检查。检查上海新君威轿车起动机时，我们也可以方便地从起动机上拔下50端子的插接器，从这点测量起动机工作时50端子的电压。

而有的汽车，特别是一些V6发动机的起动机位置很特别，起动机上的插接器不好拔，即使拔下了也不好测量。但有的汽车在发动机舱有单独的插接器，从点火开关50端子来的电流通过这个插接器到达起动机的电磁线圈，检查时我们可以拔下这个插接器进行检查。没有插接器的我们可以从继电器测量。

4. 利用中间电器元件分段查找

例如：制动灯都不亮故障，在检查前我们进行分析，三个制动灯（左右两个、一个高位制动灯）同时损坏的可能性不大，检查时，可以以制动灯开关为中间电器，检查制动灯开关插接器的电源，在制动灯开关正常的情况下，应检查制动灯开关至制动灯间的线路，若无电，则检查制动灯开关前段电路；若有电，则说明制动灯开关前段电路正常。

5. 利用诊断仪执行元件驱动功能

诊断仪有一个执行元件驱动功能，可以驱动汽油泵、电动风扇、喷油器、玻璃升降器、电动后视镜、油箱盖电动机、行李舱电动机、空调压缩机电磁离合器、前照灯、喇叭等等，利用这个功能确定故障范围，从这个范围入手查找故障。

四、电路中的"忽悠"故障分析

汽车上有些电路故障，我们叫它"忽悠"故障，特点是时有时无，到了修理厂你用手一拍或者动了动开关之类的故障马上没有了。比如：转向灯不亮，你拍一下灯罩，好了。刮水器电动机不工作了，开了两次刮水器开关，好了。再有些电路故障，例如：前照灯忽暗忽明，喇叭忽鸣忽哑等。

这些故障产生的主要原因是：电器元件性能衰退、线路接触不良、插接器连接不良、搭铁不良、线路偶尔短路等。具体分析如下。

1. 发热

电器元件工作一段时间后，由于发热导致其性能衰退产生故障。

2. 电器连接

多数"忽悠"故障都因电气连接或线束所致，因此要检查如下项目：

① 检查绝缘套中的导线是否断裂、虚接。

② 检查端子是否正确接触、检查连接器凸凹端子之间是否接触不良。在更换可疑部件前务必测试部件和任何直列连接器上的端子接触是否良好，要确保端子接触良好。检查连接器上的凸凹端子之间，是否因污染或变形导致出现接触不良。

③ 如果没有采用合适的探针检测连接器端子，或频繁断开使凹端子接触凸舌出现变形，会导致端子接触不良形成开路或间断开路。

④ 端子与导线接触不良。如：压接不良、焊接不良、导线压接在绝缘皮上而未压接在导线上、导线与端子接触部位腐蚀等。

3. 搭铁不良

汽车电气由很多子系统组成，每一个子系统均由"蓄电池正极－熔断器－控制开关－电器设备—搭铁线－车体－蓄电池负极"构成的闭合回路组成，回路中的任一环节出现故障均会导致该系统工作异常。其中，由"蓄电池负极、车体、搭铁线"组成的搭铁部分，往往成为故障的多发地与故障诊断的难点。

许多看起来似乎毫无关联的故障现象，其实就是由于搭铁不良引起的。例如，传感器的信号输出值高于正常范围，或者一直不变；起动机、前照灯、风扇电动机等大功率负载的性能不良，都可能是电路搭铁不良的征兆。另外，汽车上的电子控制系统传递的是数字信号或高精度的模拟信号，电路搭铁不良可能使高精度的信号失真，因此这类故障具有很大的隐蔽性。迅速确认搭铁不良类故障，并及时找到搭铁位置，对快速排除相关故障意义重大。

4. 线路偶尔短路

汽车线路短路是指电路中的电线意外搭铁，电流不再通过车载电器设备便形成回路，线路短路时，电流急剧增加，通常要比正常工作电流大几十倍，使线路在短时间内产生大量的热量，不能立刻发散到周围空气中去，温度就很快升高，使线路绝缘材料受热着火燃烧，有时候短路也产生火花，使距离线路很近的可燃烧物着火，造成火灾。

如果是线路局部短路或者偶尔短路，短时间不会引起严重的后果，这种短路伴随着一些故障现象的出现，例如：灯光突然变亮、部分功能丧失、仪表盘显示不全等。

导线绝缘层磨穿，其裸露部位接触车辆上的其他线束或零件而导致间歇短路是这类故障的主要原因。

案例：档位显示不良

故障现象：北京现代伊兰特1.6L轿车仪表板内的档位显示只显示4档。

故障检查与分析：检查C102连接器上部主线束与仪表板中部垫板支架固定螺栓干涉而短路。（见图7-30）

排除方法及措施：重新包扎干涉部位。

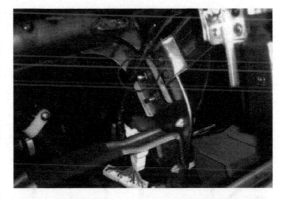

图7-30 检查C102连接器上部主线束与仪表板中部垫板支架固定螺栓干涉而短路

五、有故障码时的电路故障诊断

利用诊断仪可以快速缩小故障范围，电路故障如果系统带自诊断功能，建议首先读取故障码，这样可以有针对性地诊断。以2018年迈腾2.0L发动机起动机故障诊断为例说明

故障现象：点火开关转到"ST"位置，起动机不运转，发动机无法起动。进一步观察仪表指示灯正常。

1. 故障检查与分析

连接诊断仪，读取故障码，如图7-31所示。这两个故障码与起动机直接相关的是故障码P308800：起动机继电器电路电气故障－主动/静态。迈腾B8有两个起动机继电器，分别是起动机继电器1（J906）和起动机继电器2（J907）。

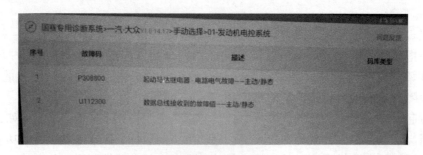

图 7-31 故障码

2. 查找电路图分析故障

打开电路图查找起动继电器1（J906）的位置，如图 7-32 所示。查找它的 4 个端子与线路连接情况，即与电源、控制单元、起动机继电器 2（J907）等的连接情况。

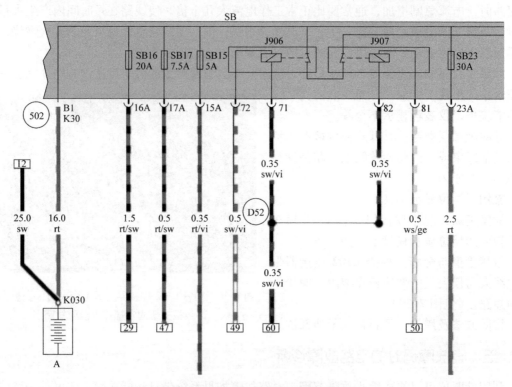

图 7-32 起动继电器1（J906）电路图

翻到电器位置图部分找到熔丝继电器的位置，找到起动继电器1（J906）的位置，见图 7-33，这样可以和实车位置对照，可以准确找到起动继电器1（J906）。

3. 对 J906 进行检测

1）拔下起动继电器1（J906），检查继电器外观，检查继电器壳体有无破损、继电器端子有无松动、折断。

2）将继电器三通检测工具插到起动继电器1（J906）座上，如图 7-34 所示。

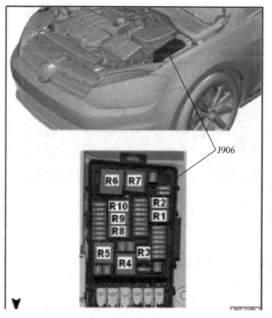

图 7-33 起动继电器 1（J906）的位置

图 7-34 将继电器三通检测工具插到起动继电器 1（J906）座上

3）点火开关 ON 档状态下对起动继电器 1（J906）的线圈两端，及触点输入、输出两端，进行检测。检测起动继电器 1（J906）线圈上端电压为 12.9V（图 7-35），检测起动继电器 1（J906）线圈下端电压为 12.9V（图 7-36），检测起动继电器 1（J906）触点输入端电压为 13V（图 7-37），检测起动继电器 1（J906）触点输出端电压为 338mV（图 7-38）。

图 7-35 检测起动继电器 1（J906）线圈上端电压

图 7-36 检测起动继电器 1（J906）线圈下端电压

4）起动时检测起动继电器 1（J906）触点输出端电压。

点火开关转到"ST"位置，检测起动继电器 1（J906）触点输出端电压为 338mV，如图 7-39 所示。

图7-37 检测起动继电器1（J906）触点输入端电压

图7-38 检测起动继电器1（J906）触点输出端电压

5）怀疑起动继电器1（J906）的触点损坏，单独测试起动继电器1（J906）。

① 测量继电器线圈电阻。采用数字万用表测电阻法，检测线圈两个端子电阻值是否符合要求，迈腾起动继电器1（J906）电阻标准值为60～200Ω，检查继电器线圈电阻符合标准。

② 测量起动继电器1（J906）触点端子电阻。采用数字万用表测阻法，检测触点端子两端的电阻。在不加电的情况下正常电阻值为∞，否则继电器有故障。经检测起动继电器1（J906）触点正常。

③ 加电检测起动继电器1（J906）触点端子电阻。给继电器线圈加载工作电压，检查其触点的工作情况，如图7-40所示。在继电器线圈端子之间加12 V电压，测量触点端子是否导通，电阻值应小于1Ω，若导通为正常，否则继电器有故障。经加电检测，起动继电器1（J906）触点电阻为∞。起动继电器1（J906）触点损坏。

 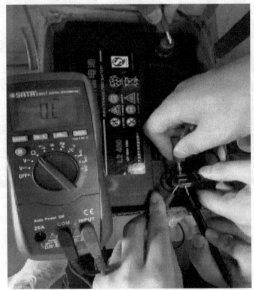

图7-39 起动时检测起动继电器1（J906）触点输出端电压

图7-40 加电检测起动继电器1（J906）触点端子电阻

故障排除：

经过上述检测，判断起动继电器1（J906）触点损坏，更换J906后车辆正常起动。

六、无故障码或不用诊断仪的故障诊断技巧

我们仍以2018年迈腾2.0L发动机起动机故障诊断为例说明，这次不用诊断仪，不读取故障码。

1. 故障原因分析

起动系统的电路图如图7-41所示，从电路图及起动继电器1（J906）、起动继电器2（J907）连接的线路和部件来分析，我们把相关的线路和部件组合在一起，画出起动系统及相关部件电路图（图7-42），从图上分析引起起动机不转动的故障原因包括以下几点。

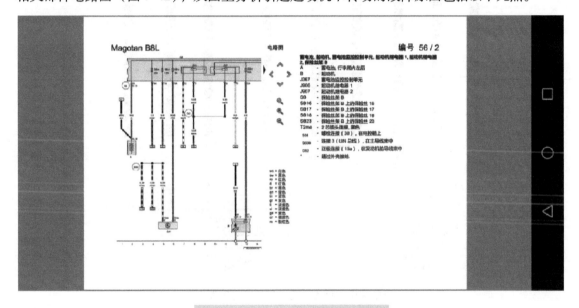

图7-41 2018迈腾起动系统电路图

1）蓄电池自身电量不足。

2）起动机自身故障。

3）起动机供电、搭铁不良。蓄电池+到起动机30#之间线路断路、虚接等，起动机搭铁不良。

4）发动机控制单元不能正常工作：

① 发动机控制单元J623自身损坏，或者J623局部异常。

② 发动机控制单元T91/5，T91/6供电线路异常，SB3熔丝损坏，J271自身及其相关电路存在异常，相关线路异常等。

③ SB17到J623的T91/86线路断路，也使J623供电异常。

5）起动机的相关继电器不能正常工作。这里面包括继电器自身故障，也包括其上下游电路故障，或继电器连接的熔丝故障。这些故障包括：J907自身及其相关电路故障，J906自身及其相关电路故障。J906的50反馈信号异常，SB22熔丝断路，线路存在故障，J906到起动机继电器T1V之间线路断路，熔丝SB23断路等。

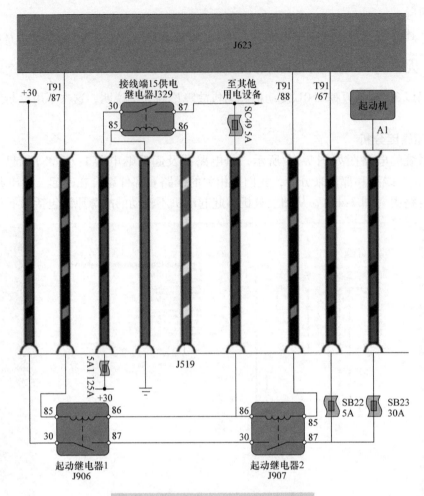

图 7-42 起动系统及相关部件电路图

6）防盗系统的故障使起动机无法转动。CAN 通信存在故障，CAN－H、CAN－L 存在故障都会使起动机无法转动。J965 没有接收到遥控钥匙及其起动信号的相关信息，或者 J965 与 J623 之间的线路存在故障，J965 与 J519 之间 CAN 通信存在故障，J519 无法把起动信号通过 T91/50 传输到 J623 上面，两个模块之间通信故障等。

7）档位开关信号。档位开关是否正常，J623 与双离合变速器控制模块之间的通信等。

8）制动开关信号。制动开关的线路，与发动机控制单元的通信等。

2. 诊断技巧

这么多原因怎么下手呢？

1）基本检查不可少。基本检查包括蓄电池电量检查、线束连接、插接器等。

2）通过观察仪表盘缩小故障范围。

① 观察仪表指示灯正常，转动方向盘能解锁，可以确定防盗没有起作用。如果不能转动则可能是防盗起作用将方向盘锁死了。

② 挂档，仪表板上能够显示出档位位置，档位开关信号正常。

③ 踩下、松开制动踏板，仪表板上的制动踏板指示灯指示正常，则制动开关信号正常。

通过观察仪表板，排除了防盗、档位开关信号、制动开关信号等故障原因，剩下的单纯就是起动系统故障诊断。

3. 故障切入点

故障可以从起动机继电器 1（J906）、起动机继电器 2（J907）、熔丝 SB23（30A）、起动机 50 端子这四个点中的任一个点开始。上面讲了从起动机继电器 1（J906）开始的诊断，现在我们讲讲从其他三个点开始诊断。

1）从起动机继电器 2（J907）入手。起动机继电器 1（J906）和起动机继电器 2（J907）连接图见图 7-43。从图 7-43 上看出，起动机继电器 2（J907）触点的输入端为起动机继电器 1（J906）的输出端，我们检测起动机继电器 2（J907）触点的输入端没有电压，必然检测起动机继电器 1（J906）的输出端，则电路检测回到起动机继电器 1（J906）的检测，可以确定故障。

2）从熔丝 SB23（30A）入手。熔丝 SB23（30A）和起动机继电器 2（J907）连接图见图 7-44。从图 7-44 上看出，熔丝 SB23（30A）的输入端为起动机继电器 2（J907）触点的输出端，我们检测熔丝 SB23（30A）的输入端没有电压，必然检测起动机继电器 2（J907）的输出端，则电路检测回到起动机继电器 2（J907）的检测，重复起动机继电器 2（J907）的检测步骤，可以确定故障。

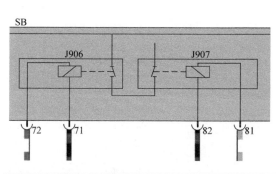

图 7-43 起动机继电器 1（J906）和起动机继电器 2（J907）连接图

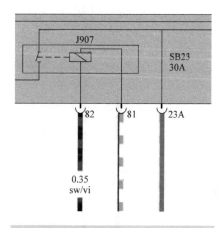

图 7-44 熔丝 SB23（30A）和起动机继电器 2（J907）连接图

3）从起动机 50 端子入手。起动机 50 端子和熔丝 SB23（30A）连接图见图 7-45。从图上看出，起动机 50 端子的输入端为熔丝 SB23（30A）的输出端，我们检测熔丝起动机 50 端子的输入端没有电压，必然检测熔丝 SB23（30A）的输出端，则电路检测回到熔丝 SB23（30A）的检测，重复熔丝 SB23（30A）的检测步骤，可以确定故障。

七、利用数据流进行电路故障诊断的技巧

在电路故障诊断时借助诊断仪读取的数据流可以快速找到故障，下面以丰田卡罗拉（COROLLA）轿车 2ZR-FE 发动机电控系统冷却液温度传感器的检测为例说明。

关于冷却液温度传感器的故障码主要有 P0115：发动机冷却液温度电路故障；故障码

P0117：发动机冷却液温度电路输入电压过低；故障码 P0118：发动机冷却液温度电路输入电压过高。

从冷却液温度传感器的电路图（图 7-46），分析故障的原因有：冷却液温度传感器故障、冷却液温度传感器与 ECM 之间线路断路或短路、ECM 故障。

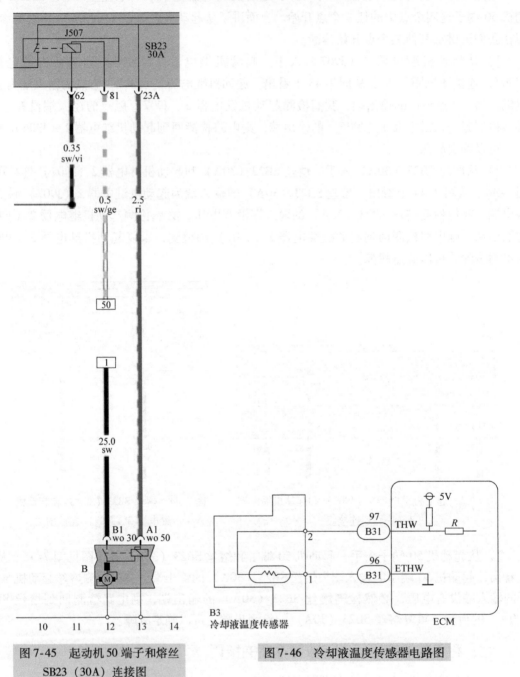

图 7-45　起动机 50 端子和熔丝 SB23（30A）连接图

图 7-46　冷却液温度传感器电路图

在诊断故障时，我们可以利用诊断仪数据流来快速判断故障，即在正常情况下，诊断仪显示的是发动机冷却液温度，冷却液温度传感器与 ECM 之间线路断路时，诊断仪数据流显

示温度为 -40℃。冷却液温度传感器与 ECM 之间线路短路时，显示温度为 140℃。具体检测步骤见表 7-6。

表 7-6 冷却液温度传感器检测步骤表

步骤	项目	检测条件	检测内容	端子及规定值		正常	不正常
1	使用诊断仪读取数值（发动机冷却液温度）	连接诊断仪，将点火开关置于 ON（IG）位置，接通诊断仪	读取冷却液温度传感器的数据流	发动机暖机时，80~100℃		若显示温度为 -40℃，则进行下一步；若显示温度为 140℃或更高，则进行步骤 4；若显示温度为 80~100℃，则检查间歇性故障	
2	使用诊断仪读取数值（检查线束是否断路）	确认发动机冷却液温度传感器连接良好，断开发动机冷却液温度传感器连接器，连接线束侧发动机冷却液温度传感器连接器的端子 1 和 2，连接诊断仪，将点火开关置于 ON（IG）位置，接通诊断仪	如图 7-47 所示，读取数值，然后重新连接发动机冷却液温度传感器连接器	140℃或更高		更换发动机冷却液温度传感器	进行步骤 3
3	检查发动机冷却液温度传感器与 ECM 之间的线束和连接器	断开发动机冷却液温度传感器连接器，断开 ECM 连接器	如图 7-48 所示，测量电阻，然后重新连接发动机冷却液温度传感器。重新连接 ECM 连接器	任何工况	B3-2 - B31-97（THW）B3-1 - B31-96（ETHW）小于 1Ω	更换 ECM	维修或更换发动机冷却液温度传感器与 ECM 之间的线束或插接器
4	使用诊断仪读取数值（检查线束是否短路）	断开发动机冷却液温度传感器连接器，连接诊断仪，将点火开关置于 ON（IG）位置，接通诊断仪	如图 7-49 所示，读取数值，然后重新连接发动机冷却液温度传感器	-40℃		更换发动机冷却液温度传感器	进行步骤 5
5	检查发动机冷却液温度传感器与 ECM 之间的线束和连接器	断开发动机冷却液温度传感器连接器，断开 ECM 连接器	如图 7-50 所示，测量电阻，然后重新连接发动机冷却液温度传感器，重新连接 ECM 连接器	任何工况	B3-2 或 B31-97（THW）-接地 10kΩ 或更大	更换 ECM	维修或更换发动机冷却液温度传感器与 ECM 之间的线束或插接器

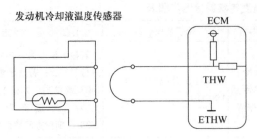

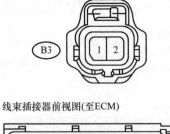

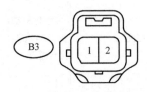

图 7-47 检查发动机冷却液温度传感器线束是否断路

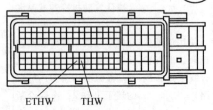

图 7-48 发动机冷却液温度传感器和 ECM（ETHW 和 THW）线束插接器

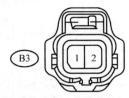

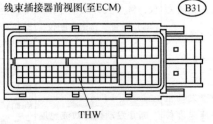

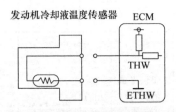

图 7-49 检查发动机冷却液温度传感器线束是否短路

图 7-50 发动机冷却液温度传感器和 ECM 线束插接器前视图（THW）

八、利用示波器进行电路检测

电路检测有时要用到示波器，这里给出简要介绍。

例如：迈腾 B7 燃油泵控制单元 J538 与发动机控制单元 J623 之间的线路虚接导致发动

机起动后熄火,其故障现象为:打开点火开关,仪表显示无异常,可以听到燃油泵运转的声音,起动发动机,发动机可以正常转动,但过段时间后发动机转速逐渐降低,发动机抖动加重,直至熄火,重新起动可正常起动,但故障依旧。

这个故障不容易找到故障点,由于发动机可以起动,不太容易怀疑是燃油供给系统的故障。连接诊断仪,读取相关故障码,发现无相关故障码。这时如果连接燃油压力表或者利用诊断仪读取低压燃油压力,可以发现低压燃油压力不正常。起动发动机,读取 01-106 组数据流,标准油压为 4MPa 左右,实测油压从 4MPa 逐渐降低至 1.6MPa,发动机熄火,重新打开点火开关,油压上升到 7MPa 左右。

燃油泵控制单元 J538 电路图如图 7-51 所示,根据电路图分析可能的原因有:

① 燃油泵控制单元 J538 自身故障。
② 发动机控制单元 J623 自身故障。
③ 发动机控制单元 J623 到 J538 之间的线路故障。

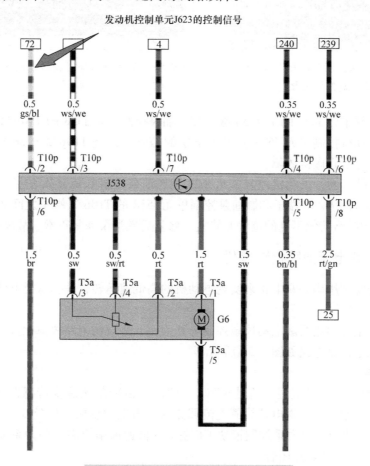

图 7-51 燃油泵控制单元 J538 电路图

下一步进行执行元件测试,确认故障真实性,对燃油泵进行执行元件测试,发现发动机控制模块 J623 确实无法控制燃油泵控制模块 J538 的运行。由于在打开点火开关时可以听到燃油泵运转的声音,说明燃油泵控制单元 J538 到燃油泵之间的线路没有问题。

利用示波器检测发动机控制单元 J623 给燃油泵控制单元 J538 的驱动信号，首先在燃油泵控制单元 J538 的 T10p/2 端子检测 J623 输入的燃油泵驱动信号，波形如图 7-52 所示，从波形看，波形不正常。

再在 J623 的 T94/30 端子检测发动机控制单元 J623 输出的驱动信号，实测波形如图 7-53 所示。

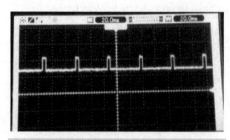

图 7-52　燃油泵控制单元 J538 端接收的 J623 驱动信号波形

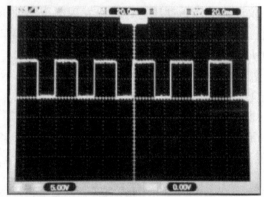

图 7-53　在 J623 端检测 J623 输出的燃油泵驱动信号

在发动机控制单元 J623 的 T94/30 端子和燃油泵控制单元 J538 的 T10p/2 端子检测到的波形不一样，发动机控制单元 J623 输出了正常的信号，但是 T10p/2 却未接收到正常的信号，不是断路，分析是虚接故障。

点火开关 OFF，断开发动机控制单元 J623 和燃油泵控制单元 J538 的插接器，检测发动机控制单元 J623 的 T94/30 端子和燃油泵控制单元 J538 的 T10p/2 端子之间的电阻，大约为 100Ω 左右。找到线路接触不良的位置并修复，修复后燃油泵恢复正常，故障排除。

九、串并联电路故障检查技巧

汽车电路经常利用串并联电路来实现电动机的高低速运转，掌握这类电路特点，利于我们分析排除故障。

这里我们以上海通用君威电动风扇控制电路为例，来说明电路故障检查技巧。上海通用君威轿车电动风扇控制电路如图 7-54 所示。

1. 电流回路

1）低速转动。当冷却液温度超过 97° 时（此信号由冷却液温度传感器提供），PCM 指令低速风扇控制接地，这时继电器线圈电流回路为：蓄电池正极 - 熔丝 6（40A）- 继电器 12 的线圈 86 - 85 端子 - 动力系控制模块 C1 端子 6 低速风扇控制 - 动力系控制模块 - 蓄电池负极，这时继电器 12 触点闭合。

这时电路导通，电动风扇低速工作电流回路：蓄电池正极 - 熔丝 6（40A）- 继电器 12 的 87 - 30 端子 - 左侧电动风扇 - 继电器 9 的 30 - 87A 端子 - 右侧电动风扇 - S105 - G117 接地 - 蓄电池负极。此时两个风扇电动机串联，电阻大，电流较小，左右风扇转速转动。

2）高速转动。当冷却液温度过高时，PCM 指令低速风扇控制仍然接地，并指令高速风扇控制接地，继电器 9、10 触点通电闭合（继电器线圈电流回路这里不再分析）。

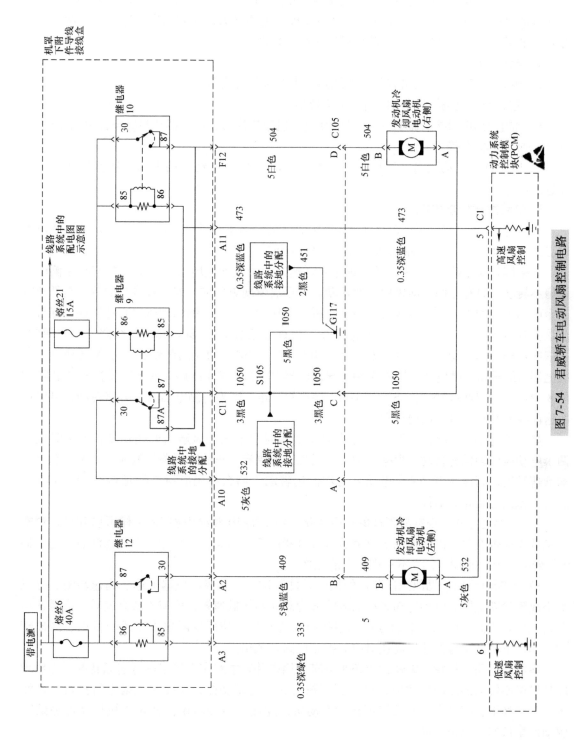

图 7-54 君威轿车电动风扇控制电路

左侧的电动风扇电流回路为：蓄电池正极-熔丝6（40A）-继电器12的87-30端子-左侧电动风扇-继电器9的30-87端子-S105-G117接地-蓄电池负极，左侧电动风扇电路导通，左侧风扇高速转动。

右侧电动风扇电流回路为：蓄电池正极-熔丝21（15A）-继电器10的30-87端子-右侧电动风扇-S105-G117接地-蓄电池负极，电路导通，右侧风扇高速转动。两个风扇并联，电阻减小，电流较大，故两个风扇是高速转动。

2. 电路特点

1）电动风扇串并联电路有公用的线路，也有分开的线路。
2）左右两个电动风扇共用一个G117接地点。
3）继电器10和继电器12一样可以互换，但应该注意，继电器9与继电器10和继电器12不一样，不能互换。
4）左右两个电动风扇电动机共用一个插接器C105，电动机的电源、搭铁均从插接器经过。

3. 电路故障检查技巧

1）熔丝6（40A）和熔丝21（15A）控制的继电器不一样。熔丝6（40A）控制继电器12工作，熔丝21（15A）控制继电器9和10工作。

如果熔丝6（40A）熔断，故障现象是低速时两个电动风扇均不转动，高速时左侧电动风扇不转动，只有右侧电动风扇高速转动。根据故障现象反推，如果有台车的故障是低速时两个电动风扇均不转动，高速时左侧电动风扇不转动，只有右侧电动风扇高速转动，则首先应该检查熔丝6（40A），然后是继电器12，检查继电器12自身和其控制线路。没有问题，再依次检查左侧电动风扇、继电器9及继电器12-左侧电动风扇的线路、左侧电动风扇-继电器9的线路，继电器9的87A端子与继电器10的87端子线路。而不需要检查继电器10的87端子-右侧电动风扇-S105-G117接地的线路，因为右侧电动风扇高速转动，可以证明这段线路和右侧电动风扇正常。

如果熔丝21（15A）熔断，故障现象是低速时两个电动风扇均低速转动，高速时也是两个电动风扇均低速转动。根据故障现象反推，如果有台车故障现象是低速时两个电动风扇均低速转动，高速时也是两个电动风扇均低速转动，那么首先应检查的是熔丝21（15A），然后再依次检查相关部件。

2）互换继电器，观察故障现象是否变化。继电器10和继电器12一样可以互换，观察故障现象是否变化，以快速确定故障是否继电器损坏或相关线路故障。但应该注意，继电器9与继电器10和继电器12不一样，不能互换。

3）诊断时可以借助故障诊断仪的执行元件测试。功能驱动风扇低速、高速转动，可以缩小故障诊断范围。电动冷却风扇的故障分为高速不转低速转，低速不转高速转，高低速均不转三种。我们可以执行电动冷却风扇执行元件动作，使用诊断仪指令风扇低速、高速转动，如果不转，检修低速、高速对应的控制电路及风扇。

案例：通用、福特、雪铁龙等轿车均有采用串并联电路实现风扇高低速运转的。当出现冷却风扇不转动的故障现象时，可以利用执行元件测试功能，对冷却风扇进行执行元件测试。步骤如下：打开点火开关但不起动发动机，连接专用诊断仪，进入"执行元件测试"，驱动风扇低速、高速转动。

第七章 电路检查有技巧

通过执行元件测试，发现冷却风扇是高速不转，还是低速不转，还是高低速均不转，以此缩小故障诊断范围。例如，有的故障是高低速风扇均不转动，经检查是风扇电动机插接器因高温熔化导致接触不良，将插接器处理后，重新连接，故障排除。

十、利用流程图检测电路故障

看着电路图进行检测有时也会发蒙，特别是初学者，从哪里开始，标准值是多少，先检查哪里，怎样形成一个回路等，有的车型维修手册上有步骤可以参照执行，有的车型根本没有。如何进行电路检测呢？花点时间画个流程图是个好办法，既可以理清思路，也对自己水平提高有帮助。

下面以 2018 年迈腾 B8 驾驶人侧玻璃升降器开关 E710 的检测为例说明，驾驶人侧玻璃升降器开关 E710 的电路图见图 7-55。从电路图上可以看出，玻璃升降器按钮 E710 内部为电阻分压结构，开关处于不同的档位时，信号电路上就会产生一个对应的电压。

图 7-55 迈腾 B8 车窗玻璃升降器开关控制电路图

驾驶人侧车门控制单元 J386 通过 T32/32 输出一个参考电压给驾驶人侧玻璃升降器控制按钮 E710 的 T101/5 端子，同时通过 T101/10 端子为开关提供搭铁回路。操作开关（上升、自动上升、下降、自动下降）时，T101/5 至 T32/32 这条线路上的电压会产生相应的变化，驾驶人侧车门控制单元 J386 监测线路上的电压，根据此电压确认开关处于哪种状态（上升、自动上升、下降、自动下降），从而控制升降器电动机做相应的运转。

驾驶人侧玻璃升降器开关 E710 输入信号给驾驶人侧车门控制单元 J386，常见故障是驾驶人侧玻璃升降器开关 E710 故障、驾驶人侧车门控制单元 J386 故障、驾驶人侧玻璃升降器开关 E710 与驾驶人侧车门控制单元 J386 之间的线路断路或短路。根据电路连接关系和可能的故障原因，画出电路检测流程图，见图 7-56，按照流程图我们就可以进行电路检测了。

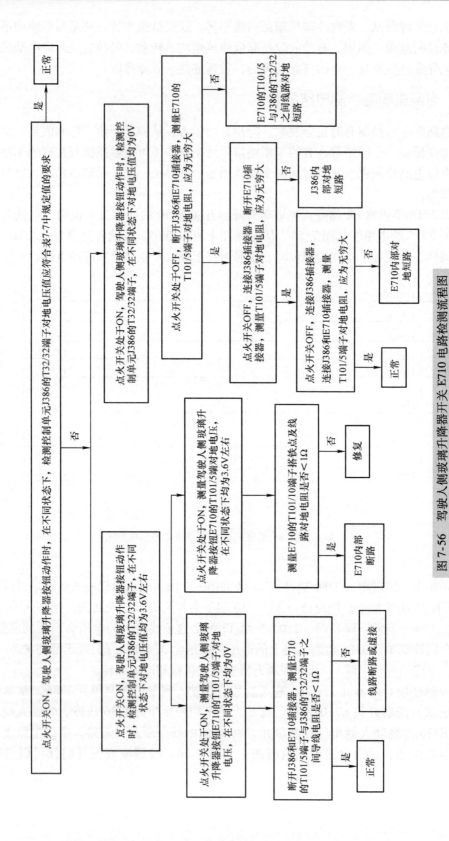

图 7-56 驾驶人侧玻璃升降器开关 E710 电路检测流程图

表 7-7　J386 的 T32/32 端对搭铁电压测量

测试条件	规定值
开关至上升 2 档	1.13V 左右
开关至上升 1 档	2.1V 左右
无操作	3.6V 左右
开关至下降 1 档	0.4V 左右
开关至下降 2 档	0V

十一、改装加装对电路的影响

现在汽车上的改装、加装越来越多，但不要随意改动线路或在线路中添加用电器，那样会加重线路的负荷，特别是使用年限长的车辆，线路老化，随意改动，会引起线路过热，甚至有发生火灾的危险。

汽车上有熔丝、电路断路器及易熔线等，这些是过载保护器件。熔丝广泛使用在汽车的各个线路上。有熔丝保护的线路，当线路中负荷过载时，熔丝会熔断，保护线路。

汽车线路中的断路器是为当电流负荷超过断路器额定容量时，将电路断开而设计的一种保护装置。电路断路器一般用于电动座椅、电动门锁及电动车窗等。如果电路中存在短路或其他类型的过载条件，强大的电流将使断路器端子之间的线路断路。断路器有两种，一种是当通过电流过大并达到一定的时间，这种断路器将断开，几秒钟后断路器闭合，如果导致大电流的原因仍然存在，断路器将再次断开，只要形成电流过高的条件未消除，断路器就将循环断开、闭合。另一种正温度系数 PTC 断路器，当通过它的电流过大时，这种断路器的电阻将迅速增加，过大的电流将正温度系数装置加热，随着该装置受热其电阻增大，电阻最终升高到将电路有效断开。与普通断路器不同的是，只要电路不断开撤消端子上的电压，正温度系数装置就不会复位，电压撤销后该断路器将在一两秒钟内重新闭合。

例如：上海别克君威电动座椅的断电器就属于正温度系数 PTC 断路器，电动座椅不动作了，我们首先要检查乘客侧熔丝/继电器盒的电动座椅电路断路器，不少车辆是由于电动座椅电动机负荷过大，引起电动座椅电路断路器断开所致。如果属于这种情况，我们拆下电动座椅电路断路器再插上，电动座椅就又能动作了，直到再次由于电动座椅电动机负荷过大引起断路器断开。

易熔线由标准铜导线绞合而成，其外部是特殊的不易燃烧绝缘层。它的截面尺寸比要保护的电路中的导线要少 1 个线规标号，但由于导线外部的加厚绝缘层使其看起来比同一条电路上的导线要粗。如果通过的电流过大，导线发热使绝缘层外部开始冒烟，5s 钟后绝缘层内导线熔断。除起动电源线外，其他电源一般都要经过易熔线到达用电器。

如果熔丝换成大电流的或电器元件换成大功率的，线路就要过热，严重时会引起火灾。例如，有些车辆的点烟器熔丝是 20A 的，有人在点烟器上加上了空气净化器、导航等，点烟器熔丝就会经常熔断。

故障排障：处理被破坏的线路后故障排除。

案例 1：锐志汽油泵异响

故障现象：锐志轿车汽油泵处发出轻微异响。在发动机怠速状态关闭点火开关时，从油箱位置传出异响。发动机怠速状态（900r/min）下开启前照灯，也从油箱位置传出异响。

故障检查及分析：万用表进行测量，对比有异响和没有异响时，汽油泵在发动机关闭前的电压和关闭后瞬间汽油泵的工作电压发现，汽油泵在电压大约为 9.00~9.40V 的区间内会发出异响。检查车辆，发现用户安装了自行购买的汽车防盗装置。解除加装的防盗装置后，故障现象消失。

故障排除：解除加装的防盗装置后异响消除，汽油泵功能正常。推定因为安装了电子防盗器，汽油泵工作电压与没有增加安装时发生了改变，而且与其他正常车辆汽油泵的工作电压也不相同，属于非正常工作电压。因而导致电压降低到 9.00~9.40V 的区间，诱发异响。

案例2：皇冠轿车车门窗、后视镜动作故障

故障内容：皇冠轿车打开点火开关后，无法使用车内按钮控制门锁、车窗和外后视镜。

故障检查与分析：检查智能钥匙的远程控制功能正常，可以正常控制门锁、车窗。

将智能钥匙插入钥匙孔，打开点火开关时，方向盘没有动作；关闭点火开关，将智能钥匙拔出时，方向盘也没有动作。

将智能钥匙插入钥匙孔，打开点火开关后，使用车内按钮无法控制门锁、车窗和外后视镜。后来发现该车加装了车载充电器。

故障排除：将用户的车载充电器拿掉后，故障现象消失。根据以上检查结果，推定车载充电器对使用智能钥匙的皇冠轿车产生电子干扰，从而导致故障的发生。

十二、电器元件偶发故障诊断技巧

电器元件偶发故障排除的困难是检测时没有任何故障现象，而客户驾车行驶时会偶尔发生故障。此类故障，一般需用模拟法模拟车主陈述故障出现时的条件和环境，使故障再现，以便根据故障现象查明故障原因。

模拟检测时，要先确定好故障现象和可能的故障部位，然后采取模拟方法，使故障再现，主要的模拟方法有下面几种。

1. 加热法

如果故障与高温有关，可用加热器模拟加热。使用加热器时可加热可疑的部位或部件，同时监视故障诊断仪或数字式万用表，以找出故障条件。

用加热器或类似设备加热可能的故障部位时，注意加热温度不要超过60℃。该法简便、实用。普通家用电吹风即可。建议按以下顺序进行。

1）起动发动机使其达到正常工作的温度。

2）用手触摸待查电器的表明温度，最好用表面温度计测量出其表面温度值 T_1。

3）用电吹风均匀地吹待查电器的表面，吹风机端口要距电器表面 50mm 以上。

4）用手感测待查电器的表面温度，最好用表面温度计测出其温度值 T_2，应控制 $(T_2-T_1) \leq 10℃$，若过热则易损坏器件。

5）若在吹风加热过程中出现发动机熄火，则可断定故障与此电器有关。

这种方法可用在点火模块、点火线圈、继电器等电器上，但对控制单元（ECU）进行加热检测应该慎重。

2. 喷水法

对于在雨天或阴湿天气易发生的故障可采取此方法，但注意不要直接将高压水喷到电器上，以免引起电器的损坏。

3. 高负荷法

打开暖风机、前照灯、后窗除雾气等电器设备，检查故障是否再次发生。

4. 低温条件

根据故障条件的性质将车辆前部放置一个风扇，同时将车辆停在避阴处能取得理想的效果。如果这种方法不成功则采用局部冷却处理，如使用冰块，当车辆部件充分冷却后操纵部件，以使故障重现。

5. 加力法

利用向怀疑故障部件施加外力的方法来判断部件的状态是否异常。例如，有台车辆起动机不转动，在起动机不转动的时候，多把转动点火开关到"ST"位置两次，起动机就可以起动了。我们不清楚是起动机线路故障还是起动机自身的故障，这时可以用锤子木柄敲击起动机壳体，如果再次转动点火开关到"ST"位置，起动机可以转动，则故障为起动机自身故障。

十三、线路虚接的检测技巧

线路虚接就是线路接触不良，包括：导线电阻过大、导线似断非断、插接器接触不良、导线与接头没有压实、焊点没有焊实等。线路虚接在电路检测中也是一个难点。对于这类故障，我们可以采用以下几种方法。

1. 直观检查法

直观诊断法即通过眼看、耳听、手摸、鼻子闻等方式诊断。有些现象可直接观察到，从而可以判断出故障所在部位。例如：蓄电池极桩与电缆连接处氧化，会有氧化物。

导线与接头没有压实，正确的压紧方式如图 7-57 所示。焊点没有焊实（图 7-58），应该重新焊接牢固。

图 7-57 导线与接头正确的压紧方式

图 7-58 焊点没有焊实

2. 振动法

如果故障现象，特别是客户描述的现象与振动有关，为了再现故障现象，可进行如下操作：

1）上下左右摇动怀疑的插接器或线束。
2）断开连接器并重新连接。
3）挤压连接器的机械连接。
4）拉动线束或导线，以识别绝缘层内是否断开/折断。

5）重新布置线束或导线。

所有这些操作都要有针对性，摆动导线，用万用表测量电压或连接故障诊断仪，读取故障码和数据流，观察电压变化或数据流的变化，可能这些变化就是导致故障产生的原因。

案例1：

故障现象： 迈腾 B7 发动机，起动后仪表板上的 EPC 灯常亮，加速时发动机不能达到 1800r/min；大约 20s 后排气故障指示灯闪烁，再次起动后排气故障指示灯常亮。

故障检查与分析： 我们首先连接诊断仪读取故障码，故障码为：

① 05445 节气门控制功能失效。

② 05464 节气门驱动 - G186 电路电气故障。

③ 08454 节气门控制单元 - J338：由于系统故障功率受限。出现的故障码都指向了节气门电动机，在节气门故障诊断时我们要注意：有关节气门的故障码即使故障暂时没有了，故障码也会存在。下一步要看一看数据流，确认一下故障的真实性，读取 62 组数据流。有的时候加速踏板和节气门的数据流显示正常，此时可动一下节气门插接器，显示数据如下：

01 - 62/1：节气门角度（电位计1）　　　16.01%→16.01%
01 - 62/2：节气门角度（电位计2）　　　83.59%→83.59%
01 - 62/3：加速踏板值传感器角度（电位计1）　　14.84%→80.46%
01 - 62/4：加速踏板值传感器角度（电位计2）　　7.42%→40.23%

通过以上数据可以看出，加速踏板输出了正常的控制信号，而节气门却没有相应的转动。

查阅电路图，节气门电路图见图 7-59，从图上分析，可能的故障原因有：

① 节气门驱动电动机 G186 自身故障。

② 发动机控制模块 J623 到节气门电动机 G186 之间的电路故障。

③ 发动机控制模块 J623 自身故障。

下一步需要测量节气门电动机的驱动信号，在测量前我们需要了解一下迈腾节气门电动机的驱动原理，以便我们更好理解。在节气门打开过程中，发动机控制模块通过节气门体上的电气连接器 T6as/5 提供稳态的正极蓄电池电压，向节气门体上的 T6as/3 提供脉冲搭铁信号，以此驱动节气门打开；而在节气门关闭过程中，发动机控制模块通过节气门体上的电气连接器 T6as/5 提供稳态的负极蓄电池电压，向节气门体上的 T6as/3 提供脉冲电源信号，以此驱动节气门关闭。

断开发动机控制单元 J623 和节气门插接器，分别测量 T6as/5 与 T60/16。

T6as/3 与 T60/17 之间的导通性，第一次测量导线间的电阻小于 1Ω，正常。慢慢振动导线，发现有时候 T6as/3 与 T60/17 之间的电阻有时候无穷大，说明了 T6as/3 与 T60/17 导线之间存在虚接。

故障排除： 将节气门 T6as/3 端子取出处理，并将与其连接的导线重新焊接，故障排除。

小结： 本案例是由于插接器连接不良引起的，这种不良时好时坏，我们的方法是振动或摇动线束，使连接器出现连接不良的情况，数据流出现异常情况，万用表测量时振动或摇动线束，使故障重新出现。

案例2： 奥迪 A6L　2.4L 轿车，有时起动机不工作，有时起动机转但发动机不工作

故障现象： 奥迪 A6L　2.4L 轿车，有时起动机不工作，有时起动机转但发动机不工作。

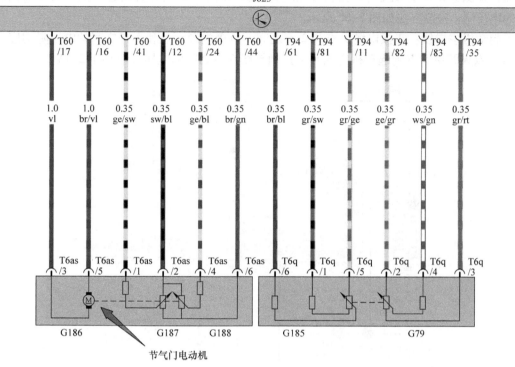

图 7-59 节气门电路图

故障诊断与分析：用诊断仪 VAS5052 读取发动机系统的故障码，显示发动机控制单元无法进入。用诊断仪 VAS5052 读取发动机系统变速器、ABS、舒适系统的故障码，均显示发动机控制单元没有通信。检查发动机控制单元的熔丝及供电、接地均正常。因是间歇性故障，打开点火有开关，试着抖动发动机线束，当抖动左侧流水槽线束时，听到继电器有"啪嗒"声，节气门也有"咔咔"响，这说明线束有接触不良处。

故障排除：打开线束后发现 D51 连接点接触不良，此接点是发动机控制单元的 15 号供电线。将此连接点重新焊接后，故障再没出现过。

小结：本案例在排除故障时，试着抖动发动机线束，当抖动左侧流水槽线束时，听到继电器有"啪嗒"声，节气门也有"咔咔"响，这说明线束有接触不良处。通过振动的方法找到了故障。

3. 喷洒盐水

有些化合物在水中溶解时能够导电，如将充分的食盐与水混合可以增加水的导电性，因此任何对湿气敏感的电路，在不受限制地喷洒这种混合液后很容易出现故障。将水与盐混合制备质量分数 5% 的盐水溶液，将该溶液灌入普通喷水瓶，这种混合液足以增加水的导电性，将其喷洒到电路时，很容易导致电路故障。将溶液大量喷洒在可疑的部位，然后观察故障诊断仪或数字式万用表的变化。

4. 电压降测量

线路虚接的检测可以通过实车连接诊断设备，检测电压降，检测在负载工作时进行更为准确，因为电压降的值取决于导线长度（电阻），以及流过的电流。例如：起动机上线路的检测，检测起动机主导线（包括正极电缆和负极电缆）、点火开关到起动机电磁开关控制导线的电压降。检测方法如图7-60所示。

起动机主导线：正极电缆1点和2点之间，负极电缆3点和4点之间的电压降均应小于0.5V，点火开关5点到起动机电磁开关控制导线6点之间的电压降应小于2.4V。

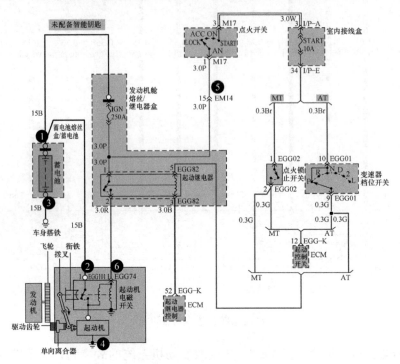

图7-60 电压降的检测

5. 加载法

利用加载法可以检查发动机支撑、悬架系统或车架的状态，可以帮助查找异响或共振故障，也可以查找一些偶发的电路故障，加载的方法有：掩住前后车轮，踩住制动踏板，自动变速器挂在D位或R位，然后加速，模拟故障是否出现，这对于查找异响或共振故障有帮助。同时利用自动变速器挂在D位或R位，加速时令发动机整体移动，此时查找太短的线束和连接器分离到足以导致接触不良的发生，使故障现象再现。

利用托底千斤顶将发动机托起，这对于查找异响或共振故障有帮助，用拉绳将发动机向前向后移动，这对于查找异响或共振故障有帮助，同时，这种方法对于查找太短的线束和连接器分离到足以导致接触不良的条件十分有用。

例如：捷达前卫GiX型车发动机进气歧管压力传感器线束内导线易被拉断，形成线路虚接，导致发动机运转不稳定。导线被拉断原因往往是发动机支撑松动，发动机前后窜动所致的。我们用此方法可轻松找出故障原因。

6. 示波器

有些线路虚接的故障需要借助示波器进行，如果用万用表较难发现故障。

例如：点火线圈线路虚接，为了检测方便，我们把一汽大众迈腾B7轿车的点火线圈熔丝换成一个10Ω电阻，相当于点火线圈线路虚接（10Ω电阻），结果发动机不能工作。这是什么原因造成的？在点火开关 ON 时，测量熔丝输入端、输出端的电压均为 12V。点火开关 START 时，用示波器检测熔丝输入端电压，见图 7-61 。

点火开关 START 时，熔丝输出端电压，见图 7-62。我们看到点火线圈触发瞬间，点火线圈的供电电压只有 2~3V，这个电压不能产生火花，发动机也就不能工作了。

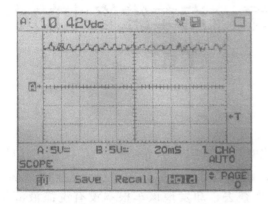 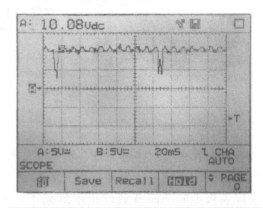

图 7-61　点火开关 START 时 熔丝输入端电压　　图 7-62　点火开关 START 时，熔丝输出端电压

这个点火线圈线路虚接的故障是借助示波器检测的，如果用万用表较难发现故障，但不是不能发现，方法是：检测电压降。万用表转到电压档，红表笔接在熔丝输入端、黑表笔接在输出端的电压，测量电压降。在点火开关 ON 时，电压降很小，但在点火开关 START 时，电压降约为 0.2~0.5V，维修经验丰富的维修工知道这个值不正常，会对熔丝、线路进行检查，发现故障。

第八章 汽车维修中的小秘密

本书作者在刚刚接触大众、奥迪轿车维修时经常遇到一些奇怪的故障，把节气门体的插接器拔下再插上，发动机就开始抖动了，此后不管怎么插，发动机一直抖个不停。宝来仪表板上的洗涤液液位指示灯亮了，查来查去，却发现该车根本没有洗涤液液位传感器，那就更换个仪表吧，可更换后，故障仍存在。像这样的情形还有好多，那时遇到大众、奥迪车很郁闷，后来我到了一汽大众、奥迪售后服务站，才明白原来这些车辆需要编码、匹配和基本设定。从那以后又经过十四五年的变化，大众、奥迪的编码、匹配和基本设定又有了新的发展，本章我们要看看，大众、奥迪的编码、匹配和基本设定，到底隐藏着怎样的秘密。

第一节 编码的小秘密

一、编码的学问

现在很多车辆，尤其是大众车系的控制单元需要编码，不编码车辆会出现一些奇怪的故障。那么控制单元为什么要编码呢？现在汽车生产厂家将不同的控制程序写进电控单元的存储器中，一个控制单元能够适应多种车型，这由其控制单元内部所存储的不同程序来决定，控制单元的一个编码代表了其中一个程序。而每种车型因为年款、装备的不同，需要的控制单元也不同。当控制单元装到车辆上以后，需要根据车辆的年款和装备配置相应的控制程序，这种控制程序的配置是通过"控制单元编码"实现的。

控制单元编码是大众/奥迪车系的一个特殊功能。在大众/奥迪车系，不同的控制单元可以安装在不同配置的车上，可以实现不同的功能，这些不同车型、不同功能是通过控制单元编码来实现的。因此，我们在更换控制单元时要记下原来控制单元的编码，如图8-1所示，并将编码编入新控制单元，否则原来控制单元的某些功能会丧失。编码分为长编码和短编码。例如：如图8-2所示，发动机控制单元编码为长编码。再如图8-3所示，ABS控制单元为短编码。

第八章 汽车维修中的小秘密

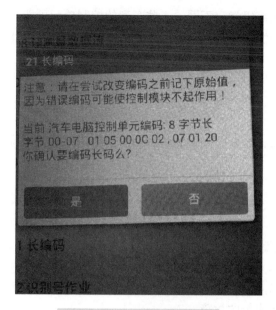

图 8-1 原来控制单元的编码

图 8-2 发动机控制单元编码为长编码

图 8-3 ABS 控制单元为短编码

如果车辆的代码没有显示，或者更换控制单元后，则必须进行控制单元编码，如果新的控制单元零件号和索引号完全与老的控制单元一样，只需读出老的控制单元的编码，然后编

· 175 ·

入新的控制单元。如果车辆配置不同，控制单元编码肯定不同。一些车型的控制单元可能只允许编码一次，且错误的编码轻则会导致车辆的性能不良，重则给车辆带来严重故障，因此不能误操作。编码和年款、车型有什么关系呢？

1）年款不同，编码可能不同。
2）车型不同，编码不同。
3）车型相同，配置不同，编码不同。

编码有长编码和短编码，老车型多为短编码，而新车型多为长编码。短编码一般为四位或五位。长编码由多个字节组成。

什么时候需要对控制单元进行编码？

1）更换了控制单元。
2）误操作，更改了控制单元编码。
3）蓄电池不正常断电也可能引起控制单元编码不正确的故障。

编码时应该注意哪些问题？

1）更换控制单元时要对原车编码、匹配通道的数值进行记录，更换后再把记录的编码和匹配数值写入，避免不知道原来的编码，而造成新的故障。
2）编码后要对车辆的状态做全面检查，避免出现新的故障。

案例： 奥迪Q5起动后钥匙仍可以拔出，但熄火后钥匙却无法拔出。

故障现象： 奥迪Q5，2.0T发动机，0B6变速器。该车起动后钥匙仍可以拔出，但熄火后钥匙却无法拔出。

故障诊断与分析：

1）连接诊断仪VAS5052检测，无故障码显示，读取数据流，3个微动开关均工作正常。
2）Q5的电子防拔锁止机构工作原理：汽车钥匙插入电子点火锁后，靠机械机构自动锁止钥匙，当关闭点火开关后，J393控制磁吸装置对锁止机构解锁，解除钥匙锁止。
3）根据此车故障现象可以发现，此车的电子防拔锁的工作顺序和正常车的工作逻辑关系刚好相反。电子点火锁的控制单元为J393，检查J393外观没有损坏。检查此车没有其他的故障现象，怀疑可能是控制单元的匹配问题。
4）对控制单元匹配通道检查，没有发现与此有关的匹配。试更换J393后仍无效，在维修时无意中发现此车为国产Q5，J393的长编码却与进口Q5 J393的长编码一样，国产车后16位编码为04 30 05 00 00 00 00 00，进口车后16位编码为04 30 05 32 00 00 00 00。

故障排除： 试把此车控制单元编码修改后，故障排除。

二、编码的步骤

错误的编码或未进行编码，都会导致车辆的性能不良。如果车辆的代码没有显示或者主控制单元已经更换后，则必须进行控制单元编码，如果新的控制单元零件号和索引号完全和老的控制单元一样，只需读出老的控制单元的编码，然后编入新的控制单元，一般如果车辆配置不同，控制单元编码就肯定不同，一些车型的控制单元可能只允许编码一次，且错误的编码轻则会导致车辆的性能不良，重则给车辆带来严重故障，因此不能误操作。

在系统功能选择菜单里选择"07 - 控制单元编码",系统将会弹出编码值录入窗体,确认屏幕显示如图 8-4 所示,点击录入窗体后,利用界面弹出的编码栏输入正确的控制单元编码,点击确认按键则控制单元编码完成。

返回上一级重新执行 01 - 读取车辆控制单元型号功能,可以查看刚才录入的编码是否已经显示在控制单元编码后面。

三、发动机控制单元编码

发动机控制单元不编码或编码不正确,能引起发动机熄火、发动机性能不良等后果。

案例1:宝来轿车更换中央电器控制单元 J519 后,起动机不工作

故障现象:2015 款一汽大众宝来轿车,1.4T 发动机,7 速 DSG 变速器。该车因故障更换中央电器控制单元 J519 后,出现起动机不工作的故障。

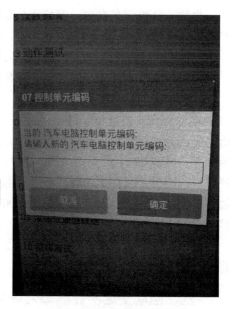

图 8-4 输入控制单元编码

故障检查与分析:因是更换中央电器控制单元 J519 后出现的故障,怀疑是编码出现了问题。连接诊断仪,读取故障码,发现很多控制系统有关于 CAN 的故障码。进入网关控制单元,读取故障码,有一个故障码:01044 控制单元编码错误(静态)。继续进入编码安装列表发现变速器、ABS 和安全气囊等控制单元未编码。分析变速器控制单元没有编码,网关控制单元无法与变速器控制单元通信,变速器的信号,如档位信号等无法传递到网关控制单元。网关控制单元也不能将档位等信号传递给其他控制单元,导致起动机不工作。

故障排除:按正常编码对未编码的控制单元进行编码,故障排除。

案例2:宝来轿车保养后机油压力报警

故障现象:2015 款一汽大众宝来轿车,1.4T 发动机,7 速 DSG 变速器。该车在一家修理厂保养后,出现机油压力指示灯报警的故障。

故障检查与分析:了解客户保养时,更换了机油、机滤、空气滤芯、汽油滤芯、清洗了喷油器、节气门等。因机油压力指示灯报警是保养完后出现的,怀疑更换的机油、机滤质量不好,可更换好的机油、机滤后机油压力指示灯仍然亮。分析故障的主要原因有两大方面:第一,发动机机油压力低。第二,机油压力传感器、仪表及线路故障。

首先测量机油压力,正常值:怠速时为 120~160kPa,2000r/min 时为 270~450kPa,经测试压力正常。这就排除了第一种可能。再检查线路正常,更换机油压力传感器,故障依旧。下一步怀疑的目标就是仪表板,更换仪表板可不是一件容易的事,不仅操作复杂,而且价格也很高。

这时忽然想到了编码,这台车是否是因为编码故障呢?找一台同款车比较,进入地址码 17 仪表板 -012 匹配 -改变参数,这时发现故障车机油压力状态为"静态机油压力",而正常车机油压力状态为"动态机油压力",故障原因原来在这里。

故障排除:按正常编码,将故障车的机油压力状态改为"动态机油压力",故障排除。

小结：分析该车在另一家修理厂做保养复位时，错误地更改了机油压力状态，导致故障产生。

案例3：一汽大众速腾1.6L轿车，发动机行驶时低速有时熄火。

故障现象：一汽大众速腾1.6L轿车，发动机行驶时低速有时熄火。

故障检查与分析：连接诊断仪，读取发动机控制单元的故障码，有一个故障码显示："16994 P0610 控制单元选项错误"。询问客户刚在一家修理厂更换了发动机控制单元。分析是更换发动机控制单元时没有给发动机控制单元编码。读取新发动机控制单元版本号，显示如下：SIMOS76 1.6L 2V IMP：00000 CODING：0000005 WSC：00000。让客户把原来坏的发动机控制单元找来，连接到车上的线束上。读取发动机控制单元版本号，显示如下：SIMOS76 1.6L 2V IMP：00790 CODING：0000075 WSC：00079。显然发动机控制单元没有编码。

故障排除：进入发动机控制单元的07编码功能进行编码，清除故障码，试车，故障排除。

四、自动变速器控制单元编码

自动变速器控制单元不编码或编码不正确，能引起自动变速器不能运转、性能不良等后果。

案例：一汽大众迈腾轿车DSG变速器，更换变速器阀体后，出现挂档车辆不行驶的故障

故障现象：2015款一汽大众迈腾轿车，1.8T发动机，7速DSG变速器。该车因故障更换变速器阀体后，出现挂档车辆不行驶的故障。

故障检查与分析：因是更换变速器阀体出现的故障，怀疑是编码出现了问题，连接诊断仪，检查变速器编码，发现该车编码为1，而正确的编码为20。编码1应为变速器生产线的程序编码。

故障排除：按正常编码对7速DSG变速器控制单元编码，故障排除。

五、ABS控制单元编码

ABS控制单元编码不正确，能引起ABS性能不良和ABS灯报警。

案例：A6L 2.4轿车ABS灯常亮

故障现象：A6L 2.4轿车ABS灯常亮

故障诊断与分析：用诊断仪读取ABS的故障码，有两个故障码：一个是控制单元编码错误，一个是转向角传感器未设定。分析该故障是控制单元未编码和转向角传感器未设定造成的。

故障排除：大众和奥迪车系的ABS控制单元更换时，应将该车型的控制单元编码用诊断仪写入新更换的控制单元。若不知控制单元编码，在更换控制单元前应读取原控制单元的编码，然后用诊断仪写入新更换的控制单元。

故障排除：读取原控制单元的编码为0021330，将此编码写入新更换的控制单元，控制单元编码错误的故障码清除了。选择"基本设定"功能，对转向角传感器进行设定，转向角传感器未设定的故障码清除了。

第八章 汽车维修中的小秘密

六、电动转向系统编码

电动转向系统编码不正确，能引起电动转向器性能不良和 ESP 指示灯报警的故障。

案例：一汽大众速腾轿车，更换电动转向器后，出现 ESP 指示灯常亮的故障

故障现象：一汽大众速腾轿车，1.6L 发动机，DSG 变速器，电动转向器。该车因转向沉重更换了电动转向器后，出现仪表板上的 ESP 指示灯常亮的故障。

故障检查与分析：连接诊断仪，进入 ABS，读取故障码，有一个故障码：00778 转向角传感器无信号/通信（静态）。清除故障码，不能清除。因是更换电动转向器出现的故障，怀疑是编码或匹配出现了问题。该车电控转向系统的转向角传感器 G85 有两种安装方式，一种安装在电动转向器上，一种安装在转向柱上。这两种安装方式，转向角传感器 G85 与控制单元的通信方式不同。新安装的电控转向器转向角传感器 G85 安装在转向柱上。

故障排除：连接诊断仪，进入地址码 44 助力转向系统 -12 匹配 - 进入通道 9，通道数值有 0 或 1 两种，发现故障车为 1。0 表示在转向柱上取信号，1 表示在电动转向器上取信号。因为该车在转向柱取信号，所以编码应为 1。在通道 9，将编码 1 改为 0，保存。清除故障码，可以清除，起动发动机，仪表板上的 ESP 指示灯熄灭，故障排除。

七、安全气囊控制单元编码

安全气囊控制单元编码不正确，能引起安全气囊不触发和安全气囊故障灯报警。如果维修中我们遇到安全气囊控制单元有"控制单元没编码"故障，说明安全气囊控制单元没有编码或编码不正确，应按正确的编码进行编码。

还有一个问题值得我们注意：安全气囊控制单元编码与安全气囊的数量有关。

例如：同样的安全气囊控制单元，配备两个安全气囊的控制单元和配备四个安全气囊的控制单元的编码不一样。如果一辆车带两个安全气囊，把控制单元的编码编成带四个安全气囊的控制单元的编码，那安全气囊故障灯要点亮。如果一辆车带四个安全气囊，把控制单元的编码编成配备两个安全气囊的控制单元的编码，那车辆发生碰撞时可能导致安全气囊不能引爆，引起安全事故。

八、停车辅助系统编码

停车辅助系统编码不准确，将导致停车辅助系统功能丧失或部分功能失效。

案例 1：一汽大众迈腾轿车在泊车过程中停车辅助指示灯突然熄灭

故障现象：一汽大众迈腾轿车，手动变速器。该车出现在泊车过程中停车辅助指示灯突然熄灭的故障。

故障检查与分析：连接诊断仪，进入停车辅助系统，读取故障码，有一个故障码：停车辅助系统控制单元与变速器控制单元无通信。清除故障码，不能清除。这时想到该车为手动变速器，手动变速器没有控制单元，怎么会出现停车辅助系统控制单元与变速器控制单元无通信呢？检查该车停车辅助系统编码为 1014。这是错误的。带手动变速器的停车辅助系统控制单元编码为 14，带自动变速器的停车辅助系统控制单元编码为 1014。

故障排除：按正常编码对停车辅助控制单元编码，故障排除。

小结：本故障排除的关键是意识到了手动变速器没有控制单元，停车辅助系统控制单元

与变速器控制单元不可能存在通信。若手动变速器的编码编成自动变速器的，停车辅助系统控制单元就不能识别根本就不存在的变速器控制单元。

案例2：一汽大众高尔夫A6轿车无虚拟影像

故障现象：一汽大众高尔夫A6轿车，1.4TSI发动机，7速DSG变速器。该车因故障更换停车辅助控制单元后，出现无虚拟影像的故障，又更换一个，仍然是同样的故障。

故障检查与分析：因是更换停车辅助控制单元出现的故障，怀疑是编码出现了问题，连接诊断仪，读取故障码，无故障码显示。检查停车辅助系统控制单元编码，发现故障车为000101，新车为100101。该车编码与其他控制单元不同，应在015功能菜单中访问认可中输入激活码71679，才能在008菜单功能中进行编码，否则编码会失败。

故障排除：在015功能菜单中访问认可中输入激活码71679，在008菜单功能中进行编码，按正常编码对停车辅助控制单元编码，故障排除。

案例3：一汽大众迈腾轿车无法显示倒车影像

故障现象：2015年一汽大众迈腾轿车，2.0TSI发动机，7速DSG变速器。该车倒车影像出现只显示停车辅助图像，无法显示倒车影像的故障。

故障检查与分析：连接诊断仪，进入地址码6C后视摄像机系统，读取故障码，有一个故障码：11060 倒车影像未找到。清除故障码，故障码无法清除。检查后视摄像机系统控制单元编码，发现故障车为8388607，找一同类型的车比较，其编码为20008。

故障排除：将后视摄像机系统控制单元编码改为20008，故障排除。

九、灯光系统编码

灯光系统编码主要分为不带日间行车灯和带日间行车灯（北美风格）两种，这两种风格的灯光其编码也不同。

案例：一汽大众迈腾、速腾车轿车日间行车灯常亮

故障现象：有些一汽大众迈腾、速腾等轿车日间行车灯常亮，只有在按下电子驻车开关的情况下，日间行车灯光才熄灭。

故障检查与分析：相关车辆连接诊断仪，进入各个系统，读取故障码，无故障码显示。日间行车灯在电子驻车开关释放的情况下常亮，按下电子驻车开关灯光应该熄灭。带日间行车灯的车辆就是这种情况。联想到大众车的编码功能，就查找资料，看看能否通过编码取消日间行车灯功能。

故障排除：对中央电器单元J519编码，将J519的长编码的第一位数F1改为E1，故障排除。

小结：从编码二进制的八位数也可以看出，不带日间行车灯，二进制为11100001。带日间行车灯（北美风格）的，二进制为11110001。二者的差别在第四位，第四位若为0表示关闭了日间行车灯（北美风格），1表示打开了日间行车灯（北美风格）。本故障排除的关键是发现问题，我们可以从二进制和长编码发现问题。

十、空调系统编码

空调系统与发动机控制单元是相关的，如果发动机控制单元的编码不正确，会引起空调不工作。

案例：宝来轿车空调不工作

故障现象：一汽大众宝来轿车，1.6L 发动机。该车因故障更换发动机控制单元后，出现空调不工作的故障。

故障检查与分析：连接诊断仪，读取故障码，有一个故障码：49508 空调控制单元 J301 无通信（静态）。故障码不能清除。读取发动机控制单元的数据流，在 A/C 开关和鼓风机开关打开的情况下，观察 50 组的 3 区显示"空调压缩机低档"4 区显示"空调压缩机关闭"，数据流说明空调控制单元发出的信号，没有传递到发动机控制单元。因是更换发动机控制单元出现的故障，怀疑是编码出现了问题，连接诊断仪，检查发动机控制单元编码，发现该车编码为 75，而正确的编码为 35。

故障排除：按正常编码对发动机控制单元编码，故障排除。

十一、刮水器编码

刮水器编码不正确，能引起刮水器洗涤液液位灯报警或引起刮水器不工作。

案例 1：奥迪轿车仪表板上的刮水器洗涤液液位灯报警

故障现象：奥迪 A6L 2.4L 轿车仪表板上的刮水器洗涤液液位灯报警。

故障诊断与分析：检查刮水器洗涤液液位正常。用诊断仪读取故障码，无故障码输出。检查该车仪表编码为 2048143，而正确的编码应为 2143。

故障排除：按正确的编码，对组合仪表进行编码，故障排除。

案例 2：一汽大众高尔夫 A6 轿车后车窗刮水器不工作。

故障现象：一汽大众高尔夫 A6 轿车，1.6L 发动机，后车窗刮水器不工作。

故障检查与分析：连接诊断仪，进入各个系统，读取故障码，无故障码显示。进入中央电器单元，用执行元件动作功能让后刮水器执行动作测试，结果后刮水器电动机不动作。分析可能的故障原因如下：

① 后刮水器电源故障。

② 后刮水器搭铁故障。

③ 后刮水器电动机故障。

④ 后刮水器控制单元故障。

检查后刮水器控制单元的电源和搭铁正常故障，更换后刮水器电动机和控制单元，故障仍然存在。该查的都查了，该换的都换了，故障还没找到，一时故障诊断陷入了僵局。

这时突然想到一汽大众有编码的特点，那该车是否编码有问题呢？刮水器故障该查哪里的编码呢？刮水器的控制电路是这样：点火开关到刮水器开关，刮水器动作将信号传递到转向柱开关控制单元 J527，然后经 CAN 总线到中央电器控制单元 J519，再通过 LIN 线控制刮水器电动机控制单元 J400 动作。检查转向柱开关控制单元 J527 的编码为 12021，查找到转向柱开关控制单元 J527 的编码表。从表中看出第五位为 1 表示无后车窗刮水器，2 表示有后车窗刮水器。

故障排除：重新对转向柱开关控制单元 J527 编码，将 12021 改成 12022，故障排除。

十二、组合仪表编码

组合仪表编码不正确能引起组合仪表上的警告灯不正常的报警。

案例 1：仪表里程显示闪烁

故障现象：部分大众车型更换仪表后，出现仪表里程显示闪烁的现象。

故障检查与分析：连接诊断仪，检查各控制单元无故障码。因是更换仪表出现的故障，怀疑是编码出现了问题。查找资料得知，全新捷达和宝来仪表分别有两个供应商，如果更换的仪表与原来的仪表不是同一个供应商，更换仪表后，仪表匹配中的"附加编码未解锁"应该改为"锁止"，否则会出现仪表里程显示闪烁的现象。

故障排除：连接诊断仪，进入地址码 17 仪表 – 12 匹配 – 附加编码，此时出现按正常编码对 7 速 DSG 变速器"锁止位　未锁止"，将"未锁止"改为"锁止"，故障排除。

案例 2：奥迪 A6L 轿车打开左前门，组合仪表上显示车门状态与实际状态不符。

故障现象：奥迪 A6L　3.0L 轿车，打开点火开关或起动发动机后，打开左前门，组合仪表上显示右前门打开，打开右前门，组合仪表上显示左前门打开。而左后、右后门显示均正常。

故障诊断与分析：用诊断仪查询无故障码输出，此类问题应是组合仪表编码的问题。经核实 A6L　3.0 轿车组合仪表的编码为 2048143，而故障车编码为 13861。

故障排除：将组合仪表重新编码后故障排除。

案例 3：奥迪 A6L 轿车仪表错误显示打开车门。

故障现象：奥迪 A6L，2.4L BDW 发动机，01J 变速器，该车仪表错误显示打开车门。

故障诊断与分析：用 VAS505X 检查无故障码。使用故障导航对车门控制单元和仪表上网编码，显示编码正常。使用自诊断功能，调取一辆显示正常的车辆编码，发现仪表第一位编码与故障车不一样。

故障排除：将仪表第一位编码改正确后，故障排除。

案例 4：机油液位报警或洗涤液液位报警。

故障现象：部分大众轿车有个别出现机油液位报警，也有个别的出现洗涤液液位报警。

故障检查与分析：出现机油液位报警的检查机油液位正常，检查机油液位液传感器时，发现该车没有机油液位传感器。出现洗涤液液位报警的，检查洗涤液液位正常，检查洗涤液液位开关时，发现该车没有洗涤液液位开关。这是怎么回事呢？原来是仪表控制单元的编码不对。仪表控制单元的编码为 5 位，例如：04122，第一、二位数字如果是 01 表示带制动片报警，04 表示带洗涤液液位报警。第四位数字如果是 0 表示无机油液位传感器，如果是 2 表示有机油液位传感器。

故障排除：用诊断仪更改仪表控制单元的编码就可排除故障。比如有的车无机油液位传感器的，原来编码是 04122，改为 04102 即可。再比如有的车无洗涤液液位传感器的，原来编码是 04122，改为 01122 即可。还有的车既无机油液位传感器又无洗涤液液位传感器，原来编码是 04122，我们改为 01102 即可。

十三、MMI 显示屏编码

MMI 显示屏编码不正确，能引起显示屏不显示或显示屏上的部分功能消失。

案例：奥迪 A6L 轿车 MMI 屏幕上没有时间显示和保养提示。

故障现象：奥迪 A6L，该车正常保养后在 MMI 屏幕上看不到下次保养提示，屏幕上变为灰暗显示。

故障诊断与分析：进入 5F 电子信息控制单元，检查编码和匹配值均为正常。重新起动

MMI 系统，故障依旧。接下来利用故障导航功能检查仪表控制单元的编码和匹配值时，发现仪表控制单元的编码不正常。第二组编码正常车应为"56"，但现在故障车为"0F"。询问客户得知，该车在外面改过组合仪表的编码。

故障排除：重新对组合仪表控制单元进行编码，重启 MMI 系统后故障排除。MMI 屏幕上正常显示"下次保养提示"和"时间"。

十四、玻璃升降器编码

玻璃升降器编码不正确，能引起升降器无一键功能、升降器动作异常、左前玻璃升降器开关不能控制其他玻璃升降器动作等故障。

案例：奥迪 Q5 SUV 左后门升降器没有一键功能

故障现象：奥迪 Q5 SUV 左后门升降器没有一键功能。

故障诊断与分析：连接 VAS5052 检测，有故障码：左后门升降器电动机基本设置不正确，车窗升降器电动机短路。读取左后门控制单元数据流没发现异常。试更换左后门控制单元，一键功能正常了，但是开关却是相反的，向上拉玻璃下降，向下按玻璃上升。解除部件保护，查询系统无故障显示。检查发现控制单元编码有误。

故障排除：重新编码后故障排除

十五、其他系统编码

其他系统也有需字编码的不编码或编码不正确，将导致系统功能丧失或紊乱。

1. 奥迪 A6L 电动转向柱上下调节的设定

① 断开点火开关，断开 J519 的所有连接器，5min 后重新连接。
② 连接原厂诊断仪 5052 进入故障导航菜单，选择相当车型和年款等，进行检测。
③ 读取故障码并进行清除。
④ 选择"09 车载网络控制单元"，进行编码 112101。
⑤ 选择更换车载网络控制单元基本设置，不能选择更换转向柱调整开关 E167 基本设置。
⑥ 设置完成后，关闭钥匙，退出程序即可。

电动转向柱不能上下调节，控制单元存储故障码 P4814，原因是车载网络控制单元 J519 没有进行设置或设置不规范引起的，也有可能是断电后引起的。解决方法暂需要使用原厂诊断仪 5052 的导航功能。

2. 奥迪 A6L 停车辅助系统设定

① 连接诊断仪，打开点火开关。
② 选择"76 停车辅助系统"。
③ 选择控制单元编码。
④ 输入编码：自动档输入新值 221006，手动档输入新值 220006。
⑤ 输入后保存，关闭点火开关。

第二节 匹配的小秘密

一、什么是匹配

匹配也叫自适应。有人经常把匹配和基本设定看成是一样的，其实匹配功能与基本设定类似，不同的是基本设定是由故障诊断仪发出设定的指令，控制单元根据一个程序自行控制学习过程找到一个目标值。而匹配则是由故障诊断仪发出匹配的指令，同时由人工通过故障诊断仪输入一个目标值，由控制单元进行学习存储。平时我们使用最多的是仪表的保养里程或日期复位，车辆行驶到一定里程后，系统会根据设定的里程数（一般为5000km、7500km或15000km）自动提醒客户，车辆需要保养了。有的车辆有文字提示，有的由仪表板上的"SERVICE"警告灯提示。车辆保养完毕后，需要控制单元复位，重新计算里程。这个过程是通过自适应实现的，具体过程是：17 - 10 - 02 - 0。17 是仪表的地址码，10 是自适应的功能代码；02 是保养里程复位的通道号；0 是维修工赋予这个通道的值，即将通道 02 的自适应值由 1 变为 0，0 在仪表中的意义就是复位并熄灭保养提示灯。

二、发动机系统匹配

发动机系统不匹配可能使某些功能丧失。

案例1：奥迪 A6L 2.4L 轿车匹配机油温度传感器

故障现象：奥迪 A6L 2.4L 轿车车辆的定速巡航无法使用。

故障检查与分析：连接诊断仪读取故障码，发动机控制单元有故障码："传动系统数据总线不可靠的仪表板信息"。读取仪表和发动机的数据流，显示仪表和发动机间的通信正常。读取数据流 134 组发现，第一组机油温度无数值显示，正常情况下应显示机油温度。

故障排除：重新匹配机油温度传感器，故障排除。

小结：机油温度是发动机安全运行的重要指标，由于与仪表不能匹配，无法接收机油温度信息，使发动机功能受限，定速巡航无法使用。

案例2：起动停止系统匹配

故障现象：奥迪 C6 2.8CCE/C7 2.5CLX 仪表上显示起动停止系统无法使用。

故障检查与分析：打开点火开关，汽车自检时仪表显示起动停止系统故障，用 VAS5052A 检测没有故障码。用引导型功能读取起动停止系统相关数据块：发现发动机中显示为"0"，说明未启用。然后到发动机匹配里也发现"起动停止系统"处于未激活状态。对起动停止系统进行激活，故障排除。

三、自动变速器系统匹配

自动变速器系统不匹配，导致换档舒适性受到影响。这时可以考虑通过离合器压力自适应来进行调整，以缓解换档质量的恶化。

控制电流与离合器压力存在着某种关系，一定的控制电流会产生一定的控制压力，这个控制压力会产生一定的离合器压力，这个离合器压力就会形成离合器所传递的转矩。自适应值是作为压力值给出的，而要做的却是对电动压力控制阀的控制电流进行自适应。控制单元内部将这个控制电流换算成离合器压力，这就简化了自适应值的使用。

案例：09L 自动变速器匹配。

09L 自动变速器有六个前进档，一个倒档。对于 09L 自动变速器换档不平顺等故障，如果诊断系统没有故障码，可以考虑对离合器进行匹配。这款变速器采用三个旋转膜片式离合器 A、B、E，以及两个固定膜片式离合器 C、D。变速器在使用过程中，由于变速器油脏污、各个离合器磨损过大、管路泄漏或自适应值接近极限等原因，导致换档舒适性受到影响,这时可以考虑通过离合器压力自适应来进行调整,以缓解换档质量的恶化。

要进行自适应的如下:

① 充油压力(预充油)。

② 快速充油时间(预充油)。

③ 换档压力(离合器接通好关闭)。

④ 保持压力。

1. 匹配前提

1) 客户抱怨换档不平顺或换档冲击比较明显。

2) 修理过离合器。

3) 更换机械电子单元或变速器。

4) 软件更新后。

2. 匹配过程

1) 首先读取自适应值:02-08-075、076、077、078、079,这五个数据块分别表示 A、B、C、D、E 五个离合器压力自适应值,清除前先记录下来。

2) 切记:一旦执行下一步清零后,必须按照下列步骤将自适应完成,否则反而有损坏变速器的危险!清除自适应值:用 02-10-01-0 数据块清除自适应值,并进行确认。此步骤将自适应通道 1 的值清零,此时再次读取 075、076、077、078、079,这五个数据块,数据应该变为 0。

3) 保证自动变速器油温在 40℃ 以上,匹配离合器 B、C 和 E 的加注压力:以非常低的转矩(大约 100N·m)将车辆从静止加速到 4 档(D 位),然后让车辆在不施加制动的情况下减速到 40km/h,然后缓慢制动直至车辆静止。在静止状态下等待 5s。这一操作过程需重复三次。

4) 自动变速器油温至少为 70℃,匹配离合器 B 和 C:以大约 100N·m 的转矩使发动机转速保持在 1600~2800r/min 范围内,以 Tiptronic5 档(手动模式)行驶 3~4km,然后加速并继续保持发动机转速在 1600~2800r/min 范围内,以 Tiptronic6 档(手动)行驶 3~4km。

5) 匹配离合器 A 和 C:以 Tiptronic5 档(手动)保持发动机转速 1400~2100r/min 行驶 1min(牵引),然后让发动机转速降至 1400r/min(超速)。运行整个程序,直到离合器 A 和 C 已被匹配一次(总数最多不能超过三次)。

6) 匹配离合器 D 和 E:以 60N·m 的转矩保持发动机转速在 1400~2100r/min 范围内,以 Tiptronic3 档(手动)行驶 1min,然后缓缓制动到停止,并保持停车 5s。运行整个程序,直到离合器 D 和 E 已被匹配一次(总数最多不能超过三次)。

7) 匹配行驶结束:进行路试,逐渐加速和减速通过所有档位,评估静止时和行驶时的换档冲击。再次检查 075~079 各离合器自适应值是否均已完成。

四、制动系统匹配

制动系统的匹配主要是电动驻车制动系统的匹配。

案例:左后轮制动拖滞

故障现象:A6L 3.0L 轿车,带电动驻车制动系统,该车左后轮制动拖滞。

故障诊断与分析:用诊断仪检查电动驻车制动系统控制单元 J540 中的匹配,在后轮轮缸数值中发现：左侧为22，右侧为0。分析左侧后轮轮缸出厂时未归零，造成左后轮制动拖滞。

故障排除：按照图8-5~图8-10中所示步骤将左侧后轮轮缸数值归零，故障排除。

图8-5 步骤1

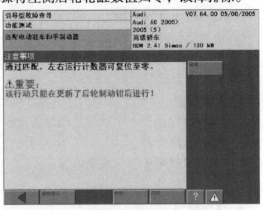

图8-6 步骤2

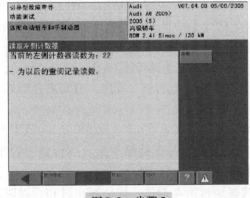

图8-7 步骤3

图8-8 步骤4

图8-9 步骤5　　　　图8-10 步骤6

五、空调系统匹配

空调系统不匹配可导致空调面板显示不正常等故障。

案例1：奥迪A6L轿车MMI空调风量左右显示错误

故障现象：奥迪A6L（4F）轿车，2.0T BPJ发动机，01J变速器，该车车主反映操作驾驶人侧的面板旋钮时，MMI显示屏显示的却是前方乘客侧的屏幕，操作前排乘客侧旋钮时

第八章 汽车维修中的小秘密

正好相反。

故障诊断与分析：用 VAS5051B 检查 01 系统无故障码。这种故障首先应检查编码和匹配值。检查该车的编码正确，检查 07 里的通道匹配值，因没有车辆可以参考，无法判断。经过对比待售车辆，发现是 07 – 10 – 02 里的匹配值不对，把 0 改成 3 后，屏幕恢复正常显示。

故障排除：修改通道匹配值。

六、安全气囊匹配

安全气囊不匹配能导致安全气囊警告灯亮。

案例：更换安全气囊控制单元后，安全气囊警告灯报警。

故障现象：A6L 2.4L 轿车因安全气囊控制单元故障更换安全气囊控制单元后，安全气囊警告灯报警。

故障诊断与分析：用诊断仪读取故障码，有关于前排乘客侧安全气囊关闭开关 E224 断路/对正极短路的故障码。查找电路图有些车型上有此开关，但该车没有 E224 安全气囊关闭开关。根据故障码分析，此现象为安全气囊控制单元认为该车具有 E224 安全气囊关闭开关，才出现故障码。只有安全气囊控制单元关闭 E224 安全气囊关闭开关，才能消除故障码。

故障排除：关闭 E224 安全气囊关闭开关需在安全气囊 15 里选择 10 通道的 20 选项，来激活和关闭安全气囊关闭开关，将 0 改为 1 后消除故障码，故障排除。

七、防盗系统匹配

防盗系统不匹配，发动机就不能工作。下面以奥迪轿车防盗系统匹配为例加以说明。

（一）第四代 WFS 防盗系统匹配

第四代 WFS 防盗系统并不是一个常规、简单的控制单元，而是一种防盗控制系统。它将所有与防盗相关的控制单元的数据（车辆查询和中央识别）都存储在中央数据库（FAZIT）中。

中央数据库于控制单元内的"防盗锁止"和"元件保护"功能联成一体。相关控制单元与 FAZIT 的匹配只有通过在线连接后才能实现。通过在线连接，可以将数据准确、快捷且可靠地传递到车辆上。

1. 组成

以奥迪 C6A6L 防盗系统为例，它的防盗系统主要由防盗系统控制单元 J518、进入和起动许可开关 E415、车钥匙、发动机控制单元 J623 等组成，如图 8-11 所示。

（1）防盗系统控制单元 J518

轿车的防盗系统控制单元有的是独立配备的，有的则安装在组合仪表中。在奥迪 A6L 轿车上，WFS 防盗系统控制单元与进入和起动许可控制单元制成一体。组合仪表总成不是防盗系统的组成部分，而是元件保护的组成部分。防盗系统控制单元 J518 的功能如下：

1）防盗锁和元件保护。J518 是防盗锁和元件保护的主控制器，同时也是 CAN 舒适总线系统的一个用户。

2）锁止转向柱。J518 固定安装在转向柱上，转向盘锁执行元件 N360 集成在 J518 内，受

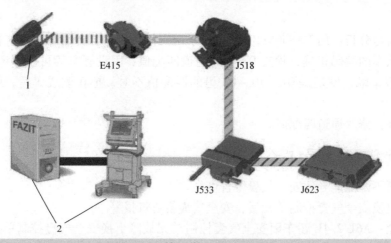

图 8-11　第四代 WFS 防盗系统

1—车钥匙　2—PC 机/大型计算机　E415—进入和起动许可开关　J533—没有集成在防盗器内的控制单元
J623—已经集成在防盗器内的控制单元　J518—主控制单元

J518 控制对转向盘进行闭锁或开锁。J518 损坏是不能单独更换的，只能与转向柱同时更换。

3）接线柱控制。J518 识别插入 E415 内的钥匙合法，它会根据钥匙意图控制接线柱 15 和 75x 的继电器接通，或将起动请求信号发送给发动机控制单元，让发动机控制单元控制起动。同时将接线柱 15、75x、50、S 和 P 的信息放到 CAN 舒适总线上。

（2）发动机控制单元 J623

发动机控制单元是 WFS 防盗系统的组成部分，必须在线接通。值得注意的是，2005 年 8 月以后出厂的商品车，变速器控制单元也属于 WFS 防盗系统的组成部分。

（3）进入和起动许可开关（点火开关）E415

奥迪 A6L 轿车上配用的是一种不同寻常的点火开关，点火开关锁孔内没有机械齿，用任何一把车钥匙均可转动锁体。钥匙身份的识别是借助于点火开关内的读取线圈，它将点火钥匙传输的密码数据经由双向数据电缆传送到防盗系统控制单元 J518。

（4）车钥匙

奥迪 A6L 车钥匙由折叠式机械齿、送码器和电子部件组成。车钥匙机械齿形用于驾驶人侧车门和行李舱盖锁芯处，方便打开车门和行李舱盖。送码器与 E415 中的读识线圈配对使用，让 J518 识别钥匙的身份。奥迪 A6L 车钥匙增设了一个电子部件，电子部件与钥匙送码器成一整体，用它实现与进入和起动许可控制单元之间的无线双向通信，通过观察钥匙发光二极管（LED），用来监控中央门锁的状态。

（5）其他部件

所有其他电子部件，如车门把手、天线、起动/停止按钮等都属于高级钥匙系统的部件，它们不属于 WFS 防盗系统和元件保护系统。

2. 第四代 WFS 防盗系统出现故障时的匹配

第四代 WFS 防盗系统出现故障时，单靠传统的诊断仪已经不能完成匹配，必须借助 VAS505X 在线功能才能完成。在线功能必须同时满足以下条件：

1）网络：具备了同一汽大众连接的专线网络。

2）硬件：具有 VAS5051 和 VAS5051 网卡或 VAS5052（自带网卡）。

3)软件:具有 VAS505X 相应的基础盘和品牌盘。

所有防盗系统功能的菜单均采用菜单引导的方式,当在线功能完好的情况下通过"引导型故障查询"菜单来完成。如更换 J518、编码、匹配钥匙、发动机控制单元匹配等。

3. 元件保护功能

元件保护是控制单元的电子安全系统,作用是在控制单元被盗之后无法用于其他车辆。信息系统和舒适系统的大多数控制单元均集成在元件保护中。带有元件保护功能的控制单元均有车辆专用密码。若控制单元没有与某车辆进行匹配,不仅不匹配的控制单元将会产生一个故障存储记录,而且该控制单元的功能将受到限制。因此在维修过程中必须取消部件保护。要想取消部件保护,还需要在线功能。例如:取消 J393 控制单元部件保护,就必须采用菜单引导的方式,通过"引导型故障查询"中"46 - 便利系统中央模块,部件保护"菜单来完成。

(二)第五代防盗系统

奥迪第五代防盗系统,最主要的变化是把舒适系统控制单元 J393 作为防盗器主控单元,在该控制单元内集成了智能进入起动控制单元 J518,其组成如图 8-12 所示。防盗锁组件包括:发动机控制单元 J623、舒适系统中央控制单元 J393、电子转向柱控制单元 J764 等。而数据总线诊断接口 J533 和电子点火锁模块 E415 等仅用于传输防盗信息。

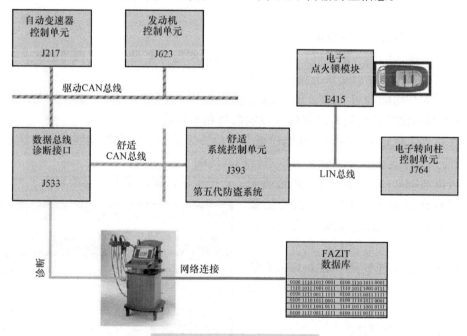

图 8-12 奥迪第五代防盗系统

1. 第五代防盗系统组件部件匹配说明

1)发动机控制单元 J623 是防盗器的主动用户,它在更换后必须进行自适应匹配。通信联系是通过驱动数据总线来实现的。

2)舒适系统中央控制单元 J393 包括 IMS(防盗器控制单元,相当于防盗系统的主控制单元)和 BCM2(车身控制模块 2)两个控制单元,因此包含诊断地址 05 - 进入和起动以及

46-舒适系统中央模块。防盗器功能和元件保护由地址05-进入和起动授权来接管，如果更换了舒适系统中央控制单元J393，那么必须进行自适应匹配。通信联系是通过驱动数据总线来实现的。

3）电子转向柱控制单元J764与电子点火锁模块E415采用同一条LIN线连接到BCM2上，因此没有自己专用的诊断地址，在更换后必须与防盗器进行自适应匹配。诊断是用地址05-进入和起动授权来进行的。电子转向柱控制单元J764是一个组件，它只能与转向柱一同更换。

4）自动变速器控制单元J217是防盗器的主动用户，它在更换后必须进行自适应匹配。通信联系是通过驱动数据总线来实现的。

5）车钥匙是防盗器的主动用户，它在更换后必须进行自适应匹配。可以适配0~8把车钥匙。

6）电子点火锁模块E415是一个电子点火锁，它通过LIN线与BCM2相连接。如果更换了点火锁，不必进行自适应匹配，因为它只传送点火钥匙的防盗信息。

7）数据总线（网关）J533是防盗器的被动用户，它在更换后不必进行自适应匹配。

2. 钥匙匹配

（1）钥匙匹配的说明

1）在特殊功能"＊＊-检修防盗器"这个功能中可以适配车钥匙。只能适配同一锁芯组的钥匙。

2）一个新锁芯会给车辆分配一个"新身份"。

3）读取了插入的第一把钥匙，系统就可自动判断出"新身份"是否已适配。

4）不需要操作者在诊断仪上做任何操作。

5）在适配车钥匙的过程中，即可以在仪表板内控制单元J285显示屏上，也可以在VAS505X上显示出要适配钥匙的数目（规定数目和实际数目）。

6）在达到了规定的数目时，功能检查会自动继续进行。如果没能匹配所有钥匙，可以用朝右的箭头继续这个程序，就又可以进行钥匙适配了。

7）可以适配0~8把车钥匙。如果适配了0把钥匙，那么就无法起动车辆了。

8）只有在结束了"＊＊-检修防盗器"这个步骤后，才能起动发动机（否则根本起动不了）。

9）如果用非本车钥匙匹配，FAZIT数据库反馈信息：钥匙分配不同底盘号，如图8-13所示。

（2）钥匙丢失处理办法

若匹配过的点火钥匙丢失，可参考以下两种方案：

1）重新匹配预留的汽车钥匙，这样，丢失的汽车钥匙将无法起动车辆（注意：该钥匙仍然可以打开驾驶人侧车门）。

2）更换全车锁套件，并为车辆定制一套新的汽车钥匙。这种方法虽较昂贵却更安全，

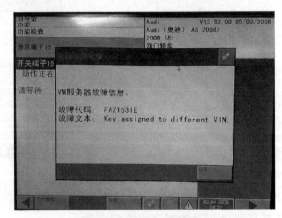

图8-13 非本车钥匙匹配

其优势在于可以确保拾获钥匙者无法打开车门。这时，车辆会形成新的识别系统，已丢失的钥匙或以前剩下的钥匙将再也不能在该车上进行学习。

（三）防盗系统维修案例

案例1：奥迪A6L贴膜后无法起动

故障现象：奥迪C7 A6L 2.5L轿车，发动机型号为CLX，变速器型号为0AW，行驶里程2万km。客户反映：该车贴膜后无法起动。

故障诊断与分析：检查车辆发现不仅点火开关无法打开，而且电子转向柱也无法解锁。该车采用奥迪第五代防盗系统。分析可能导致本故障的原因有：

① 起动/停止开关E408信号没有正确传给J393。

② J393没有搜索到合法钥匙。

③ J393到J764的LIN线或使能线存在断路或短路现象。

④ J764本身故障或是供电搭铁故障。

⑤ J393本身故障或是供电搭铁故障。

首先，进入05起动许可系统读取数据流，发现E408的三个开关信号均能正确到达J393。读取IMS防盗系统总体状态，发现J393已经识别到合法钥匙；排除了是否能搜索到合法钥匙和E408请求信号问题。因读取IMS时要求将钥匙贴在D2处，钥匙信号通过D2的LIN线传到J393；而J764和D2共用一条LIN线，所以LIN发生故障的可能性已非常低。检查J764和J393的供电和搭铁正常，排除了因电源问题导致控制单元无法正常工作的可能。故障可能的原因集中在了J764和J393上，如何确定这两个控制单元是哪一个损坏？在跨接15+电源做引导型故障查询时，显示4门控制单元均不存在，4门控制单元J386、J387、J388、J389都是舒适系统的用户；而J393是舒适系统的主控单元，所以分析J393的损坏概率较大。

故障排除：更换J393并匹配钥匙后车辆可以成功起动。

小结：该车应该是贴膜时J393进水损坏，但拆下故障车的J393并没有发现进水迹象。结合该车J393已不在原安装位置且安装支架也没有了的情况，分析是美容店发现不能起动后，检查发现J393进水并做了处理。奥迪第五代防盗系统相对复杂，在不清楚其工作原理的情况下检修往往是很难找到故障切入点的。

案例2：奥迪A6L轿车停一晚，无法起动

故障现象：奥迪A6L，2.0T BPJ发动机，01J变速器，该车停一晚，无法起动。

故障诊断与分析：使用钥匙开动车辆无反应。使用VAS5052读取故障码，显示15号端子对地短路。测量发现15号端子线脚无供电。测量15号供电继电器发现不吸合，测量继电器正常。无供电，查阅电路图，测量导线无断路。检查进入和起动授权控制单元J518端子，J518的T20h/13端子控制J329的15号继电器工作，测量该线脚无供电。确定J518内部故障，未给15号继电器供电。

故障排除：更换进入和起动授权控制单元J518，故障排除。

八、舒适系统匹配

舒适系统的多种功能可以通过匹配实现，下面以速腾轿车舒适系统的匹配为例加以说明。

46-10-00 删除所有钥匙

10-01 匹配钥匙（1~4把）

10-03 单门开启功能

10-04 15km落锁功能

10-05S 触点断开自动开锁功能

10-07 遥控开锁时信号灯闪烁两次

10-08 钥匙开锁时信号灯闪烁两次

10-10 遥控锁车时信号灯闪烁一次

10-11 钥匙锁车时信号灯闪烁一次

10-14 倾斜传感器灵敏度（100→200 100=50% 140=70% 200=100%）

10-17 开启、关闭遥控钥匙控制玻璃升降和天窗开闭

九、行李舱控制单元自适应学习

一辆大众辉腾轿车，长时间停放以后，遥控器无法打开行李舱盖。分析认为，这是由于行李舱控制单元仍然处于"休眠"状态的缘故。此时，可以对行李舱控制单元进行自适应学习，其步骤如下：

① 连接VAS5051故障诊断仪。

② 进入地址码"46"。

③ 选择功能"10"（匹配）。

④ 输入通道号"24"，进入行李舱系统自适应界面。

⑤ 选择"SAVE"。

⑥ 输入重新确认数值"0"，并按"ACCEPT"键，此时行李舱开关会模拟开启和关闭的全过程，并且重复执行三次。

这样操作，行李舱控制单元就能被"唤醒"，行李舱就能恢复正常的开启和关闭功能。

十、转向系统匹配

转向系统匹配不匹配，会出现转向沉重等故障。

案例：故障现象：奥迪A6L 2.4L轿车车辆停放一段时间后，转向出现沉重现象。

故障检查与分析：用诊断仪读取故障码，有两个故障显示：

02084：元件保护基本设定错误。02095：元件保护激活无读取器。

按故障导航提示，进行在线匹配，但操作数次均显示"无法读取系统数据"。检测控制单元J520的其他功能正常，怀疑控制单元程序出现故障。

故障排除：断开蓄电池电缆一段时间，然后再接通，并进行匹配，转向功能正常。此类故障发生过几例，将控制单元断电即能恢复正常。

十一、其他系统匹配

还有很多系统需要匹配，下面介绍几项。

（1）速腾轿车中央控制单元J519可进行下列匹配：

09-10-01：回家功能时间设定10~120s

09-10-02：离家功能时间设定 10~120s

09-10-03：后风窗加热自动切断时间设定 1~254s

09-10-04：前照灯清洗时间设定 50~10000ms

（2）速腾轿车停车辅助功能 J446 可进行下列匹配：

76-10-01 警报提示音（0%~100%）

76-10-02 灵敏度

第三节 设定的秘密

在大众/奥迪车上讨论的是基本设定，也称基本调整，是指原本出厂设定的一些参数，由于某些原因使参数发生了变化，通过基本设定使这些改变的参数调整或恢复到某一数值。

对大众/奥迪车系某些系统维修后，必须进行基本设定，如节气门自适应过程，不同车型、不同参数的基本设定选择不同的组号，以原厂手册为准。

一般情况下，可以先查看基本设定组号对应的数据流，如果无此组数据流或者数据流和基本设定内容不符合，则此基本设定组号不正确。基本设定的操作步骤如下：在系统功能选择菜单里选择 04-系统基本调整功能，屏幕显示如图 8-14 所示。

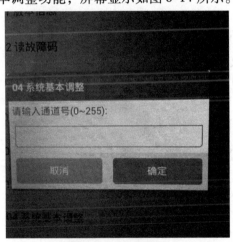

图 8-14 屏幕显示

注意：设定条件为控制单元内无故障码存储；冷却液温度不低于 80℃；关闭所有电器（设定时散热器风扇必须关闭），空调关闭。

在大众/奥迪车上基本设定是必须用诊断仪来完成的，而有些车型用手工即可完成设定。

一、节气门基本设定

基本设定在发动机系统中应用很多，例如，节气门受灰尘、积炭、结胶等的影响，在怠速时，节气门开度会增大。这是因为节气门体变脏后，在相同的开度下，进气量会减少，这样不足以维持发动机的额定怠速转速，发动机控制单元就会指令节气门的开度增大。清洗节气门体后，发动机控制单元指令增大的怠速状态下的节气门开度，仍然记忆在发动机控制单元中，这样会使进气量增大，导致怠速过高的故障，这时就需要对节气门进行基本设定，通过发动机控制单元的学习功能适应这种变化,自行找到一个新的节气门开度,以满足怠速的需要。另外,大众车系节气门控制单元在断电或更换新配件时必须进行基本设定。在基本设定时,节气门调节器进入应急运行最大位置和最小位置,控制单元将各自的节气门角度存储在控制单元存储器中,该过程最多持续10s,紧接着节气门短时间内处于起动位置,然后关闭,系统完成基本设定。

大众/奥迪车系进行节气门基本设定的步骤是01-04-060。即01:进入发动机控制单元,04:选择基本设定,060:通道号(不同的车型,通道号会不同)。当诊断仪显示屏显示匹配正常或"ADP.OK"时,基本设定结束。如果显示"匹配错误"或者查询故障码有"节气门基本设定未完成"的故障显示,应检查节气门的电源、插接器及节气门体自身是否有故障存在。

(一)节气门控制单元设定基本条件

进行基本设定必须在一定的条件下才能完成。下面我们以宝来1.8T发动机节气门控制单元的基本设定为例,来说明具体的设定方法。

1)故障存储器中无故障存储(如需要应先查询故障码,排除故障,清除故障存储)。
2)关掉音响等用电器。
3)关掉空调。
4)冷却液温度高于80℃。
5)变速器处于N位或P位。
6)蓄电池电压高于11V。
7)节气门拉线调整正常。
8)基本设定过程中不能踩加速踏板。

(二)节气门基本设定的步骤

1)打开点火开关,不起动发动机。
2)选择发动机系统。
3)选择基本设定功能。
4)输入基本设定通道号(见表8-3)。
5)观察数据流第4区,当显示"ADP.OK"时,节气门基本设定便完成了。

如果基本设定过程中控制单元中断,节气门体存在故障,可能原因如下:
① 节气门由于脏污,如积炭或节气门拉线调整错误等原因,不能达到怠速机械止点位置。
② 蓄电池电压过低。
③ 节气门控制单元或其线路不良。

大众常见车型发动机节气门基本设定的通道号是060或098,一般一汽大众/奥迪等车型为060,上海大众帕萨特等车型为098,当然有个别车型也不一样,如:捷达5气门发动机为098。如果不知道是哪个通道号,进行基本设定时,可以轮换试试,如果一个通道号不通过,可以换另一个试试。

案例:奥迪A6L轿车,2.0T FSI发动机,怠速抖动

故障现象:奥迪A6L轿车,2.0T FSI发动机,怠速抖动。

故障诊断与分析：用诊断仪读取发动机电控系统的故障码为：12408（P3078）怠速控制节气门位置性能。检查节气门体较脏。

故障排除：清洗节气门体，并用诊断仪进行节气门体的基本设定（060通道号）后，起动发动机，怠速运转正常。再检查故障码，无故障码输出。

二、强制降档设定

强制降档设定基本设定步骤是01-04-063。即01：进入发动机控制单元，04：选择基本设定，063：通道号。此设定应打开点火开关，不起动发动机，然后将加速踏板踩到底，并保持直至控制单元识别到加速踏板位置传感器在0%和100%位置分别对应的电压值，根据设定程序设计选定强制降档点，当诊断仪显示屏显示匹配正常或"ADP. OK"时，基本设定结束。

三、转向角度传感器G85基本设定

转向角度传感器G85需要进行基本设定，如果不设定仪表板会出现故障报警。

案例1：A6L轿车车辆低速行驶时ESP故障警告灯不报警，高速行驶时ESP故障警告灯报警

故障现象：A6L轿车，2.4L轿车车辆高速行驶ESP故障警告灯报警，但车速低于110km/h时，ESP故障警告灯不报警。

故障诊断与分析：连接诊断仪读取ESP系统的故障码，有一个故障码：转向角度传感器G85信号不可靠，偶发故障。将方向盘打正，读G85的数据流，G85的数值为7°。分析ESP系统根据横向加速度传感器G200、偏转率传感器G202的信息，对G85随时进行评测，根据四个车轮转速信息计算G85的精度。车速越高，要求G85的精度越高。分析转向角度传感器G85信号存在偏差，因此出现ESP灯高速报警，低速不报警的现象。

故障排除：调整方向盘，并进行G85的设定，试车，故障排除。

案例2：奥迪A4L轿车ESP故障警告灯报警

故障现象：奥迪A4L轿车，2.0T发动机，0AW变速器，该车ESP故障警告灯报警。

故障诊断与排除：连接诊断仪，检测ESP，有故障码：00778转向角度传感器G85基本设定/匹配没有或不正确，基本设定转向角度传感器指示819.09°。尝试多次都是此数值。检查线路正常，分析转向角度传感器故障。

故障排除：更换转向角度传感器故障，故障排除。

四、制动片更换设定

案例：奥迪Q7制动片更换设定

新款奥迪A6/A8L/Q7带有电子驻车制动系统，后制动轮缸带电子驻车制动电动机，手动不能压缩电动机，只能通过诊断仪收回及释放。操作步骤如下：

① 连接解码器。
② 打开点火开关。
③ 选择"驻车制动"。
④ 选择"系统基本调整"。
⑤ 输入匹配值"007"。

⑥ 更换两后轮新制动片。
⑦ 选择"系统基本调整"。
⑧ 输入匹配值"006"。
⑨ 清除故障码，关闭点火开关。
⑩ 退出软件完成。

如果是奥迪 A8L，则需要输入制动片的厚度。操作步骤如下。
① 连接解码器。
② 选择"通道调整系统"。
③ 输入通道号"006"。
④ 输入新匹配值即制动片的厚度，可用卡尺测量，一般新制动片厚度为12mm。
⑤ 输入匹配值"12"。
⑥ 确认之后屏幕显示"通道匹配成功"。
⑦ 清除故障码。
⑧ 关闭点火开关。
⑨ 退出软件完成。

五、ESP 基本设定

大众 ESP 系统横摆率传感器、横向加速度传感器、纵向加速度传感器、制动压力传感器、转向角传感器等在更换后或汽车电压低时，传感器的标定值会丢失，需重新做基本设定。

奥迪 A8 D2 ESP 基本设定。
① 03 制动系统。
② 11 系统登录。
③ 登录码（六缸或八缸汽油机，手动变速器08495，自动变速器05497）。
④ 07 控制单元编码。
⑤ 输入电脑编码（六缸或八缸汽油机，手动变速器08395，自动变速器05397）。
⑥ 起动车辆，方向盘左右各打一圈，然后摆正方向盘（转向角度传感器的中位数值0°±5°）。
⑦ 03 制动系统。
⑧ 11 系统登录。
⑨ 登录码40168。
⑩ 04 系统基本设置。
⑪ 分别按提示输入匹配值001、002、003。
⑫ 确认之后用力踩制动（制动力必须大于35），直到有一个警告灯熄灭。
⑬ 行驶车辆，先从右向左，再从左到右打方向行驶，另外一个警告灯也必须熄灭。

六、遥控功能设定

现在很多车辆装备了遥控器，方便了客户，但遥控器功能失效了需要设定，而不同车型遥控器的设定方法大多是不一样的，有些遥控器设定手动可以进行，而有些必须借助仪器才能进行。设定方法有的简单，有的比较复杂。不管怎么说，作为初学者应该知道下面这几个问题。

1. 遥控器什么情况下需要设定？什么情况下不需要进行遥控器设定？

（1）遥控器什么情况下需要设定

更换了遥控系统的部件后需要进行遥控功能设定，如：更换遥控器，车身控制单元等。

如果拆卸过蓄电池或遥控器没电更换了电池，有的车辆需要对遥控器进行设定，有的则不需要。

（2）什么情况下不需要进行遥控功能设定

当遥控器工作条件不满足时，即有部件存在故障，遥控器也会失效。当部件故障排除后，遥控器就可以正常工作了。

案例1：

一辆上海大众帕萨特轿车遥控器不好用，不能锁车。检查仪表板上指示的左前车门没关。按照遥控器锁车的条件，当有车门处于开启位置时，中控锁电动机不响应锁车指令。

检查左前车门的门开关无论车门关闭与否始终处于接通状态，已经损坏。更换左前车门的门开关，关闭车门后，仪表板上指示的左前车门关闭。这时，用遥控器可以锁车了。

案例2：

一辆上海大众帕萨特轿车用遥控器锁车时，中控锁能锁上，但转向双闪灯不闪亮。开锁时，能开锁，但转向双闪灯闪亮两次。正常情况下，锁车或开锁时，转向双闪灯都只闪亮一次。

检查四车门开关正常，检查行李舱开关有时锁不上，调整行李舱开关后，锁车或开锁时，转向双闪灯都只闪亮一次，正常了。

2. 遥控器设定需注意什么问题？

遥控器设定需注意一些问题，首先要检查遥控器失效是否因外界干扰所致，如：奥迪A6L高级钥匙失灵，要检查车内是否有其他无线电器设备，如对讲机，其他遥控钥匙等，这些设备能使高级钥匙包括遥控功能在内的一些功能失效。其次要看遥控设定的条件是否满足，如车门是否关闭等。

案例： 帕萨特领驭遥控器不能锁车

故障现象： 上海大众帕萨特领驭轿车遥控器不能锁车。

故障检查： 检查仪表板上中央显示屏上指示左前门处于常开位置，而此时左前门处于关闭位置。

故障分析： 检查线路没问题，分析左前门锁开关损坏了。帕萨特领驭轿车遥控器锁车的先决条件是：若有车门开启，中控锁电动机不响应锁车命令。检查左前门锁开关损坏，更换后故障排除。

3. 遥控器设定的流程是什么？

各种车辆遥控器设定方法不尽相同，下面举几个例子。

案例1： MG名爵遥控器设定方法

如果拆卸过蓄电池或遥控器没电换过电池，则需要对遥控器进行设定，具体方法如下：

1）用车钥匙先将车门开锁。

2）将遥控器上的锁止键连按五次（在5s内）。

3）按遥控器上的开锁键，则设定结束。

案例2： 上海通用别克英朗轿车遥控门锁控制模块的编程和设置方法

在为遥控门锁控制模块编程之前，要确保满足以下条件：

① 蓄电池电量充足。
② 将点火开关置于 ON 位。
③ MDI（Mutipile Diagnostic Interface）数据链路连接器已固定。
④ 重新连接所有断开的模块和装置。若要编程和设置一个新更换的遥控门锁控制模块，执行以下程序：

1）连接带 MDI 的故障诊断仪，访问维修编程系统，并按照维修编程系统中的屏幕提示操作。

2）检查驾驶人信息中心是否显示与校准说明有关详细附加说明，如果驾驶人信息中心没有显示附加说明，则编程完成。

如果遥控门锁控制模块不能接受编程，则执行以下步骤：检查所有连接，确认故障诊断仪使用的是最新版本软件。

重要注意事项：编程后，执行以下步骤避免将来误诊。

1）将点火开关置于 OFF 位 10s。
2）将故障诊断仪连接至数据链路连接器。
3）在发动机不运转的情况下，将点火开关置于 ON 位。
4）使用故障诊断仪读取所有遥控门锁控制模块内的历史故障码。
5）清除所有历史故障码。

第四节　汽车上隐藏的小秘密

汽车上有一些隐蔽的开关或者隐藏的功能，最好的办法是记到一个小册子上，需要时拿出来参照。

一、隐蔽的开关

1. 燃油断油开关

长安福特福克斯轿车驾驶室左侧仪表板下部有一个盖子，里面有一个隐藏的汽油泵断开开关。这个开关是在轿车发生碰撞时断开汽油泵电源的开关，以防止汽油泵继续工作引起汽油泄漏，保证安全。中华轿车及其他品牌的一些轿车也有类似开关，在车辆发生碰撞或其他原因导致开关关闭时，我们要想到车上有这样一个开关，避免诊断时走弯路。

2. 上海别克君越轿车室内灯开关

上海别克君越轿车室内灯亮了，以为是门灯控制线路故障，谁知找来找去是室内灯开关打开了，室内灯开关在仪表板左侧，不易发现，就是驾驶人有很多也不知道，对维修工来说更应该注意。

3. 刮水器维修位置

宾利、宝马、奥迪等轿车要维修前风窗刮水器时，可能发现刮水器臂怎么也抬不起来。怎么样让刮水器臂抬起来呢？有个开关吗？原来，不少轿车刮水器有个维修位置，维修前风窗刮水器或更换前风窗刮水器片时，显示屏中的维修位置要由关闭位置调到打开位置。奥迪显示屏显示的维修位置如图 8-15 所示。

这时，前风窗刮水器片自动运动到图 8-16 所示的位置停止。

图 8-15　显示屏显示的维修位置

图 8-16　前风窗刮水器片停在维修位置

4. 儿童锁

一辆轿车车门从驾驶室内部打不开,而从外部能打开,这一般是儿童锁开关打到了锁止位置。现在大部分轿车上都有儿童锁,我们在检修时一定要先看看儿童锁是否锁上了。

5. 行李舱锁开关

行李舱可以用钥匙打开,也可以用遥控器打开,不少车辆在车内也有开关。有的在仪表板的下部,有的在驾驶人座椅左下部,有的在驾驶人侧的门内板上。一汽丰田皇冠轿车在杂物箱里有一个锁止开关,锁止后用遥控器或按驾驶人侧门内板上的行李舱开关,行李舱门就打不开了。有的人不知道杂物箱里锁止开关的存在,以为有故障存在,反复检查才发现杂物箱里锁止开关的存在。

6. 智能进入取消模式的开关

一辆 2016 款 3.0L 一汽丰田皇冠轿车突然出现钥匙在车辆外无法感应,打不开车门现象。此车行驶约 11 万 km。驾驶人说一直没出现此问题,检查驾驶人左脚上方有一个 KEY 开关已关闭。此开关是控制智能进入取消模式的开关,分析可能被驾驶人不小心用脚碰到了,把开关按下后故障现象排除。

7. 限制开关

有些开关看似和某个系统没有关系，但对其功能有限制作用。

如某些车型在发动机舱没有关闭或发动机舱开关损坏的情况下，洗涤器是不喷液的。这时如果以为是洗涤器电动机坏了，那就会误入歧途。

二、轮胎气压复位

现在不少车上有了轮胎气压监控系统，轮胎气压报警了，我们要找出原因，然后要复位。下面要讲讲轮胎气压报警的原因和轮胎气压复位的方法。

（一）气压报警的原因

1. 轮胎气压不足

带轮胎压力监控的系统，当轮胎压力低时，就要报警了。这时只要找出气压低的原因，排除故障并进行轮胎气压复位就可以了。

2. 轮胎压力监控系统的传感器损坏

一些带轮胎压力监控系统（TPMS）的车辆，有轮胎压力监控传感器。在拆装轮胎时，传感器不要丢失或损坏。例如：奥迪 A6L 轿车的轮胎压力监控系统的传感器，安装在轮毂上，拆装轮胎时如果不注意就会损坏轮胎压力监控传感器，引起故障。

案例：奥迪 A6L 轿车轮胎气压监控报警

故障现象：奥迪 A6L　2.4L 发动机，轮胎气压报警灯亮。

故障分析及排除：检查轮胎气压符合标准值，通过 MMI 加以确认，系统还报警。用阅读数据块功能检查发现左后车轮没有轮胎压力值。分析左后轮气压传感器损坏，检查果然是传感器坏了。原来该车在轮胎店更换轮胎时，将传感器损坏导致了故障。

故障排除：更换左后轮气压传感器，故障排除。维修人员拆装带有 TPMS 的轮胎时，一定要避开气门嘴附近，以免将传感器损坏。

3. 其他因素干扰

电磁波等的干扰也能引起轮胎气压报警。

案例：奥迪 A6L 轿车轮胎气压监控偶尔报警

故障现象：奥迪 A6L　2.4L 发动机，轮胎气压报警灯偶尔亮。

故障分析及排除：检查轮胎气压符合标准值，通过 MMI 加以确认系统还报警，读取故障码为"系统不正常"。后来检查发现车内有一个换下来的轮胎气压传感器。

故障排除：将车内的传感器拿掉，故障排除。

小结：因为轮胎压力监控系统规定只能在一定区域内寻找到四个传感器，如果有的传感器放在驾驶室内会使控制单元产生错误，储存故障码。备胎内也装备了传感器，但轮胎压力监控系统不监控备胎，数据块中也无关于备胎的显示。

（二）轮胎气压复位的方法

1. 奥迪 A6L 轿车轮胎气压复位

奥迪 A6L 轿车的 TPMS 在每个轮胎中都配有一个传感器，装在气门嘴附近，用螺栓紧固在轮毂上。若轮胎充气压力低于规定压力 0.05MPa 以上，显示屏上便会出现红色轮胎符号，

第八章 汽车维修中的小秘密

同时带有一条说明文字"TPMS：检查轮胎压力"，并伴有一声蜂鸣器的提示音；如轮胎充气压力低于规定压力0.03MPa以上，显示屏上便会出现同样的黄色报警符号。如果调换了汽车上的轮胎位置、更换了轮胎或轮胎电子装置、更改了充气压力，则必须通过MMI加以确认。

如果轮胎缺气，应按标准值对轮胎充气，并进行如下复位操作：

1）打开点火开关，按压功能按钮"CAR"（汽车）。

2）通过旋转开关在"CAR"（汽车）菜单中选择"系统"，然后按压旋转开关予以确认。

3）通过旋转开关在"CAR"（汽车）菜单中选择"轮胎充气压力监控"，然后按压旋转开关予以确认。

4）通过旋转开关在"CAR"（汽车）菜单中选择"显示轮胎充气压力"，然后按压旋转开关予以确认。

5）通过旋转开关在"CAR"（汽车）菜单中选择"存储轮胎充气压力"（若更换了轮胎，则选择"更换车轮"，然后按压旋转开关予以确认。

进行以上操作后，故障排除。

2. 丰田皇冠轮胎气压复位开关

丰田皇冠轮胎气压复位开关比较简单，如果车轮胎缺气，按标准值对轮胎充气，然后点火开关打到ON的位置，按下轮胎气压复位开关停一会，仪表板上的轮胎气压报警灯开始闪动，等一会轮胎气压报警灯熄灭，复位完成。丰田皇冠轮胎气压复位开关比较隐蔽，在方向盘下部，需趴下才能摸到。

3. 别克系列轿车轮胎气压复位

别克系列轿车轮胎气压复位可以用仪器进行也可以手动进行复位。

案例：别克昂科雷轮胎压力报警。

别克昂科雷轮胎压力报警，读取故障码，显示是四个轮胎压力传感器故障，分析四个轮胎压力传感器都损坏的可能性不大，首先进行校正，正常的程序是先校正左前轮胎，然后依次是右前、右后、左后轮胎。结果校正无法进行，那么是四个都损坏了？我们把顺序颠倒一下，将左前轮与左后轮对调，再进行校正，结果左前、右前、右后能进行了，只有左后轮胎不能进行校正，分析就是这个左后轮胎压力传感器坏了，更换后故障排除了。

三、电动车窗和天窗功能设定

1. 电动车窗设定

汽车上如果出现主玻璃升降器开关，只能控制左前玻璃升降器，控制不了其他的车窗，但锁窗开关打开后，各车门上的小开关都好用的问题，有人以为是故障，实际设定一下就好了。

具有防夹功能的电动车窗系统如果电源中断或经过维修，会造成车窗失去一键开启或一键关闭功能，也可能出现车窗关闭后又自动开启的现象，此时需要对电动车窗进行设定，大部分车型可以采取以下方法：

1）将点火开关至于ON位置。

2）用驾驶人侧的开关将车窗全部打开，并继续在打开位置按住开关约2~3s。

3）用驾驶人侧的开关将车窗全部关闭，并继续在关闭位置按住开关约2~3s。

如果采取这种方法不好用，一些车型需要采取另一种方法设定。

1）拉起车窗升降按钮，关闭所有车窗。

2）松开按钮。

3）再次拉起车窗升降开关的按钮，并在此位置上至少保持2s，自动升降功能恢复。

注意：电动车窗设定要保证电动车窗系统里没有故障存在，否则设定无法正常进行。

2. 天窗设定

天窗设定也很简单，和电动车窗差不多，这里不再重复。

注意：天窗设定要保证天窗系统里没有故障存在，否则设定无法正常进行。

四、初始化设置

汽车上的一些功能需要经过初始化设置才能正常工作，例如：2013款进口大众甲壳虫1.4T轿车更换空调控制单元后，空调制冷效果差。检查制冷剂量合适，连接诊断仪读取故障码，发现有一个故障码，00898：空调控制单元基本设置错误。读取压缩机负荷数据流，发现怠速时制冷剂流量控制电流为0.82A时，压缩机转矩为6N·m，正常情况下压缩机转矩应不少于8N·m。这是哪里的问题呢？是更换的空调控制单元有问题吗？不是的。该车更换空调控制单元后应进行初始化设置，方法是将AC、除霜和内循环三个按钮同时按下然后松开，一会空调就制冷了。

五、自学习

现在汽车上都搭载了电脑，由电脑根据我们的驾驶习惯记录我们驾驶过程中加速、换档等信息，电脑进行自学习使汽车在最佳的状态下工作，或者电脑在接到某个指令后，进行自学习，让汽车各个系统在最佳的状态下工作。

1. 自动变速器自学习

自动变速器电脑根据我们的驾驶习惯来判定何时应该换档，行车电脑记录我们驾驶习惯的过程，就是自动变速器的自学习的过程。自动变速器自学习对换档本身的各种数据进行判断，比如某次换档发现完成换档时间过长，下次做这个换档时就增加离合器结合压力，反之亦然。

以上海通用6速自动变速器自学习为例：

1）自动变速器油温达到66~110℃。

2）原地换档学习。发动机怠速运转，踩住制动踏板，自动变速器档位保持在N位3s，然后将档位从N位换到D位并保持3s，重复上述步骤五次。然后以同样的方式重复N位到R位五次。

3）行驶换档控制学习。汽车行驶在D位，节气门开度25%~30%，驾驶汽车从1档升到6档，车速升高到110km/h或以上时，松开加速踏板，在60s内让汽车停止，重复上述步骤10次。

2. 丰田轿车更换蓄电池后的自学习

丰田轿车拆下蓄电池后，怠速会变得过低，换块蓄电池会产生这样的故障？其实，更换蓄电池后，需要进行电子节气门怠速学习，方法如下：

1）关闭点火开关。
2）拔下发动机舱内熔丝盒中的 EFI 和 ETCS 熔丝，1min 之后装回，怠速学习完成。

六、应急解锁

自动变速器档位无法从 P 位换出时，可以使用应急解锁，不要束手无策。

案例：01J 无级变速器换档操纵机构的应急开锁。

01J 无级变速器在蓄电池电缆断开或电量过低，或无级变速器有故障时，变速杆无法从 P 位移出，车辆不能被推动或牵引。这时通过操纵应急开锁装置，变速杆锁电磁阀 N110 可以在无电流状态下应急开锁。

工作步骤步骤如下：

1）如图 8-17 所示（提示：插图中变速杆手柄已拆卸。将换档操纵机构从变速杆位置 P 处应急解锁时，无须拆卸手柄），取出前部烟灰缸内芯，用旋具撬出烟灰缸壳体/杂物箱的盖罩）。

2）通过烟灰缸壳体的中间开口，用随车工具中的旋具小心地按压变速杆锁电磁阀 N110 上的圆柱体（图 8-18 中的箭头所示），在按住锁止按键的同时将变速杆从 P 位移出。

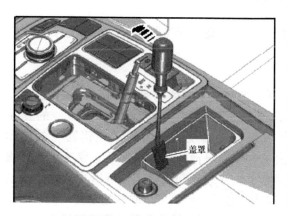

图 8-17　应急开锁装置

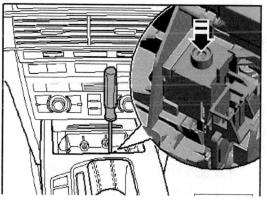

图 8-18　用旋具按压变速杆锁电磁阀上的圆柱体

七、智能进入和起动系统异常情况的处理

在一些特殊条件下，智能进入和起动系统有可能不能正常工作，这些情况我们应该知道：

1）当电子钥匙电池电量不足时。
2）装有自动刷卡设施的地方（例如居民小区）。
3）将电子钥匙与移动通信系统一同携带时，比如双向无线电通信设备或蜂窝电话，或其他能释放无线电波的仪器同电子钥匙一同携带时。
4）当电子钥匙与金属物体接触或被覆盖时。
5）当他人在附近的另一辆车上操纵无线遥控功能时。
6）当附近有释放强电磁波的设施，例如变压器、电视塔、发电站、广播站时。

7）当钥匙表面粘附有会切断电磁波的物质时。

8）当电子钥匙在高压或发出噪声的设备附近时。

八、后雾灯的检查

迈腾 B8 轿车后雾灯在行李舱打开的情况下是不亮的，如果一辆迈腾轿车的后雾灯不亮了，那我们需要打开行李舱进行检查，此时应关闭行李舱锁。如果这时不把行李舱锁关闭，那检查时可能会误入歧途。比如是后尾灯灯泡烧坏了，而维修工可能去检查线路了。

九、紧急起动功能

当电子钥匙电池电量耗尽时，用紧急起动功能可以起动发动机，这些方法应该了解，下面举两个例子。

1. 丰田车紧急起动

丰田车当电子钥匙电池电量耗尽时，请按以下步骤紧急起动发动机：

1）踩下制动踏板时，使电子钥匙标有 Toyota 标记的一侧与"ENGINE START STOP"开关接触。

2）"ENGINE START STOP"开关上的绿色指示灯点亮且蜂鸣器鸣叫，发动机将在 5s 内起动。

2. 君越车紧急起动

一辆上海别克君越轿车的车主来电话说车辆不能起动了，要求救援。维修工赶到现场，发现该车为一键起动，按下一键起动按钮，仪表板出现"未发现遥控钥匙"的提示（图 8-19）。维修工把钥匙放在仪表板下，仪表板仍然出现"未发现遥控钥匙"的提示（图 8-20）。以为钥匙里的电池没电了，就更换了一块新电池，谁知更换后，仪表板仍然出现"未发现遥控钥匙"的提示。君越的钥匙没电了，有应急起动模式，可以找到扶手盒的这个位置（图 8-21），把钥匙放在槽内（图 8-22）。这样一放，可以顺利起动发动机了。这是怎么回事？是钥匙坏了？心想这下子复杂了，要换钥匙了。抬头一看，原来车辆停在银行

图 8-19 仪表板出现"未发现遥控钥匙"的提示

图 8-20 钥匙放在仪表板下仍然出现"未发现遥控钥匙"的提示

门口,银行的门是自动感应门。会不会感应探头干扰了钥匙信号?将车往后退一下,仪表板"未发现遥控钥匙"的提示没有了,发动机可以正常起动了。

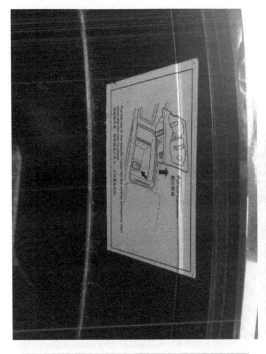

图 8-21 君越的钥匙没电了,有应急起动模式,在扶手盒的这个位置

图 8-22 钥匙放在槽内

十、隐藏的功能

1. 隐藏功能介绍

汽车上有一些隐藏的功能,如:自动落锁、乘客侧安全气囊的关闭等。隐藏功能,需要时打开,不需要时关闭。常见的是遥控器开锁方式和行驶落锁功能。

1)汽车遥控器上都有"开锁"和"闭锁"键,开锁方式有三种:

① 一种是按遥控器开锁键一下,四个车门能一起打开。

② 一种是按开锁键一下,只有驾驶人侧车门能打开,其他三个车门打不开,只有再按一下开锁键,其他三个车门才能打开。例如:上海别克轿车遥控器锁门时,可以一次将所有车门锁上。而开锁时,按一次开锁键将驾驶人侧的车门打开,再按一次开锁键将另外三个车门打开。了解此车性能的人知道遥控器的这个功能。如果一个糊涂客户遇到一个糊涂维修工,那就麻烦了!

③ 还有一种,按一下开锁键能打开哪些车门可以设定,我们可以设定按一次开锁键四个车门都打开,也可以设定按开锁键一下,只有驾驶人侧车门能打开,其他三个车门打不开,再按一下开锁键,其他三个车门才能打开。这些我们应该注意,不要认为车辆有故障,需要修理了,那样会给自己找很大的麻烦。

2)行驶落锁。一些车辆一开始行驶或车速到达某一值,车门会自动落锁。如果这一功能失效了，我们首先要重新设定一下，再查找故障。

隐藏功能的打开和关闭，有些车需要通过诊断仪进行，有些可以通过 MMI 显示屏进行。

2. MMI 显示屏打开隐藏功能

例如，奥迪车的一些隐藏功能可以通过 MMI 显示屏来打开。

1）行车落锁（图 8-23 和图 8-24）

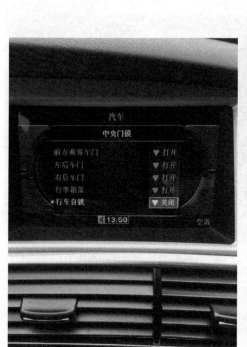

图 8-23　行车落锁（1）　　　　　图 8-24　行车落锁（2）

2）超速警告（图 8-25）

3）日间行车灯（图 8-26）

4）到家模式（图 8-27）

5）前车门窗（图 8-28）

3. 诊断仪打开隐藏功能

一些隐藏功能需要诊断仪来分析，下面以 Q5 为例，介绍如何打开隐藏功能。

（1）隐藏菜单。

诊断仪 VCDS 进 5F 模块，点击匹配（10），在通道里填入 06，读取之后，将原来的 0 改成 1，测试保存后退出就可以了。

现在隐藏菜单可以打开了，方法是同时按住汽车排档旁边的"car"和"setup"两个按键几秒钟，屏幕上就会出现绿色的隐藏菜单。如果不成功，应该是按键的顺序出了问题，保证两个按键是同时按住的，多试几次肯定成功。

图 8-25 超速警告

图 8-26 日间行车灯

图 8-27 到家模式

图 8-28 前车门窗

（2）日间行车灯。

VCDS 软件，依次选择 09 中央电气模块，07 编码，点击长编码帮助，找到 Byte3 把原来的 10000000 改成 10010001，保存即可。

日间行车灯可以说是 Q5 的必调功能，很多车都是提车时就带了这个功能，如果没有可以自己调出来。

（3）LED 亮度

同样是先进入 09 中央电气模块，这里要点击 16 安全访问（密码是 20113），之后点击 10 匹配，读取通道 3，把 7 改成自己喜欢的数值（1～100），保存即可。

调出日间行车灯后，在白天会发现奥迪的灯不如奔驰和保时捷那么亮，其实不然。原因在于奥迪默认的亮度只有 7%，喜欢的话完全可以调成 100%。

（4）紧急制动自动双闪

依次进入 09 中央电气模块，07 编码，点击长编码帮助，把 byte8 里面的数据 bit0 由原来的 0 改成 1，退出执行即可。

打开这个功能后，当车速高于 90km/h 紧急制动时，汽车会自动跳双闪给后车警示，是很好的安全功能。

（5）倒车后视镜下翻。

打开 VCDS 软件，依次点击 52 乘客侧车门，07 编码，会看到当前编码是 011D02205000440004，把 50 改成 54，执行即可。

打开这个功能之后，挂入 R 档，并且后视镜的旋钮选择右后视镜时，后视镜会自动下翻一定的角度，方便查看。

（6）经济驾驶模式

依次选择 17 仪表板，10 匹配，在通道内填入 77，然后读取，再填入新的数据 255，测试保存即可。

打开这个功能后，在仪表板中央的液晶屏幕上，会多出一层菜单，显示瞬间油耗等内容，比如怠速状态下开着空调或者座椅加热，屏幕上就会显示出一个小时的耗油量，方便查看。

（7）锁车声、解锁声。

锁车 B 一声：依次选择 46 中央舒适，07 编码，点击长编码帮助，byte1 里面的 bit2 打钩即可。

解锁 B 两声：依次选择 46 中央舒适，10 匹配，通道里填入 63。假如原数据是 40 就加 4 变成 44，测试保存执行即可。

因为 Q5 有无钥匙进入，一抓门把手就会解锁，所以有时候担心车没锁好去拉把手，反而又把车锁打开了，有了声音，就方便多了。

（8）胎压监控系统。

第一步选择 03ABS 制动，16 允许进入，输入密码 61378，执行。然后后退选择 07 编码，选择长编码帮助，找到 byte1，把 bit3 由原来的 0 改成 1，退出，执行。

第二步找到 56 收音模块，选择 07 编码，点击长编码帮助，找到 byte8，把 bit6 勾选，退出，执行。

最后找到 17 仪表板，选择 07 编码，点击长编码帮助，找到 byte4，把 bit0 勾选上，退出，执行。

刷完这个功能之后在 MMI 里会多一个胎压监控的选项，平常看不出什么效果，在胎压不正常时才会报警。

十一、举升模式

带空气悬架系统的奥迪轿车更换轮胎或车辆整体举升时,有"举升模式"的一定要打开举升模式,否则可能损坏空气悬架系统。举升模式可以通过 MMI 进行设置。

1) 打开点火开关,按住 MMI 功能按钮 CAR。
2) 屏幕出现"自适应空气悬架"(英文为:ADAPTIVE AIR SUSPENSION)
3) 按功能按钮 SETUP,出现功能菜单:ADAPTIVE AIR SUSPENSION。
4) 通过旋转/按压操作按钮将菜单调整至"举升模式"(英文为:Jacking Mode)。选择打开(ON),设置完成。
5) 作业完毕,关闭举升模式。

十二、运输模式和装载模式

运输模式的作用是为了避免新车在运输和储存过程中,由于各种操作导致车辆用电器频繁工作使蓄电池电量放光,影响新车质量。因此新车在汽车生产厂家出厂前会激活运输模式。运输模式会使车辆的某些功能失效,例如收音机无法打开,内饰灯、脚坑灯、仪表灯等灯光不会点亮。在车辆售给客户前要关闭运输模式。

1. 奥迪 A8 运输模式

(1) 蓄电池管理运输模式
1) 61 蓄电池管理——10 通道调整匹配——01 涌道——00000 开启运输模式。
2) 61 蓄电池管理——10 通道调整匹配——01 通道——00000 关闭运输模式。
(2) 气动悬架运输模式。
1) 34 自调平悬架——16 系统登录——10273 开启运输模式。
2) 34 自调平悬架——16 系统登录——41172 关闭运输模式。

2. 奥迪 A8 关闭装载模式

(1) 通过 VAS PC 停用装载模式
1) 连接车辆诊断测试仪。
2) 在诊断测试仪上执行下列步骤:引导功能——汽车品牌和车型——功能——保养工作——用>启动程序"激活或停用装载模式。
3) 继续进行程序进程。
(2) 通过 ODIS 停用装载模式
1) 连接车辆诊断测试仪。
2) 选择诊断运行模式,然后开始诊断。
3) 执行汽车识别。
4) 不再选择"使用引导型故障查询操作",为此取消 v 并按下"采用"。
5) 继续进行程序进程。
6) 选择特殊功能选项卡。
7) 选择程序"34 - 激活/停用装载模式",然后通过"执行检测…"开始执行。
8) 继续进行程序进程。

2. 东风日产运输模式

运输模式的设置方式，不同车型方法也不一样，主要有：运输开关设置、多功能显示屏设置等。例如：2013款东风日产新世代天籁轿车发动机可以正常起动，但车门闭锁和防盗、转向和照明灯、导航、音响和倒车影像、空调系统不能正常工作。打开点火开关，仪表板上的双向转向指示灯点亮1min，观察仪表板中央显示屏出现"处于运输模式，请按压切断开关"的提示。原来这款车有设置运输模式的功能。在驾驶室左侧的熔丝盒内有运输模式开关，这个开关用于车辆长期停放时使用，是为了最大限度地抑制蓄电池的能量消耗。当垂直于熔丝盒方向拔出开关，并将点火开关转至ON位置维持10s后，车辆就进入运输模式。当垂直于熔丝盒方向压下运输开关，将点火开关转至ON位置维持10s后，车辆就关闭运输模式。

十三、工厂模式

工厂模式是车辆在生产工厂的一种模式，车辆出工厂后应关闭工厂模式。如果不关闭，就会有故障出现。

案例：一汽大众CC轿车远光指示灯闪烁

故障现象：一汽大众CC轿车打开远光灯后，远光指示灯闪烁，车辆的灯光开闭及变光功能正常。

故障检查与分析：连接诊断仪，检测车身控制单元无故障码。观察车身控制单元的数据流04区1组，远光灯开启时显示为"开"，远光灯关闭时显示为"关"，正常。由车身控制单元的故障码情况和数据流情况来看，车身控制单元正常。分析故障是组合仪表的工厂模式设定造成的。

故障排除：进入17-组合仪表控制单元，选择通道10进行匹配，分析此时为开启状态。关闭工厂模式，故障现象消失。

第九章 绝 技

第一节 绝技的力量

"绝技",也有叫"绝活""绝招"的,意为别人不易学会的技艺,或一般人所不具备的技术或手艺。

汽车维修也有绝技,初学汽车维修的人都想从师傅那里学到一些"绝技"。那么汽车维修的绝技是什么?汽车维修的绝技就是某些简单、快捷和实用的方法,是具有独特效果的检测或维修技巧。在许多情况下,修车技术的高低就体现在谁能够掌握这些"绝技"。绝技是具有独特效果的技巧,而技巧,是经验的积累,是智慧的结晶。技巧,蕴含着深邃的科学道理。技巧,具有化繁为简的神奇效果。技巧,是从师傅那里难以学到的真本领,必须真学苦练,才能练成。

一、绝技是经验的积累,是智慧的结晶

人们常说某某汽车维修工有绝招,一辆汽车从前面一过,就知道汽车有什么故障,这个绝招的练成他是听了多少辆有故障车辆的声音总结出来的,例如:发动机缺缸排气管有什么声音,排气管漏气是什么声音,轮胎磨损是什么声音,轴承响是什么声音。

其实,像这种靠经验积累取得的绝技,还有很多,比如闻汽车上的气味,汽车上的气味大体有:

橡胶煳味:这种气味最容易分辨,出现这种气味首先要检查传动带及轮胎,看看传动带是否松弛打滑,或者看看轮胎是否过热。

摩擦材料煳味:离合器片、制动蹄片摩擦材料煳味类似于橡胶煳味,如果出现这种气味,应检测离合器片或制动器片是否过热。

塑料煳味:汽车电器设备负荷大,会使导线上的塑料过热,并有塑料煳味产生。当汽车电器设备负荷过大或电线短路时,会有严重的塑料煳味,并伴有局部冒烟,时间长了,容易引起燃烧引发火灾。如果闻到了气味再结合汽车的故障现象就很容易找到故障部位了。例如,汽车起动时有塑料煳味,那可能是起动线路老化了或搭铁不良造成的。

汽油味:汽车经过长期使用,有的燃油管路会发生老化龟裂,或管路接头会密封不严,燃油会从这些部位渗漏出来,产生汽油气味。发动机不能完全燃烧,也会产生汽油味。

高手能从排气管排出的废气，判断发动机工作的好坏。

如果你闻闻气味就知道故障在哪里，那也是绝技。

电控汽车的故障现象无奇不有，产生故障的原因也错综复杂。例如，我们早期修大众车时，低速游车、怠速抖动的故障现象较多，汽车书刊上介绍的故障原因和排除方法一大串，维修人员往往一头雾水。那时，有专家总结了两句话：一句是，电路故障"阻游漏抖"，即线路接触不良（例如节气门位置传感器插头接触不良）形成高电阻，发动机一般会游车；若点火部件漏电（如火花塞或高压线漏电），发动机运转会抖动。另一句是，油路故障"浓游稀抖"，即混合气过浓会产生游车；若真空管漏气或混合气过稀，会导致发动机抖动。

这些是维修技巧，是真正从维修实践中总结出来的宝贵经验。发动机改进了，故障现象也会产生变化，这时需要我们用智慧去总结。

二、绝技具有化繁为简的神奇

汽车维修人员都有这样的体会，按照汽车故障诊断流程进行故障排除，有时程序繁琐，那么有没有什么方法或技巧，能够加快电控汽车的检测和维修进程呢？

我们以一个故障案例"冷起动困难"来说明。故障现象是冷车不容易起动，热车起动正常。这个故障从何处入手呢？发动机冷车起动困难的根本原因，是混合气偏稀或者点火能量不足，应该从点火系统、燃油压力、喷油器、冷却液温度传感器反馈信号等方面进行排查。具体来说，需要检查以下6个方面：

① 进气系统是否漏气、EGR阀是否漏气、PCV阀工作不良等导致混合气过稀。

② 空气流量传感器、冷却液温度传感器的信号是否失常。

③ 喷油器（包括冷起动喷油器）是否由于积炭而堵塞或燃油雾化不良。

④ 燃油压力是否偏低。

⑤ 节气门是否因结胶过多而无法正常开启。

⑥ 气门上面是否存在积炭，积炭会吸附部分燃油，造成混合气过稀，或者积炭造成冷车时气门密封不严。

如果按部就班一项一项检查下来，可能需要花费很长时间和大量精力。但是，如果按照冷车异常，热车正常的特点进行分析，有些地方可以排除：

一是判断燃油系统是否正常。因为热车正常，因此判断燃油系统残余油压成为关键，这时可以反复开关点火开关几遍，让燃油泵短暂运转并建立起系统的初始油压，然后再起动。这样操作比连接油压表测量燃油系统压力要简便许多。如果能够起动，说明故障原因是燃油系统的残余油压过低；如果仍然不能起动，基本上可以排除燃油系统故障。

二是热车起动正常，说明进气系统和排气系统正常，如果这两个系统有故障，不管冷车、热车都会存在的，热车也会难以起动，甚至出现怠速抖动的现象。因此，应当把重点放在检查混合气过稀的原因上（要么进气多了，要么喷油少了），这样就大大缩小了排查的范围。冷车时尤其要考虑气门积炭引起气缸密封不严的问题。

三是在早上起动时，拔掉冷却液温度传感器的插接器，人为地使该传感器电路处于开路状态，其电阻值为无穷大，发动机ECU便认为处在温度极低的工况下，ECU会控制混合气加浓。如果此时能够顺利起动，说明故障原因是混合气过稀。若仍然无法起动，则清除故障码后，再对照上述可能的故障原因进行排查。

第九章 绝 技

四是冷车起动异常，热车起动正常，点火系统重点检查火花塞间隙。冷车时点火能量不足，发动机也不容易起动。

这样就把复杂问题简单化了，也就形成了检查这些故障的绝招。

三、绝招不是邪招

绝招蕴含着深邃的科学道理，绝招不是邪招。大家先来看看这些操作：

1）起动机转动，而发动机不工作，找根木头棍子敲敲油箱，如果发动机能起动了，那基本就是汽油泵或与汽油泵相连的插接器故障。

2）起动机不起动，用木头棍子敲击起动机，起动机能转动了，那基本判断是起动机故障。

3）方向盘锁死了怎么办？左手握住方向盘轻轻转动，右手轻轻扭动钥匙，方向盘就解锁了，那可能是方向盘卡在锁止位置了，与点火开关或钥匙无关。

这些都是有科学根据的，是绝招。但有些方法是不可取的，例如：

1）汽车跑偏，不找原因，把跑偏一侧的轮胎气压升高，或将另一侧的气压调低。

2）车辆上年审检测线检测制动力不足，将 ABS 泵的插头拔下来，制动时地面上有拖印了，感觉制动效果好了。

这些都是邪招，我们要讲科学，不要学这些邪招！

案例 1：上海别克世纪轿车和别克君威轿车行李舱锁打不开

上海别克世纪轿车和别克君威轿车行李舱锁可以通过钥匙或遥控器打开，但现在不少别克世纪轿车和别克君威轿车行李舱只能通过遥控器打开，为什么？这是因为有一些盗车贼，他们能在 5s 内用旋具迅速打开行李舱锁，盗窃客户行李舱中的物品。因此不少别克世纪轿车和别克君威的客户把行李舱的机械锁功能废除了，只保留了遥控器开锁功能。有这么一辆别克世纪轿车也是把行李舱的机械锁功能废除了，只保留了遥控器开锁功能。这天出现了故障：行李舱锁用遥控器打不开了。怎么办？客户有急事需要打开行李舱，我把耳朵贴近行李舱锁在遥控器开锁时能听到行李舱锁电动机轻微的工作声音，但感觉力量不是很大。再观察发现，在用遥控器开锁行李舱时，仪表台上的雾灯开关里的指示灯闪动，同时后加装的倒车雷达显示屏也闪动。分析行李舱里，行李舱锁电动机、雾灯、倒车灯等线路破损，线路连接到了一起。这是上海别克世纪轿车和别克君威轿车，包括后来的别克君越轿车容易出现的故障，就是行李舱锁电动机的线路容易折断、容易和后部灯光线路连接到一起，最后导致行李舱锁打不开。这些车型行李舱锁打不开，我们首先想到的就是行李舱锁电动机的线路折断或与后部灯光线路连接到一起。

怎么排除这个故障呢？由于后部灯光线路连接到一起，使到达行李舱锁电机的电流减少，产生了故障。行李舱的线路摸不到，能否想办法，将雾灯、倒车灯、尾灯的线路断开呢？断开前照灯开关，拔下相关部件的继电器，断开档位开关，再试，遥控器可以打开行李舱了。打开后，检查果然是行李舱锁电动机、雾灯、倒车灯等线路破损连接到了一起。将线路包扎，故障排除。

小结：本故障依靠细致的观察和科学的分析，利用断开线路的方法使行李舱锁电动机恢复工作。

案例 2：别克君威车钥匙锁在车里如何开

如果不小心将车钥匙锁在车里，那怎么办？找开锁公司、撬车门？实际上有其他办法，这些办法就是要知道汽车一些系统的工作原理。例如，别克君威轿车，不小心将车钥匙锁在车里，有如下绝招：

拆下左前轮胎，拆下叶子板内衬垫（不必完全拆下），直到看到左前门连至车身控制元件的线束，取下线束防水罩，这时可以看到左前门至车身控制元件的每根电线，断开插接器，把c3号（颜色：橙/黑色）线搭铁即可开锁。

四、绝技需要创新

绝技需要创新，创新出新思路、新方法，同时总结成先进工作法，利于以后的工作和先进工作法的传播。

1. 电吹风加热诊断汽车故障先进工作法

本书作者在维修中曾遇到一辆奔驰560SEL轿车，该车发动机在怠速、中速、高速时均出现过突然熄火的故障，熄火间歇发生而且愈来愈频繁，开始是每天仅出现一两次，后来竟一天多达十几次，严重影响了车辆正常行驶。

在维修中判别发动机间歇熄火的故障是件令人头痛的事。因为这种故障有时二三天出现一次，有时一天就出现多次；有时熄火后，发动机可马上起动并正常工作，有时则需等十几秒甚至更长时间才能正常工作，无规律可循。出现这种现象应先排除油路故障，然后再考虑电路故障。而后者的诊断往往靠经验判别。对进口轿车来说，零件价格高，错误的判断必然导致停车时间长，维修费用昂贵等问题。当时我怀疑点火线圈、点火模块和继电器等部件可能有故障，继电器不太贵，而点火线圈和点火模块很贵，判断错误，就会造成配件积压。作者认为电器元件损坏主要与温度有关，于是决定采用加热法对点火线圈、点火模块和继电器等进行判断，用电吹风给怀疑的部件加热，最后确定为点火模块故障，更换新器件后故障排除。后来作者又用这种方法排除了其他汽车类似的电器故障，在当时同事称作者的这种方法是"绝招"。作者把这个"绝招"进行了总结，称为"用电吹风加热法判断电器故障"，内容如下：

电器元件故障可用这种电吹风加热法来诊断，该法简便、实用。普通家用电吹风即可。建议按以下顺序进行：

1）起动发动机使其达到正常工作的温度。

2）用手触摸待查电器的表面温度，最好用表面温度计测量出其表面温度值T_1。

3）用电吹风均匀地吹待查电器的表面，吹风机端口要距电器表面50mm以上。

4）用手感测待查电器的表面温度，最好用表面温度计测出其温度值T_2，应控制$(T_2-T_1)\leq 10℃$，若过热则易损坏电器。

5）若在吹风加热过程中出现发动机熄火，则可断定故障与此电器有关。

这种方法可用在点火模块、点火线圈、继电器等电器上，但对控制单元（ECU）进行加热检测应该慎重。

后来作者整理的《用电吹风加热法判断发动机熄火故障》论文在汽车杂志在发表了，受到汽车维修工们的欢迎，也有专家称之为"先进工作法"。这种先进工作法在作者多年的维修实践中多次使用，其中不少是疑难故障，都收到了良好的效果。

2. 水淋诊断汽车故障先进工作法

汽车在阴湿天气发生的故障诊断是一件令人头疼是事情，作者曾遇到过桑塔纳雨天容易熄火的故障，用塑料袋依次包住点火线圈、分电器做淋水试验，找到了故障部件是分电器盖漏电，发现对于这种阴湿天气易发生的电器故障，采取这种方法很实用。后来，作者通过这种方法解决了不少问题，如：单根高压线漏电，若漏得很轻，很难看出来。这时在高压线上喷点水，可以较明显看出高压线与缸体之间跳火，从而找出高压线漏电点。

随着科技的进步，分电器在车上已经不使用了，但这种方法作者一直在用，2008年作者遇到了一辆一汽大众速腾轿车，该车出现发动机间歇熄火的故障。连接诊断仪，读取故障码，无故障码显示，观察数据流也看不出问题。因是间歇故障，无从下手。询问客户故障发生的条件，得知车辆在雨天或过水路时故障容易出现。于是模拟车辆过水路情景，在发动机工作时用高压水枪往车辆底部喷水，一会发动机熄火了，打开发动机舱盖，检查又发现点火线圈上面有水，用高压空气将水吹净，发动机可以重新起动工作。再试，一会发动机又熄火了，打开发动机舱盖，检查又发现点火线圈上面有水，用高压空气将水吹净，发动机又可以重新起动工作。分析点火线圈有问题，更换点火线圈，故障排除。

作者对水淋法诊断汽车故障进行了总结，并加上了喷洒盐水方法，归纳总结成水淋诊断汽车故障先进工作法：

1）检查发动机是否有漏气处，若有应该排除后再进行，以防水进入发动机。

2）当有些故障是在雨天或高湿度的环境下产生时，可以将万用表、诊断仪等连接好来帮助诊断故障。

3）将水灌入喷水瓶内喷洒在怀疑故障的导线、电器元件上，注意水不能进入电器元件内部、熔丝盒或插接器内，尤其应该防止水渗漏到电控单元（ECU）内部。

4）当喷洒时，要分段慢慢喷洒，并注意观察喷洒不同部位时汽车状态变化情况，尤其是万用表、示波器、诊断仪等检测数据的变化，以此来帮助诊断工作。

5）将水与盐混合制备质量分数5%的盐水溶液可以增加水的导电性，对于湿气比较敏感的电路，在喷洒这种溶液后，故障更容易出现，但同时应该注意盐水更不能进入电器元件内部、控制单元内部、熔丝盒或插接器等部件内部。

6）若水喷洒过多应及时清理干净。

7）注意喷洒时不要使用高压水，以免引起电器元件的损坏。

五、绝技是综合实力的体现

上面说了绝技是真学苦练来的，但有些绝技不仅要真学苦练，还需要维修工多方面的功力，这些绝技是综合实力的体现。

有些绝技实际上就是懂得多，观察细节很充分，会分析就可以了，我们举一个具体的实例。例如，发动机怠速不良，汽车发动机怠速不良有多个影响因素，随便找个维修工他能说10个故障原因，水平高的能知道有20个故障原因，高级维修工或者技师能答上更多。但如果有个人看到发动机怠速抖动，一下子能说出是哪里的故障原因，那就是高手中的高手了，他所用的方法，就是"绝技"！那他是怎样做到的呢？现在我们就这个问题讨论一下。

（一）怠速不良的原因

怠速不良的一个原因是怠速控制系统不良，另一个原因是气缸内气体作用力的变化（一个气缸内气体作用力变化或几个气缸内气体作用力变化），引起各气缸功率不平衡，从而产生发动机抖动。

1. 怠速控制系统故障

怠速控制系统故障，如节气门电动机损坏或发卡；怠速步进电动机、占空比电磁阀、旋转电磁阀损坏或发卡，导致怠速空气控制不准确。

2. 进气系统

（1）节气门和进气道积垢过多

节气门和周围进气道的积炭、污垢过多，空气通道截面积发生变化，使得控制单元无法精确控制怠速进气量，造成混合气过浓或过稀，使燃烧不正常。

（2）进气歧管泄漏

进气总管卡子松动或橡胶管破裂；进气歧管衬垫漏气；进气歧管破损；喷油器O形密封圈漏气；真空管插头脱落、破裂；曲轴箱强制通风（PCV）阀开度大；活性炭罐阀常开；废气再循环（EGR）阀关闭不严等，使不正常的空气、汽油蒸气、燃烧废气进入到进气歧管，造成混合气过浓或过稀，使发动机燃烧不正常。当漏气位置只影响个别气缸时，发动机会出现较剧烈的抖动。

（3）进气量失准

空气流量传感器或其线路故障；进气压力传感器或其线路故障；发动机控制单元插头因进水接触不良或电脑内部等故障，使控制单元接收错误信号而发出错误的指令，引起发动机怠速进气量控制失准，使发动机燃烧不正常，属于怠速不良的间接原因。

3. 燃油系统

（1）喷油器故障

喷油器堵塞、密封不良、喷油器线圈老化等，造成喷油器的喷油量不均、雾状不好，造成各气缸发出的功率不平衡。

（2）燃油压力故障

燃油滤清器堵塞；燃油泵滤网堵塞；燃油泵的泵油能力不足；燃油泵安全阀弹簧弹力过小；进油管变形；燃油压力调节器有故障；回油管压瘪堵塞等造成油压过低，从喷油器喷出的燃油雾化状态不良，或者喷出的燃油成线状，严重时只喷出油滴，喷油量减少使混合气过稀；油压过高，实际喷油量增加，使混合气过浓。

4. 点火系统

（1）点火线圈与高压线

点火触发信号缺失；点火模块有故障；点火模块供电线或接地线的连接松动、接触不良；初级线圈或次级线圈有故障、高压线电阻过大；高压线绝缘外皮或插头漏电等，造成高压火花弱或火花塞不点火。

（2）火花塞

火花塞间隙不正确；火花塞电极烧蚀或损坏；火花塞电极有积炭；火花塞绝缘体有裂纹，造成火花塞火花能量下降或失火。

5. 排气系统

排气系统的三元催化转化器堵塞引起怠速不良。

6. 电控系统故障

1) 空气流量传感器（或进气歧管压力传感器）故障；节气门位置传感器故障；节气门怠速开关故障；冷却液温度传感器故障；进气温度传感器故障；氧传感器失效；以上传感器的线路有断路、短路、虚接、搭铁故障；发动机控制单元插头因进水接触不良或电脑内部故障，导致控制单元发出错误指令，使喷油量不正确，造成混合气过浓或过稀，属于怠速不良的间接原因。

2) 空档开关、空调开关、转向开关等故障。自动变速器空档开关、空调开关、转向开关等有故障会增加怠速负荷，引起怠速不良。

7. 机械结构

（1）配气机构

正时带安装位置错误，使各缸气门的开闭时间发生变化，导致配气相位失准，各气缸燃烧不正常。气门工作面与气门座圈积炭过多，气门密封不严，使各气缸压缩压力不一致。凸轮轴的凸轮磨损，各缸凸轮的磨损不一致导致各气缸进入空气量不一致。气门相关件有故障，如气门推杆磨损或弯曲，摇臂磨损，气门卡住或漏气，气门弹簧折断等，导致个别气缸的功率下降过多，从而使各气缸功率不平衡。

（2）发动机体、活塞连杆机构

气缸衬垫烧蚀或损坏，造成单缸漏气或两缸之间漏气；活塞环端隙过大、对口或断裂，活塞环失去弹性；活塞环槽内积炭过多；活塞与气缸磨损；气缸圆度、圆柱度超差；因气缸进水后导致的连杆弯曲，改变压缩比；燃烧室积炭过多改变压缩比，积炭严重导致怠速不良。

这里列出了这么多故障原因，还有一些没有列出，例如：燃油中有水、发电机故障等。

（二）诊断流程

1. 观察现象

1) 观察发动机转速表，结合观察发动机缸体、方向盘抖动程度；发动机转速以怠速期望值为中心抖动，或在期望值一侧剧烈抖动，程序中的怠速期望值包括标准怠速值、负荷（打开灯光、转动方向盘、自动变速器挂上档等）怠速值、空调怠速值、暖车怠速值。同时应该观察仪表是否有仪表指示异常，如：有一辆车怠速时蓄电池指示灯亮，经检查怠速不良是由于发电机发电量低造成的。

2) 将现象细分：

① 正常，在怠速期望值 ±20r/min 抖动。

② 怠速过高。

③ 怠速不稳。一般不稳，在怠速期望值 ±50r/min 抖动；严重不稳，超过怠速期望值 ±50r/min 抖动。

④ 在怠速期望值的一侧上下变动。

⑤ 怠速熄火。

2. 观察出现的条件

1）冷车怠速不良，热车好。
2）冷车怠速正常，热车怠速不良。
3）冷热车均怠速均不良。
4）起动发动机后怠速正常，停 3～4s 后怠速不良。
5）怠速开始正常，而加速一段时间后，怠速开始不良。

3. 问询

1）车辆基本信息，如：里程、保养记录。
2）怠速不良时的发动机温度。
3）最早出现怠速不良的时间。
4）车主经常驾驶的道路和习惯等。

通过以上问询可对怠速不良故障有初步判断。

4. 基本检查

检查节气门拉线是否调整合适，有无发卡，真空管有无脱落、破损；插接器有无松脱；是否存在漏油、漏水、漏气、漏电现象；排气管是否有"突、突"声（发动机缺缸）、冒黑烟、有生汽油味等不正常现象。

5. 诊断仪诊断

主要功能是读取故障码、阅读分析数据流和完成执行元件测试。尤其是数据流可以提供发动机运转中的实时数据。怠速不良，要读发动机转速、节气门开度、负荷、怠速空气流量学习值、怠速空气调节值、吸入空气量、点火提前角、氧传感器信号电压、冷却液温度、进气温度等数据。

6. 检测

根据故障现象、故障码内容、数据流数值确定检测内容。根据检测对象选择万用表、二极管测试笔、尾气检测仪、燃油压力表、真空表、气缸压力表、示波器等，选择哪一种仪器应视具体情况来定，出发点是能迅速、准确判断故障。检测的原则是"从电到机"、从简到繁。可以按电控系统、点火系统、进气系统、燃油系统、发动机机械部分的顺序进行。

7. 排除

进行故障排除并进行验证。

（三）诊断技巧

上面列出了这么多故障原因，列出了诊断流程，那么有什么绝技可以快速、准确地诊断呢？高手能按照检测诊断流程，或跳过某个步骤，结合维修经验做出正确判断，主要的技巧包括以下几条。

1. 用加速法确定故障是怠速不良还是加速也不良

如果怠速时发动机抖动，这时将发动机加速，可以通过快加速、慢加速等方式，确定故障只是怠速时有，还是怠速和加速均不良。

只是怠速时不良，那我们的目标就定在怠速控制上。

怠速和加速均不良。那我们的重点在加速不良上，绝大多数情况下，加速不良修好了，怠速不良也就修好了。

2. 用断缸法迅速找到输出功率小的气缸

也就是确定是否某个气缸工作不良，引起的怠速抖动，这样故障排除就集中在查找这个缸工作不良上，故障范围一下子就缩小了。

（四）多读多看增加知识点

前面讲过汽车维修的绝技就是某些简单、快捷和实用的方法，是具有独特效果的检测或维修技巧。有时我们会遇到一些诊断有难度的故障，这就要靠我们多读多看增加知识点，把涉及影响怠速的各种因素一一找到，逐个排除。

一位凯迪拉克4S店的技术总监曾经讲过一个案例：一台2015款SRX 3.0L凯迪拉克轿车，发动机怠速时抖动，发动机故障灯闪烁。用诊断仪检测，在发动控制模块处读取到一个当前故障码P0300 00：检测到发动机缺火。因为发动机控制模块中读取的故障码只能看出车辆存在缺火现象，无法判断是哪一个气缸存在故障，随后通过读取发动机控制模块中的数据流，观察其数据流后发现在车辆怠速状态下3缸一直处于缺火状态。

按照以往的维修经验，遇到缺火车辆后首先怀疑是点火线圈和火花塞可能存在问题，所以直接把3缸的火花塞和缸线与其他正常气缸进行对调测试，对调后重新起动车辆发现转速在1000r/min以上时，车辆只存在故障灯亮，无抖动现象，当转速下降到正常580r/min左右，车辆出现明显抖动，观察发动机模块中不点火数据后，发现还是3缸一直处于缺火状态。

通过做对调测试后，暂时排除点火线圈和火花塞存在故障。随后通过诊断仪的特殊功能对喷油器进行燃油喷油器平衡测试，来判断不是3缸的喷油器存在问题。

排除点火线圈、火花塞和喷油器后，故障没有排除，这时怀疑是不是气缸内存在故障，随后对其气缸压力进行。分别测量有故障的3缸和无故障的4缸，其缸压均在1.35MPa左右，正常。

这时，决定拆检凸轮轴盖，检查3缸的气门弹簧和气门摇臂是不是存在破损，导致气缸内部存在轻微压力泄漏，拆开气缸列1的凸轮轴盖后，检查发现在其进气凸轮轴的5缸凸轮轴瓦固定螺钉存在明显松动现象，拆检后发现其中一根螺钉已经断开，随后检查其凸轮轴发现凸轮轴末端有明显锈迹，对其凸轮轴进行处理后更换断的螺钉后，装车后试车，发现缺火现象消失，怠速抖动故障也就消除了。

有位专家也遇到过一台车间断性怠速抖动，在做了大量检查后没有发现问题，最后拆卸气门弹簧后才发现故障原因：气门弹簧折断了。

还有一台车怠速抖动，最后发现是气缸盖的机油道上的泄压阀卡滞造成的。原因是装有液压挺杆的发动机，在通往气缸盖的机油道上安装有一个泄压阀，当压力高于300kPa时，打开该阀。如果该阀堵塞，由于压力过高会使液压挺杆伸长过多，导致气门关闭不严。

六、绝技有时有点"土"

有的人有一些好的方法，虽然说不出大道理来，但关键时刻用一用还真管用，这是绝招，但我认为更多的是经验吧，如果说是绝招，那只能在绝招前面加个"土"字。例如：导航死机了，断开蓄电池负极等待30s再装上就好了。发动机清洗节气门后怠速高了，断开蓄电池负极等待30s再装上就好了。仪表板上有故障指示灯亮，用诊断仪清除不掉，断开蓄电池负极等待30s再装上就好了。因此有人把"断开蓄电池负极等待30s再装上就好了"当成了包治百病的灵丹妙药，其实不是这样，断开蓄电池负极，不过让系统恢复了初始设置罢了。如果系统真有故障，还会出现的。另外，不要随意断开蓄电池负极，一些车辆有音响防盗，或一些装置断开蓄电池需要重新匹配。

在这些土绝招里，还有断开控制单元插接器的，例如：捷达车修理中，某些故障码用故障诊断仪清不掉、也无法进行基本设置，把发动机控制单元插头拔下20s以后再装回，虽然发动机控制单元会记更多故障码，但都能清除掉。这是个土办法，不是总管用，大家在毫无头绪时可以一试。

本书作者在维修实践中，也总结出一些"土"绝招，不过有些还是很管用的。例如：高压线火花塞故障的判断。高压线故障可分为两大类，一是漏电，二是断路。某缸高压线漏电严重时会引起发动机在任何工况都抖动。漏电不严重时，发动机怠速工作正常，但原地急加速能感觉到加速抖动。轻微漏电时，发动机怠速工作正常，原地急加速也正常，但车辆行驶加速时能感觉到发动机抖动。高压线长期漏电，在高压线上能找到漏电的痕迹。

高压线的另一种损坏是高压线内部断路，断路通过测量电阻就可判断。断路的一种形式是似断非断，测量电阻时正常，但行驶中出现似断非断的情况，导致发动机加速抖动。这种情况，在检查时可以边轻轻拉动高压线边测量电阻，若是似断非断的情况，大部分可以检查出来。如果仍检查不出来，那发动机加速抖动就不好判断是点火系统的故障还是燃油系统的故障，如果感觉是点火系统的故障，那也不好判断是火花塞的故障还是高压线的故障，因为这时高压线和火花塞从表面看不出异常，高压线用万用表也测量不出断路。对于带手动变速器的车辆，我们可以通过路试判断它们的好坏，并确定是火花塞的故障还是高压线的故障。

此时采用的办法是：拖档。所谓拖档，有两种：低档高（速）拖；高档低（速）拖。在驾驶实践中不论那种拖，都不是好现象，长时间会对发动机造成坏的影响，会费油。我们采用的是短时间的高档低拖，打个比方，现在是低速二档行驶，转速也只有2000r/min，如果挂四档的话就会拖档，这时候换成二档就好了。

在高档低拖的工况下，发动机转速过低，会出现功率输出无力现象，功率输出不够，车子又要前行，车子就容易出现顿挫，俗称"耸车"。

知道了这些道理，下面给出具体方法。

1. 换档瞬间测试法

在变速器换档时，特别是三档换四档时，待车速降低一些再换入四档，也是有点高档低拖的感觉，如果此时发动机耸车，则为高压线或火花塞有问题。

2. 四档或五档高档低拖法

此时分为两种情况：

1）如果采用换档瞬间测试法，发动机没有耸车，则在四档或五档上采用高档低拖，然后在档上加油，如果发动机出现耸车，则为火花塞的故障。

2）如果采用换档瞬间测试法，发动机耸车，则在四档或五档上采用高档低拖，然后在档上加油，如果发动机出现不耸车或耸车明细减弱，则为高压线故障；如果发动机耸车依旧，则为火花塞的故障。

这种测试方法还是挺管用的，大家可以试试，但测试时间要短，不可长时间使用。

七、绝技是走一步看三步

象棋高手,走一步至少要看三步,维修汽车也是一样,不能只看眼前的表面的故障现象,而应具有看透故障根本原因的绝技。

作者曾修理了一辆日产LAUREL桂冠轿车(图9-1),这辆车在其他修理厂进行过大修,行驶了2000km后发动机不能起动了,经检查是发动机三缸连杆弯曲了,这是什么原因呢?配件质量问题还是装配问题,还是气缸里进水了?经仔细检查发现原来发动机里的机油有很重的汽油味,难道气缸里进汽油了?汽油只能从喷油器喷入,检查四个喷油器工作正常,将它们接到线路上,打开点火开关,四个喷油器也不喷油,可晃动线路,三缸喷油器就一直喷油,这说明三缸喷油器控制线路有搭铁的地方。沿三缸控制线路排查,发现该线在从发动机舱进入驾驶室的防火墙处磨破搭铁。导线为什么会磨破呢?认

图9-1 日产LAUREL桂冠轿车

真检查发现该车上次大修时吊装过发动机,在拆装过程中,将部分线束包扎胶带丢弃或损坏,特别是从发动机舱至驾驶室的防尘绝缘套损坏,而该车重新吊装后线束布置不合理,这组线束始终处于绷紧状态,在车辆运动过程中,由于抖动、冲击等造成三缸喷油器控制线路磨破、搭铁,使三缸喷油器始终喷油,缸内汽油溢满,造成发动机连杆弯曲。

这辆车的故障诊断经历了:三缸连杆弯曲——找到的原因是气缸内有汽油——有汽油的原因是三缸喷油器一直喷油——三缸喷油器一直喷油的原因是三缸喷油器控制导线磨破搭铁——导线磨破搭铁的原因是线束布置不合理,始终处于绷紧状态。

这个故障如果不认真分析,只是简单更换连杆,那连杆会再次弯曲,还可能造成发动机严重损坏。

第二节 绝技是怎样炼成的

前面讲了什么是绝技、绝技的好处等,那绝技是怎样炼成的呢?

一、真学苦练出绝技

更换气门油封时,装气门锁片是一件费时、费力的事,且要拆下气缸盖。能不能不拆气缸盖,就可以更换气门油封呢?那时作者就和班组的维修工们一起认真研究,并一遍一遍地试验,反反复复地练习,采用了两种新方法,那时我们称它们是"绝招",可以在不拆气缸盖的情况下更换气门油封,效果很好,这两种方法具体如下。

1)拆掉火花塞,将一段长约20cm弯曲的钢筋从火花塞孔插入,托住气门,压下气门弹簧,就能装入锁片,适用于伏尔加轿车等。

2)在上述方法行不通的发动机上,为防止气门掉入气缸,应将活塞摇至上止点,用尼

龙线套在气门环槽上,压下气门弹簧,装入锁片,最后取下尼龙线。这种方法适用于马自达、丰田等轿车。

作者把这两种方法发表在汽车杂志上,题目是《巧装气门锁片两法》,这也是作者第一次在汽车杂志上发表关于汽车维修技术的文章。

二、节约增效是绝技

现在很多汽车零部件损坏了要更换总成,例如:起动机、发电机、压缩机、控制单元等,一些客户把维修工称为"换件工"。

案例: 一台宝马X5左前门控制功能失效了,拆开一看是左前门与车身连接的线束插接器进水了,见图9-2。插接器上有两个端子已经锈蚀了,这需要更换整个车门线束,要3000多元。宝马4S店的维修工找来一个和这个插接器差不多的插接器,取出两个一样的端子替换掉锈蚀的端子,装上以后故障排除,车辆恢复了,而且只花费了300元,是原来的十分之一,我认为这也是绝招。

下面是奔驰G63越野车发动机电脑故障修复的案例。

故障现象: 奔驰G63越野车起动机转,发动机无法起动。

维修过程: 检查该车有个熔丝损坏,更换熔丝时发现熔丝一插就烧,知道问题不是那么简单。询问车主得知车子有几个月不曾使用,再次起动的时候起动机旋转无力。

根据电路图检测知道损坏的熔丝是发动机控制单元的熔丝,打开发动机控制单元,找到发动机控制单元的供电引脚将其从插头上脱离,熔丝就不再损坏,测量发动机控制单元引脚发现控制单元内部短路。

发动机控制单元上的电路板如图9-3所示,喷油驱动比较复杂。这是柴油机控制单元和缸内直喷汽油控制单元独有的特点。现代汽车要达到低油耗低排放就要使控制精度提高,控

图9-2 插接器端子锈蚀

图9-3 发动机控制单元电路板

制时间精确，喷油响应速度快。传统的喷油是使用线圈通电吸动针阀的形式控制喷油器的开启，这种情况控制电路简单，但是线圈有个特点是会产生感抗，这就使无效喷油时间增长，达不到响应快的效果。新款车越来越多采用直喷技术，其特点就是喷油器响应速度快，它使用的是压电晶体，压电晶体工作原理如图9-4所示，其特性是当沿着一定方向受到外力作用时，内部会产生极化现象，使带电质点发生相对位移，从而在晶体表面上产生大小相等符号相反的电荷；当外力去掉后，又恢复到不带电状态。晶体受力所产生的电荷量与外力的大小成正比，这种现象叫正压电效应。反之，如对晶体施加电场，晶体将在一定方向上产生机械变形；当外加电场撤去后，该变形也随之消失。这种现象称为逆压电效应，也称电致伸缩效应。

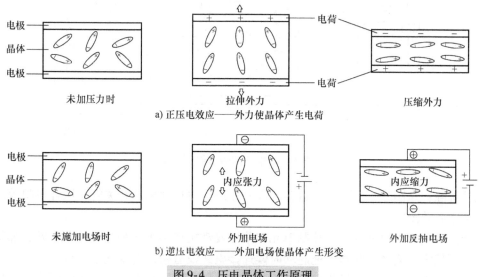

图9-4 压电晶体工作原理

压电晶体喷油器与传统的电磁驱动喷油器相比，能够产生更大的推力、具有更快的响应速度，从而能够执行更加迅速和精确的喷射动作。由于单个压电晶体比较薄，其变形量也非常小，因此喷油器的内部有几十个压电晶体才能有足够的开度。根据其结构假设单个压电晶体的驱动电压大概在1.5~3V左右，那么几十个压电晶体的开启电压就要达到几十伏到几百伏。因此在12V或者24V控制单元板内部必须有升压电路，才能获取高电压，其原理如图9-5所示。

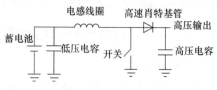

图9-5 升压电路原理图

它的原理类似汽油机的点火线圈，当开关闭合时电感线圈左正右负，当开关断开的时候电感产生右正左负的电压，这个电压要远远大于蓄电池电压，可以通过计算电感量得到想要的电压，电压根据机型设计不同有所不同。此车测试内部高压在246V左右。此电压和蓄电池串联经过高速肖特基管输出存储到高压电容里面。要注意的是此开关管的接通时间非常短，只有几微秒的导通时间，导通时间过长就会损坏开关管。

还有两个问题，就是前面提到压电晶体变形后想要恢复以前的形状，必须将电场释放掉，因此必须要有释放电路。高压输出场效应管在正常工作时必须要让场管处于正偏，也就是栅极电压大于漏极电压，因此在高压开启场管的驱动上必须使用高电压驱动，但是实际车上的电路设计需要电流取样，以及各种保护，因此相对复杂一点，如图9-6所示。

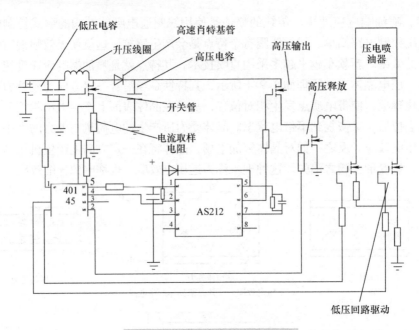

图9-6 压电喷油器工作原理图

故障排除：从图9-6中可以知道各元件的作用，更换损坏的开关管，取样电阻等几个部件，更换之后故障排除。

分析：缸内直喷汽油发动机控制单元和柴油发动机控制单元都存在一个问题，那就是蓄电池电压不稳定，或者并联蓄电池起动时候连接电缆没有搭好的情况下，容易损坏发动机控制单元，这是因为蓄电池接触不好时候控制单元来回通电、断电存在不稳定因素，这样会影响CPU以及内部芯片的输出状态，当电感线圈断电产生高压的时候，如果赶上开关管打开，时间一长就会直接击穿开关管，当控制单元再次供电时就会烧断取样电阻和熔丝。因此，建议大家在维修缸内直喷车或者柴油车的时候，尽量不要在蓄电池亏电状态下来回起动，在并联蓄电池起动时候连接电缆一定要连接牢固。

三、干一行爱一行，行行有绝技

1. 事故状况

2017年10月12日一辆宝马3系出现了断轴，如图9-7所示。该车行驶刚刚一年，行驶里程：71630km。

具客户说"当时在倒车掉头，倒车约1m左右时，听到底盘'咔擦'的一声响，感觉是被什么东西敲了一下，下车检查，发现左前轮歪在一边坏了，无法继续行驶。"

断轴，专业地说，是悬架控制臂"刚性断裂"。悬架上的任何一根控制臂损坏都会导致车轮分离，高速行驶中发生断轴，将造成恶性事故。

2. 控制臂断裂分析

拖车入店后，检查发现左前控制臂断裂，左前轮歪成90°角。控制臂为什么会断裂呢？是制造瑕疵，还是设计缺陷，还是使用不当，还是其他未知的原因？

宝马F35底盘的两根前悬架控制臂，如图9-8所示，直的那根（图中的标号10）看上

图9-7 宝马汽车断轴

去很细,弯的那根(图中的标号6)看上去非常粗,一根形状有几道弯的控制臂,特别在弯曲得厉害的地方做得异常粗。断裂的直控制臂直径约40cm粗,会不会是设计不合理(太细)导致了断裂?

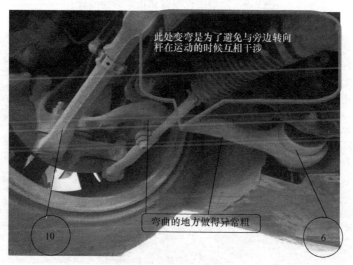

图9-8 两根控制臂对比图

对比两根控制臂,我们会发现弯的控制臂(最细的部分)比直控制臂(最细的部分)还要细上一些。从理论上,要是控制臂设计有问题,那这款宝马断轴也绝非个案。各种弯的控制臂或直控制臂断裂的事件,应层出不穷,而事实并非如此,那一定另有原因。

我们把正常控制臂与断裂控制臂照片做一个对比,如图9-9所示。金属断面中材质细密无明显铸造缺陷,可排除材料所致。进一步通过金属断面可以直接观察到控制臂是因受疲劳损伤而断裂的。

通过对断裂控制臂反复观察,在控制臂上发现了一个很隐蔽的伤痕!其中有一个疲劳裂纹和断裂口几乎重合,很容易被认为是断裂伤痕的一部分。但仔细观察断面,技师在断裂伤痕里发现颜色变化,脆性断裂面3是新伤,颜色很浅(很干净)。在疲劳扩展区4中,颜色由深向浅发生过渡,如图9-10所示。这说明在完全断裂之前的一段时间,在车子使用中裂纹逐渐扩大。

断裂的形成是这样的:客户在刚刚后轮移下台阶,车辆瞬间受到一个冲击。由于控制臂已断了近一半，故受此影响彻底断裂。那到底什么原因使控制臂产生裂纹呢？

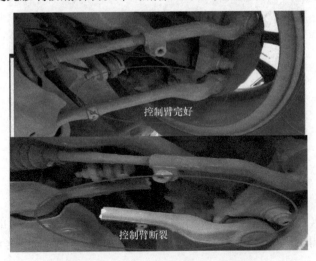

图 9-9　断裂的控制臂和正常的控制臂

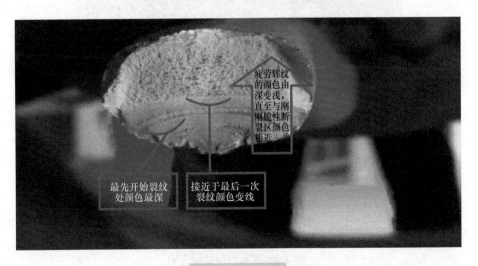

图 9-10　断裂面

3. 控制臂产生裂纹的原因

终于，损坏的轮胎、变形的钢圈和弯曲的控制臂给出了真相，如图 9-11 所示。我们把控制臂断口拼回去，原本应为笔直控制臂，可仔细目测出弯曲变形。一般来说，在正常行驶情况下，哪怕是极端路况，悬架中的控制臂也不会出现断裂。

后来，我们根据车辆钢圈变形有碰撞痕迹的情况来分析，可能是由于之前该车多次遭受过撞击，导致控制臂受力并出现

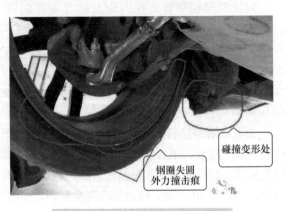

图 9-11　钢圈和底盘有撞击痕迹

轻微变形，如图9-12所示，在日积月累的行驶过程中，变形部位出现金属疲劳，直到彻底断裂。上述仅为推论，关键是车主也要认可。

图9-12　新旧件对比

本着负责态度，技师对车辆全车做了一个全面检测，发现左后轮胎较新，且胎纹较其他三条较深。技师问客户左后轮胎是否在2017年底，或者2017年8、9月期间换过？车主回答"是"。接着问，损坏的原因是否为鼓包？车主回答"是"，因为发现在左前轮胎鼓包后，挪到后轮，后来发现包越来越大，最后在9月初更换。

客户很疑惑他为什么知道更换轮胎的时间，事实上他从轮胎更换日期看出来的，如图9-13所示，左侧为原厂轮胎，右侧为新更换的。

图9-13　轮胎生产日期

与车主进一步沟通，讲到轮胎鼓包是由于车轮受撞击造成的，客户对此判断也确信不疑。通过举升车辆检查，发现车辆前杠下部有明显撞击造成的变形、钢圈也有多处变形，并伴有轮胎异常磨损现象（图9-14）。

图9-14　轮胎磨损

4. 结论

基于上面的调查，可以做出以下推论，即控制臂断裂的演变历程：

步骤一：多次撞击受损。车辆曾多次发生过撞击，撞击使车辆多处反复受损，控制臂也在撞击中发生变形。

步骤二：控制臂受损变形。这一点从断裂的控制臂拼接后略呈 U 形可以看出。

步骤三：疲劳裂纹出现。在日积月累的行驶过程中，在变形部位反复交替受各种力的冲击，出现疲劳裂纹。

步骤四：疲劳裂纹开始扩散，在断裂处分布由密到疏、由长到短的疲劳裂纹经反复撞击裂纹扩散，并增加新的裂纹。

步骤五：控制臂断裂。最先开始裂纹断裂处颜色最深。接近于最后一次裂纹断裂处颜色变浅，疲劳裂纹的颜色由深变浅，直至与脆性断裂的区颜色相近。

以上推论，经过认真取证，仔细分析，反复推敲，并与车主互为验证。车主充分完全认可对整个故障推论出的演变过程。

技师最后提出：防微杜渐，避免一些重大事故，让悲剧减少，提高客户满意度，在保养检测流程也要针对这类问题进行检查。

四、简单事情重复做，重复做的事情用心做

简单事情重复做，重复做的事情用心做，用心做精了就练成绝技了。

汽车维修中处理断螺栓或许是汽车修理车间中让技师最头疼的事情之一。这种事情肯定会时不时碰到，记得作者当学徒的时候螺栓断了，师傅会让你自己取出来，一些关键部位的螺栓师傅会亲自取。近些年来，处理断螺栓这项技能逐渐没有汽车维修工会干了，开始出现了专业处理断螺栓的公司。这些专业处理断螺栓的公司承担了一个地区绝大部分汽车维修厂的处理断螺栓任务，技艺精湛。作者认识一个专业处理断螺栓的师傅，原来自己一个人骑个电动车，往来于各个修理厂之间，短短两年换了夏利轿车，手艺提高了，自己还带徒弟了，现在开上了迈腾，也成立了两个公司。我看过这位师傅处理断螺栓，确实又快又好，一般人做不好，这项技能也是一门绝技！这里本人把这项技艺简要介绍一下，也希望大家能练成这门绝技！

（一）螺纹知识

螺钉、螺栓和螺柱上制有外螺纹；螺母及其他螺纹孔内制有内螺纹。

螺纹有右旋螺纹也有左旋螺纹；汽车上绝大多数为右旋螺纹，即拧入螺母或螺栓时要顺时针方向转。左旋螺纹用于使用右旋螺纹容易松动的特殊场合，比如有些车轴及台架式砂轮机轴的一端等。

螺纹可以用于紧固（螺栓、螺母等）、传递运动或动力（比如车床或镗床的丝杠，千分尺中的螺杆），或做调整用，比如气门挺柱的调整螺钉。螺纹有四种常见的形式：三角螺纹、方螺纹、梯形螺纹和锯齿形螺纹，如图9-15所示。

螺纹的一些重要的结构参数如图9-16所示，技师应该熟练掌握，以便能够确定螺纹形式是否适当。

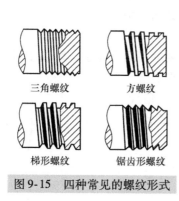

图 9-15　四种常见的螺纹形式

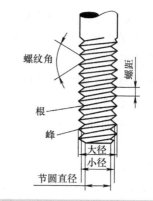

图 9-16　螺纹的一些重要的结构参数

（二）常用的工具

1. 螺纹规

虽然可以用原螺栓当成量规测量，但最好还是使用螺纹规。这种量具包括有各种米制、英制和英国标准惠氏螺纹的量片，可以用来快速识别实际的螺纹形式。

每个量片都有不同的牙数，并包括了上述各种螺纹形式的形状。如量片选得合适，量片上的螺纹将正好与螺栓上的螺纹契合，表示螺栓螺距与量片上所标的相同。

每个量片上都清楚地标有螺纹形式，比如米制粗牙或细牙、英制——UNC（统一标准粗牙）或 UNF（统一标准细牙）、或者 BSW（惠氏螺纹）。每个量片上还标有每英寸螺纹的牙数。螺纹规放在螺纹上测量，如图 9-17 所示。

2. 麻花钻头

钻头用来在各种不同的材料中钻孔。可以使用手工钻、手持电钻、气动钻或台式钻床钻孔。最常见的钻头形式是麻花钻。

图 9-17　螺纹规放在螺纹上

（1）麻花钻的构造

麻花钻由钻尖、钻身和钻柄三部分组成，如图 9-18 所示。

图 9-18　麻花钻的构造

1）钻尖是钻头切削部的锥面；需要磨成正确角度使钻头能够正常切削。

2）钻身有两条称为排屑槽的凹槽盘绕在钻身上。类似于丝锥和特制攻丝螺栓，在钻身上有意设置的排屑槽能够使切屑（钻下的材料）卷起并排出。它的另一个重要的功能是使切削液能够进入工件，保持钻头的切削部位冷却。钻身上另一个重要的部分是排屑槽之间的部位，称为刃带。对刃带做了磨削，使钻身和所钻工件外表面之间有一定间隙。如果没有这一间隙，钻头就会摩擦孔壁，造成过热而卡在孔里。而且过热还会造成钻好的孔尺寸不准。

3) 钻柄是钻头装入卡头里的部分。可以是直柄（两侧平行），也可以是锥柄，以便能装入钻床或车床主轴中的锥形孔。锥柄钻头通常是在钻床上用。

（2）麻花钻的刃磨

磨钻头是使用麻花钻时需要技师正确进行的最重要的一项操作了。可以使用专用砂轮来提高刃口光洁度，不过一般砂轮机也可以胜任这项工作。

注意对钻头的切削面有角度要求（图 9-19），如果角度不对；钻削时会费力得多，钻头还会过热，并导致最后钻出的孔尺寸不准。

刃磨麻花钻时另一个不可忽视的角度是两个切削刃间夹的复合锋角。如果这个角度不对，两侧角度不等，钻头就不能正常切削，可能钻出椭圆形或其他非圆形的孔。切削金属的麻花钻的正确锋角如图 9-20 所示。

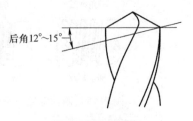

图 9-19 后角

麻花钻的锋角与所要钻的材料有关。不同的材料有不同的锋角，下面是对几种不同材料推荐的锋角值，如图 9-21 所示。

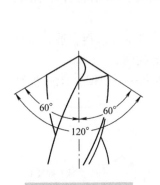

图 9-20 复合锋角

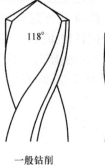  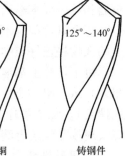

图 9-21 几种不同材料推荐的锋角值

从图 9-21 中可以看出，大多数金属材料需要较大的锋角，需要有更多的切削面与工件相接触。

使用麻花钻时的另一个要素是按所钻工件的相应材料，确定适当的钻削速度。这种情况下，使用台钻的效率会好一些，因为台钻可以通过改变带轮或齿轮来选择不同的钻削速度。

（三）折断螺柱和螺栓的清除

螺栓残根有高于表面、与表面平齐或在表面以下三种情况。碰到上述情况中的任何一种，所要做的最重要的事情是先做一个行动计划。计划中包括了解手头有什么工具，以及如何有效地使用这些工具。

如果有正确的工具并能正确使用，事情可能会好办得多，所以需要根据所碰到的螺栓折断类型来决定选择使用哪种工具。

1. 螺栓残根露出表面

如果残根露出表面，事情就比较简单。不过这并不意味着可以走捷径。此时如果偷懒，想用钳子之类的东西把残根拔出来，可能会把事情搞得更糟！一定要使用正确的工具！图

9-22 所示的是一种常用的螺栓残根拔出器。

2. 螺栓残根与表面平齐或未露出

如果螺栓残根与表面平齐或未露出，需要使用一种专用工具（图 9-23），这是一种用高速合金钢制造的专用工具。

图 9-22　螺栓残根拔出器　　　　　图 9-23　取螺栓专用工具

使用此工具前，需在残根中心钻一个适当大小的孔以便套入专用工具。这里最关键的是孔要钻在残根的中心。孔的大小应大约为要拔的残根直径的一半。

孔钻好后，就可以把专用工具可靠地敲入孔内，然后逆时针转动，使专用工具上面的螺旋槽或花键"楔入"螺栓从而将残根取出。

拔出顺利与否的关键是孔要钻在残根的中心。应使用中心冲来准确定出中心，然后用气动钻配装锐利的麻花钻头来钻孔。这里使用气动钻，主要是由于其转速可以通过加在手柄开关处的压力进行控制。

（四）受损螺纹的修复

车间里另一个常见的修理作业是修复螺栓和螺母受损的螺纹。这里也有很多好的工具可用，如果选择得当，干起活来可以又轻松又专业。

1. 修复受损螺纹

可以使用板牙、丝锥套件或单件专用组合工具来修复受损螺纹。

2. 螺纹镶套

螺栓松动或不能拧紧的情况很多。主要原因是螺纹部分受损，这种情况一般称为"滑扣"。

最常见的修理方法是镶配一个某种形式的"螺纹"，即"螺纹镶套"，如图 9-24 所示。这是一种拧在原螺栓孔中的不锈钢螺纹套。市售的这种镶套有各种尺寸和螺纹形式。

正确装这种镶套关键是要有专用工具。供应的工具包中包括一种专用麻花钻，其尺寸与专用丝锥相配（这些项目只有生产厂家提供），还包括一种 T 形攻丝扳手，用来将镶套装入新钻的攻丝孔里。将镶套放入孔里后，用 T 形扳手往下压套圈的根脚把它折断，使新螺栓可以拧入新的螺纹。

图 9-24　螺纹镶套

这里简要介绍了这项技能，熟练掌握需要大家的努力。在汽车维修上像这样的技能还有不少，大家不要以为项目小就嫌弃。实际上，只要努力任何技能你可以让它成为绝技！

第十章 经验是宝贵的财富

对刚刚入门的新手来说,经常会遇到一些难题,如疑难故障、突发问题,或不小心损坏了部件,那么遇到难题怎么办呢?

实际上以上这些问题是入门新手不可回避的问题,作者当学徒时遇到这种情况也会束手无策,有时甚至有一种恐惧感。遇到难题,尝试着去解决是勇敢的做法,当然去做不是盲目的,而是要借力。这里所说的"力",就是书本的知识、网上搜索、微信群、QQ 群请教、朋友圈求援等,从各方高人的经验里,找到解决问题的方法。确实,高人的经验在关键时刻会起到关键的作用,这里本人要重点谈谈经验。

第一节 谈谈经验

经常有人跟我说:你干了近三十多年汽车维修了,肯定有不少经验,传授点给我吧。我想他们这是把经验当成成功的"诀窍"了。经验确实是笔宝贵的财富,但经验和教训是联系在一起的,我们经常说经验教训。自己的日积月累可以得到经验,从别人的教训里也能总结出经验。

至于怎样看待经验,我有我的看法,在此我就谈谈经验。

一、经验绝对是宝贵的财富

经验绝对是宝贵的财富,经验是日积月累的结果。有经验是件很顶用的事情,当别的维修工愁眉不展的时候,你简单处理故障就排除了。当别的维修工满头大汗找不出问题所在时,你查一查问题就解决了。谁都渴望拥有经验,可经验与工作的时间长短有关系,但没有绝对的关系。如果你善于总结,短时间也能拥有丰富的经验。如果你用心,别人的经验也能为你所用。

有客户开一辆宝马 X5 到修理厂,说这辆车原来下雨天刮水器会自动刮水,但现在怎么也不动作了。业务接待马上开工单检查自动刮水器,工单到了车间主管手里,他是一个维修经验丰富的老师傅,马上围着车转了一圈,问这车是否换过前风窗玻璃?客户说一周前换过。车间主管说你回去找给你换玻璃的厂家,客户问玻璃和刮水器不工作有什么关系?车间主管说玻璃有两种,一种是适用带自动刮水器的,一种是适用不带自动刮水器的。你车的前风窗玻璃本来是适用带自动刮水器的,玻璃店却给你装了不适用自动刮水器的。你说下雨天，自动刮水器能起作用吗？

这就是经验，假如碰到一个没有经验的技师，他会先查熔丝再查线路，再找部件，可能几个小时也找不到故障。

某些轿车后部灯光均不亮，若是循规蹈矩去查找，从熔丝开始，要费一大圈周折。但根据经验后部灯光均不亮，要么是电源问题，要么是搭铁问题，不可能是灯泡全部坏掉。检查熔丝正常，再检查后部灯光共用的搭铁点（图10-1），发现搭铁点锈蚀。处理完搭铁点后，故障排除。

图 10-1　搭铁点

二、经验可以让我们少走弯路

我们在判断发动机怠速不稳的故障时，一般的流程是先读故障码，如果没有故障码会读数据流，数据流没有异常，再查找发动机的进排气系统、点火系统、燃油系统、电控系统等地方，要费不少周折。但对于大众、奥迪等车型，要注意该车装有双质量飞轮，根据我们以前的经验，双质量飞轮损坏有以下特征：发动机怠速抖动时，稍稍开大节气门，使发动机转速提升到 800～900r/min，发动机立即平稳；路试车辆在 60km/h 左右，加速行驶有"呼噜呼噜"的声音。如果有了这些经验，我们就不会在发动机的进排气系统、点火系统、燃油系统、电控系统等地方花费大量的精力了。

该车经检查是双质量飞轮卡滞。双质量飞轮在发动机一侧称为初级质量，在变速器一侧称为次级质量。当双质量飞轮损坏时，次级飞轮可能偏向一侧，相对初级飞轮形成偏倾，输出动力失去平衡，造成抖动现象。

经验帮助我们找到了解决问题的最佳途径，再说怠速不良这个故障，根据经验，"怠速不良"故障中，节气门过脏是最常见的故障原因，我们在修理怠速不良的故障时，要先观察节气门脏不脏，脏了清洗一下就可能解决问题。即使解决不了，节气门脏了，也是应该清洗的。如果不从节气门下手，先检查火花塞、清洗喷油器、更换汽油滤清器，那可能要绕大弯了。前后两种不同的方法，体现出有经验与无经验的差别。

三、经验是不放过蛛丝马迹

有经验的师傅是不会放过蛛丝马迹的，一点细小的迹象能找到引起故障的"元凶"。下面以汽油箱为例来说明。汽油箱是一个我们容易忽视的部件，大家会说，汽油箱不就是装汽油的吗？它能隐藏着什么样的秘密？看看下面这几个案例，我们的维修师傅就是从一些蛛丝马迹上找到了故障。

案例1：雪佛兰里程轿车加不上油

故障现象：雪佛兰里程轿车加不上油。

故障检查与分析：打开油箱盖，一股油气冒出，再起动发动机，挂档行驶，车辆正常，而行驶一段时间后故障又出现。故障发生时检查炭罐附近汽油味很大，分析应该是炭罐堵塞造成故障。

故障排除：更换炭罐，故障排除。

案例2：上海帕萨特轿车汽油味大

故障现象：上海帕萨特轿车汽油味大。

故障检查与分析：该车左后部有炭罐，因为以前有过炭罐损坏的情况，就更换了一个，谁知汽油味仍存在。仔细检查，感觉气味是从油箱盖发出的。

故障排除：更换油箱盖，故障排除。

案例3：上海雪佛兰科鲁兹轿车发动机故障灯亮

故障现象：上海雪佛兰科鲁兹轿车发动机故障灯亮。

故障检查与分析：发动机怠速时，打开油箱盖，油箱有"嘶嘶"的漏气声。油箱怎么会有漏气声呢？此时马上熄火，漏气声消失。与油箱相连而又能产生漏气声的部件只有炭罐与油箱连接的油气管了。检查炭罐电磁阀处于常开位置，损坏了。

故障排除：更换炭罐电磁阀，故障排除。

四、"头痛医脚"也是经验

汽车维修专家李玉茂老师提出了"头痛医脚"修车法，他指出：当今汽车维修界都赞成七分诊断，三分修理这一观点。所谓七分诊断，就是利用诊断仪器，再加上修车师傅的技能、知识和修车经验，做出正确的诊断，那么下面的工作就是由熟练工去更换配件了。过去诊断故障是用"眼看、耳听、手摸、路试"的方法，类似老中医看病时用的"望、闻、问、切"；现在故障诊断则采用了中西医接合，即使用大量的仪器。还要强调一点，仪器和技师的知识都是故障诊断的必要条件，缺一而不可。

头痛医头，脚痛医脚，这句成语比喻做事不从根本上解决或缺乏通盘计划，只是就事论事，忙于应付。修车时如果思考不周，也可能成为头痛医头，脚痛医脚的医生。

捷达前卫GiX型车发动机行驶时运转不稳定、耸车，检查是进气歧管压力传感器线束内导线被拉断，导线虚接，导致发动机耸车。将线路连接后故障现象消失，但行驶一段时间后，故障会再出现，检查还是进气歧管压力传感器线束内导线被拉断，导线虚接造成的故障。这时必须检查反复出现这种故障的根本原因。最后，检查发现发动机支承橡胶垫损坏了。原来导线被拉断的原因是由于发动机支承橡胶垫损坏造成的。这种"头痛医脚"的经验，彻底解决了故障，如果我们一味地查找发动机的故障，查找线路的故障，头痛医头，故障就不会被彻底排除。

上海帕萨特轿车踩制动踏板熄火的故障，有人可能认为是节气门体脏了，其实是变矩器离合器在踩制动踏板时没有分离，始终处于结合状态造成的。这时如果连接诊断仪，会有故障码01192：变矩器锁止离合器机械故障。

清洗阀体时，发现变矩器离合器锁止阀卡滞，清洗后故障排除。该故障如果一味地查找发动机或制动系统故障，脚痛医脚，恐怕找不到故障的原因。

五、经验是多做多练

没有人天生就有经验，多做多练才会有经验。例如，车辆制动不良，是不是制动主缸的故障？我们会感到判断困难，因为从外表看不出哪里坏了，解体检查可能破坏了里面的密封件，那该怎么办呢？

根据经验分析，制动主缸出现最多的故障就是活塞密封件（俗称皮碗）密封不良，导致制动压力无法建立或泄压。制动主缸泄压时的常见故障现象有两种。

1）缓慢踩下制动踏板，制动踏板会降到最低位置，制动油压无法建立。路试的表现为：低速行驶时，如果快速踏下制动踏板可以制动，如果缓慢踏下制动踏板则没有制动。

2）进行制动系统放气时，制动踏板降低后无法回位，反复踩踏也无法建立油压，放不出制动液或制动液放出得很少。

根据这两点，如果制动系统不泄漏、系统里面没有空气，我们基本可以确定是制动主缸的故障，但经验告诉我们，制动主缸出现故障时，除了主缸自身的问题，制动液也是不可忽视的重要因素。制动液有不同的品牌和级别。如果制动液混加或变质，就会使制动主缸很快损坏，或导致制动系统内产生气体。

需要注意的是，制动轮缸上的放气阀应该位于轮缸的最高位置，以保证放气时可以将气体排出。有些车型的左右两侧的轮缸装反时也可以安装，但此时排气阀处于轮缸的最低位置，气是放不出来的，放出来的只是油，有的人以为系统里面没有气了，以为故障是制动主缸不良，其实不然。一定要保证制动系统里没有空气了，才可以判断发生以上故障现象是由于制动主缸不良造成的。

六、经验是不被经验所害

宝马车修理专家胡智厚谈到经验时说：利用经验帮助我们诊断，不能因为有经验，而省略诊断步骤，那样只能被经验所害。作为一名优秀的汽车维修人员，必须具备以下能力：

1）精通车辆原理，有不断学习的能力。

2）严格按照维修标准和诊断流程进行，否则，不但不能维修好现有故障，还可能造成新的故障。

3）会诊断设备和测量仪器的使用。没有数据的支持，很难确定故障点。

七、经验也要与时俱进

经验也不是一成不变的，特别是现代科技的高速发展，有些经验也要与时俱进。

例如：以前如果后面的三个制动灯都不亮了，一般是制动灯开关损坏了。而现在，制动开关损坏的现象是三个制动灯都亮起，这是因为现在制动开关有两个，它们互相检验，信号传递给了车身控制单元，如果一个坏了，车身控制单元会指示制动灯常亮。

再例如：1993款以前起动机不转动，我们只要检查与起动机相关的点火开关、继电器、线路和起动机等部件就可以了，但后来有了发动机防盗系统，我们就要考虑发动机防盗系统了。现在，还要检查P/N开关、离合器开关、制动开关等。

第二节　如何积累经验

在判断故障时大家都想一下子找准故障，这在理论上是不大可能的，因为故障查找需要一步一步地进行。但在实践中，有些维修高手一下子就能说出故障在哪里，这靠的就是经验。得到经验的方法多种多样，可以是自己积累出来的，还可以是总结别人的经验学来的，还可以是从师傅那里学到的，当然也有自己吃过亏得到的经验，吃过亏的经验会终生难忘，但希望大家尽量不要有这样的经验。

一、日积月累出经验

经验需要日积月累，比如说发动机熄火了，而且是偶发故障，那我们要根据故障现象判断是电路还是油路引起的，这时就需要利用我们的经验。发动机若在熄火前出现加速不良等现象，而且是慢慢熄火的，那故障是由油路引起的。若发动机是一下子熄火的，那故障是电路引起的。像这样在实践中积累的经验多了，就可以准确找到故障原因，避免返工。

我们通过三个案例来说明日积月累的经验的价值。

案例1：一汽大众速腾轿车加速时耸车

故障现象：一汽大众速腾轿车加速不良，加速时耸车。

故障检查与分析：开始检查时，检查火花塞、高压线、点火线圈时均无故障，经反复试车还是耸车。作为维修工无奈只好更换配件，火花塞、点火线圈、高压线等一一更换，当更换4根高压线后试车，故障排除。仔细检查各缸高压线，发现四缸高压线有破损处，高压线在急加速时漏电造成该缸点火能量不够，动力不均衡，造成了故障。

故障排除：更换四缸高压线，故障排除。

小结：该故障开始没有排除，是由于对高压线检查方法不对造成的。经过多年工作经验，作者总结高压线故障如下：一是漏电，二是断路。

漏电：

1）某缸高压线漏电严重时会引起发动机在任何工况都抖动。

2）漏电不严重时，发动机怠速工作正常，但原地急加速能感觉到加速抖动。

3）轻微漏电时，发动机怠速工作正常，原地急加速也正常，但车辆行驶加速时能感觉到发动机抖动。

4）高压线长期漏电，在高压线上能找到漏电的痕迹。

断路：

1）断路的一种形式是似断非断，测量电阻时正常，但行驶中出现似断非断的情况，导致发动机加速抖动。这种情况，在检查时可以边轻轻拉动高压线边测量电阻，若是似断非断的情况，大部分可以检查出来。

2）如果高压线和火花塞从表面看不出异常，高压线用万用表也测量不出断路。那我们可以通过路试判断它们的好坏，并确定是火花塞的故障还是高压线的故障。

案例2：蓄电池亏电严重只换蓄电池行不行？

蓄电池亏电严重，需要更换了，那么只换蓄电池行不行？

答案是：肯定不行！

一般来说，造成蓄电池亏电的常见原因有以下两点。

1）车辆使用的原因。例如：车辆长期停放不用或经常短距离行驶；发动机熄火，但多媒体系统或灯光系统长时间处于使用状态。

2）车辆自身的原因。例如，发电机不能正常发电，或蓄电池失效；车辆不能正常休眠、休眠电流过高，以及系统被频繁唤醒。

小结：蓄电池亏电要分清在什么情况下亏的电，如果蓄电池使用年限长了，或蓄电池性能是逐渐下降的，可能是蓄电池自身的原因。如果不是这些情况只换蓄电池，故障可能排除不了。我们要找到蓄电池亏电的真正原因。

案例3：一汽丰田卡罗拉轿车发动机加速不良

故障现象：一汽丰田卡罗拉轿车发动机加速不良，最高车速只能到110km/h左右。

故障检查及分析：该车无故障码，清洗喷油器、进排气系统无效，更换火花塞也没有作用。后来，原地加油感觉动力也不充足。把手放在排气管口，急速排气量可以，但加油感觉排气管排气不畅，初步判断为三元催化转化器堵塞。断开三元催化转化器前部管口，原地加油感觉动力充足，判断三元催化转化器堵塞。

故障排除：清洗三元催化转化器，无效，更换三元催化转化器故障排除。

小结：三元催化转化器堵塞，一般情况下无故障码，原地加油发动机转速提不上去，动力也不充足。急速把手放在排气管口，一般感觉不到（严重堵塞除外），加油时能感觉排气不畅。但这种感觉要根据经验，特别要注意不要被排气灼伤了手！

二、要善于总结他人的经验

总结别人的经验又分为两类，一是遇到问题向别人（高手）请教，一是多读书。

他人的经验是很重要的，有时是决定性的，这就需要同行间的相互交流。多读书是要我们多学习，现在关于汽车维修方面的书籍不少，我们要多读书。下面说说本书作者从书本上得到的启发，也是经验吧。

多年前我在杂志上见过一个故障案例：2008款上海君越轿车遥控器能锁车，但打不开。这是车身控制单元里的继电器损坏了。打开车身控制单元壳，换个继电器就可以了。

后来，我遇到了一台上海雪佛兰科鲁兹轿车出现行李舱关不上的故障，检查线路没有问题，这时观察到该车还伴有制动灯不亮，洗涤电动机不动作等故障现象。我的脑海突然出现了多年前见到的上海君越轿车遥控器能锁车但打不开，车身控制单元里的继电器损坏的故障。就对车身控制单元进行了检查，果然是车身控制单元损坏了。

其实，这也是一个典型故障，行李舱关不上只是一个表面现象，真正的故障是车身控制单元损坏了，车身控制单元损坏还伴随着制动灯不良，洗涤电动机不动作，自动档的P位不能换出等故障现象，这样我们就清楚了，当出现行李舱关不上，制动灯不良，洗涤电动机不动作，自动档的P位不能换出等故障现象，可以直接就检查车身控制单元。

图10-2 读取故障码

如果我们不是从杂志上得到这个故障案例，那么检查这个故障，要花费不少功夫了。

后来，我又遇到一台上海雪佛兰老款科鲁兹出现发动机急速抖动的故障，读取故障码（图10-2），故障码为：P2101节气门执行器位置性能。可以读取数据流（图10-3），没有发现异常。检查节气门没有问题，这时听到发动机有漏气声，用化油器清洗剂在进气歧管附近喷射，发动机转速发生变化，看来有漏气的地方。拆下进气歧管发现，里面的单向阀已经磨损变形（图10-4）。

上网查询得知，老款科鲁兹1.6L和1.8L的发动机，存在进气歧管单向阀损坏（图10-5）的通病，症状就是发动机有漏气的声音，那么为什么这个单向阀容易坏？因为这个单向阀设计不合理，安装位置离发动机太近了，而这个单向阀是塑料的，长期高温环境下会被烤坏。这个单向阀坏了，有的4S店会要求更换进气歧管总成，配件和工时一共要3800元。其实只要换这个单向阀就可以了。

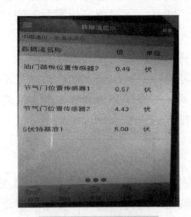

图10-3　读取数据流

图10-4　单向阀已经磨损变形

图10-5　进气歧管单向阀损坏

三、教训出来的经验记得牢

有些经验是教训出来的，自己的教训往往终生难忘，因为这些教训是付出时间和金钱得来的，有的付出了沉重的代价。没有人愿意有这样的经验，那如何避免呢？我们应该知道教训可以成为经验，但经验不应从教训中来。这就需要我们多听、多学、多问。

下面谈一谈涉水车的问题。以前涉水车，如果水进到了发动机里面，将水排出来，气缸里滴上机油，转几下发动机，然后装上火花塞就可以了。但现在不行了，有个客户的皇冠轿车发动机进水了，拖到厂里将水排出来，气缸里滴上机油，转几下发动机，然后装上火花塞，起动发动机，发动机工作正常，既不抖动，也没有异响。客户将车开走，二十天后，发动机在车辆行驶过程中熄火了，经检查发动机连杆断了，维修费花了三万多元，客户说你上次维修没检查到是服务站的责任，拒绝付款。服务站也只好认了。

宝马4S店的一辆X5轿车也是发动机进水了，拖到厂里将水排出来，发动机工作正常，客户将车开走，七八天后，发动机连杆断裂，造成发动机"捣缸"，损失二十多万元。

这些教训是惨痛的，这些惨痛的教训也是经验，现在很多4S店在处理发动机进水的问题时，都建议客户解体发动机更换连杆。客户不同意的要签订协议，以后发生问题和服务站无关。本书作者知道了发动机进水容易造成连杆断裂的经验后，也告诉同事和朋友，这样避免自己也发生这样的问题。

四、师傅的经验不过时

师傅的经验是宝贵的、很多是不过时的，随着时间的变迁，过去的车型消失了，但他们的经验能用到其他地方。

作者的师傅告诉作者，安装零部件前一定要比较，这件事虽然很多人知道，但有时候以为配件按车型订的，不会有问题，结果一时疏忽会带来很多麻烦。

一台荣威750轿车ABS报警的故障，用故障诊断仪检查是右后轮轮速传感器故障，就订购了一个。来货后，更换上，ABS仍然报警，用故障诊断仪检查还是右后轮轮速传感器故障。这是怎么回事？别的地方还有故障？于是查这查那，折腾了大半天也没找到故障，这时想到师傅讲的，安装零部

图10-6　新装的右后轮轮速传感器比原车的要短

件前一定要比较！于是将新装的右后轮轮速传感器拆下与原车的比较，结果发现，新装的右后轮轮速传感器比原车的要短（图10-6）。

五、汽车生产厂家的技术通报

汽车生产厂家的技术通报一般是汽车4S店的售后服务站反馈的批量质量问题，汽车生产厂商做出改进，这也算是一种经验，我们要利用好汽车生产厂家的技术通报，尤其是控制单元软件问题的技术通报，因为这类故障，靠我们按照常规来进行诊断，是很难找到故障的。下面我们举例说明。

奥迪A6L起步耸车故障解决方案

涉及车型：部分装有2.4L发动机和CVT变速器的一汽-大众奥迪A6L轿车，底盘号区间为LFVB（或4）A24F（＊）53000082~LFVB（或4）A24F（＊）53002050，其中"＊"代表1、2、3、4、5、6、7、8、9、X中的任何一个。

故障现象：在以下工况时起步耸车。

1）倒车时（例如：驶离停车地）。

2）从R位还到D位后，车辆起步（车速约为5km/h）。

3）松开制动踏板，不加油起步，可明显感觉发动机转速不稳。

4）先向前行驶再倒车时，也可以感觉到耸车现象。

故障原因：发动机控制单元软件问题。

解决方案：对所有售出和在售2.4L A6L轿车进行发动机控制单元软件升级，升级软件和指导文件可在销售处获得。

第三节 记住这些经验

一、经验是从基本的地方开始

汽车修理专家周福广根据长期工作经验总结了发动机故障快速检查方法，被命为"福广五先五后"法，在公司范围内迅速推广：即检查发动机时，先检查机械部件，后检查电喷元件；检查电喷系统时，先提取故障码，后针对性检查电喷元件和线路；检查电喷车油电路故障时，先电路后油路；检查电喷元件时，先检查插接件，后检测元件性能；检查电喷线路故障时，先查看电路图，后用仪器检查。

看似简单的经验，实际是他从工作实践中总结出来的，方便操作。这些经验告诉我们，故障检查从基本的地方开始，这样可以少走弯路。

二、经验有时就是几个小技巧

经验有时就是几个小技巧，可别小看了这些小技巧，关键时刻能解决大问题。

传动带和带轮的异响有时很难分清，稍微滴上几滴水，异响消失或明显减弱，则为传动带的问题。若异响不变化或变化很少，则为带轮问题。

发动机不工作了，听汽油泵没有声音，可以用木棒敲打油箱，如果汽油泵工作了，那么故障是由汽油泵不工作引起的。

案例：上海大众帕萨特领驭轿车 1.8T 发动机有时不能起动

故障现象：2012 款上海大众帕萨特领驭轿车 1.8T，发动机有时不能起动。

故障检查与排除：观察仪表板，发现仪表板有显示：未找到钥匙（图10-7）。读取防盗系统故障码（图10-8），显示 B104B：钥匙没有信号。这时将钥匙正反两个面依次朝上，并用手轻轻敲打，有时仪表板的显示"未找到钥匙"会消失。通过轻轻敲打，可以分析出故障在钥匙里面。

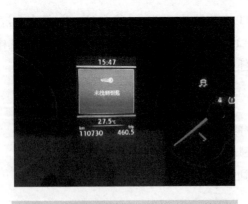

图10-7 发现仪表板有显示：未找到钥匙

图10-8 读取防盗系统故障码

故障排除：打开钥匙发现，钥匙里的防盗芯片已经掉出来了。将钥匙芯片重新安装牢固，故障排除。

小结：造成这个故障的原因很多，这里将钥匙正反两个面依次朝上，用手轻轻敲打，有时故障显示会消失。这轻轻的敲打分析出了故障在钥匙里面，这是一个小经验，在其他地方也可以应用。

三、分清故障是哪个系统引起的

分清故障是哪个系统引起的是很有必要的，否则明明是变速器本身的故障，却偏偏要去找发动机的原因，那要花费多少时间呀！

对于车辆不能行驶的故障，要区分开故障是变速器本身故障，还是传动系统其他部件故障引起的，特别是车辆突然不能行驶故障，下面看这个案例。

案例：奥迪 A6L 轿车，车辆行驶中突然不能行驶。

故障现象：奥迪 A6L 轿车，2.4L 发动机，01J 变速器，车辆行驶中突然不能行驶。

故障诊断与分析：检查仪表无故障显示，连接诊断仪，进入无级变速器系统读取故障码，无故障码显示。读取数据流，显示变速器换档正常。检测数据流，有输出轴转速输出，变速器应无故障。用举升机举升车辆，检查发现右侧传动轴法兰从差速器上脱出，可以判断是传动机械部分出现了故障。

故障排除：分析传动轴法兰不良，引起故障。更换法兰后，试车车辆行驶正常。

小结：车辆不能行驶的故障原因很多，要分清是发动机、变速器还是传动部件的，通过观察数据流看到有输出轴转速输出，说明发动机和变速器应无故障，故障应该在传动轴等输出部件上。

四、清洗节气门后不用诊断仪的匹配方法

清洗节气门后，一些车辆需要匹配，如果不重新匹配最直接的表现就是会出现怠速高，怠速自提速，有的发动机会提速到 1500r/min 甚至更高，油耗高，排放超标，加速时排气管冒黑烟。那么怎么解决这个问题呢？

2008 年左右生产的 2.4L 的别克君越轿车仪表板上的发动机故障指示灯亮起，用诊断仪读故障码为节气门电位器不可靠，读数据流发现节气门开度为 25%，与正常情况的 15% 差别很大。经分析基本认为是节气门过脏引起，那时别克系列的车型节气门一般不能清洗，清洗后怠速在 3000r/min 下不来，除非去 4S 店重新在线安装新的发动机电脑程序。其他车型也有类似的情况，那么怎么解决呢？下面介绍几种方法。

1) 拔下进气软管，发现节气门很脏，于是就拆下仔细清洗干净，装上后怠速在 3500r/min 居高不下。用拔进气管的方法不行，再用挂 1、2 档路试的方法也不行。最后用了一种方法很管用：在发动机冷却液温度 80℃ 以上，打开点火钥匙，不起动车，用普通诊断仪清除掉故障码，然后关闭点火钥匙 30s，再打开点火钥匙 60s，再关闭点火钥匙，再打开，怠速可能就稳定下来了。

2) 有人说：美国和日本的发动机清洗节气门后，不需要重新匹配，只需要将蓄电池负极断开 1min，使控制单元失去记忆，即可恢复正常。这个方法我试过，不少车型适用。

3) 一汽马自达 6 电子节气门进行重新设定，可以这样试试：断开蓄电池负极 5s 后，重新装复。打开点火开关至 ON 位，加速踏板踩到底保持 5s 后放开。关闭点火开关，然后重新

起动，检查放松加速踏板后，发动机转速可正常下降，即完成电子节气门设定。

五、哪些故障与活性炭罐相关

活性炭罐一个不太显眼的部件，在汽车出现故障时常常把它忽视了，实际上它能引起不少故障，我们应该积累这方面的经验。

1. 工作异响

作者在网上看到过一个客户反映的问题：他的车发动机舱有"哒哒"的响声，到一家修理厂更换了水泵不好，又更换了机油也不好，最后在另一家修理厂发现，把炭罐电磁阀从固定支架上取下来，"哒哒"声立刻没有，分析可能因为炭罐电磁阀工作的时候声音传到驾驶舱。然后把炭罐电磁阀换了个位置，用线卡子卡在了其他的线束上，异响就没了。

发动机怠速运转时，炭罐电磁阀不工作。如果炭罐电磁阀发出"哒哒"的响声，应该查找原因。

如果发动机非怠速运转工作时，炭罐电磁阀发出"哒哒"的响声，那就不必理会了。因为，炭罐电磁阀在节气门打开时会产生断续的开关动作，从而发出声音，而这属于正常现象。

2. 加速耸车，车内汽油味较大

如果发动机加速时耸车，且车内的汽油味比较大的故障，此时要格外注意炭罐系统中的管路是否破损。如果破损，汽油蒸气会沿着破损处直接排入大气中，造成车内汽油味大。而如果这时管路泄漏，造成进入发动机进气道的是空气而不是汽油蒸气，会造成发动机混合气过稀，从而导致间歇性的耸车现象。

3. 发动机怠速忽高忽低且加速无力

如果发动机起动后，怠速时转速有规律地忽高忽低且汽车加速无力，则要注意是否是由于炭罐的空气入口及过滤网阻塞引起的。因为，此时外界空气不易进入炭罐，炭罐内缺少新鲜空气，怠速时，在进气真空吸力的作用下，吸附在活性炭罐内的汽油蒸气被吸入进气歧管，使氧传感器检测到混合气过浓，于是发动机控制单元减少喷油量，此时可燃混合气的浓度随之减小，导致怠速变低；而随后，由于喷油量减小，氧传感器在下一循环又检测到混合气过稀，于是电脑又增加喷油量，导致怠速接着升高，因此便出现了怠速时转速有规律地忽高忽低的现象。所以，出现此种情况时，要及时检查炭罐的进气入口是否畅通。

4. 发动机熄火或不易起动

要注意检查炭罐电磁阀。如果电磁阀一直处于关闭状态，那么炭罐内的汽油蒸气会越聚越多，最终充满整个炭罐，其余的汽油蒸气只能逸入大气中了，污染环境、浪费燃油。反之，如果电磁阀一直处于开的转态，炭罐中的浊气又比较多的情况下，发动机的进气道混合气就一直处在加浓状态，而同时发动机的控制单元此时还没有控制炭罐电磁阀工作，也就不会发出降低喷油量的指令，这样便会造成热车时混合气过浓引起发动机熄火，以及热车熄火以后不易起动的现象。

5. 混合气过稀

如果电磁阀一直处于常开位置，在发动机起动工作一段时间后，会有"混合气过稀"的故障的出现。

6. 注意燃油箱是否加注过满

每次加油不要过满，加注过满可能造成活性炭罐系统中的管路进入汽油，这些液态燃料进入炭罐不仅对炭罐本身构成危害，而且会顺着管路流入进气道引起火花塞"淹死"，造成汽车加油就熄火直至无法起动的严重后果，这个情况我们要清楚。

六、运用"五脚制动"判断液压制动系统常见故障

汽车制动时，我们可以运用"五脚制动"，即轻踩、快踩、稳踩、连踩、猛踩，凭"脚感"来判断制动系统的故障。

1. 第一脚制动——轻踩

轻踏，即用脚尖或前脚掌轻踏制动踏板。

1）用脚尖轻踩制动踏板，若到全程的三分之二时才感到有制动阻力，说明踏板自由行程过大，应予以调整；若刚一踏下制动踏板时就感到有制动阻力，说明踏板自由行程过小，也应予以调整。

2）用前脚掌轻踏制动踏板，若踏下制动踏板时感觉踏板比以前硬，甚至踩不动，说明制动主缸及轮缸油封发胀、变形以致卡死，或是由于制动液使用过久产生的沉淀阻塞了管路，应更换制动液，并清洗制动管路若仍无改善，应更换制动主缸；若踩下制动踏板时感觉软绵绵的，并富有弹性，说明液压制动管路内有空气或制动液受热汽化，应检查管路接头，按规定要求进行放气；若踩下制动踏板后松开，踏板不能回到原位，说明制动主缸加油阀或回油孔堵塞。

2. 第二脚制动——快踏

快踏，即用脚掌快速踩下制动踏板。若在"快踩"制动踏板时，感觉踏板自由行程较小且制动有效，而在缓慢踏下制动踏板时，感觉自由行程较大且制动无效，说明制动主缸油封老化，磨损过甚。

3. 第三脚制动——稳踩

当车速达到60km/h时，踩下制动踏板至制动踏板行程的20%~40%，然后保持脚对制动踏板的压力不变，此时若感觉踏板在继续向下移动，说明制动管路中有渗漏现象。此时应首先检查外部制动管有无破裂，管接头处有无松旷，再检查主缸推杆防尘套处和车轮制动轮缸处有无制动液漏出，若没有制动液漏出，可能制动主缸油封老化或磨损，应予以更换。

4. 第四脚制动——连踩

连踩，即连续踩踏几次制动踏板。

1）若连续踩踏几次制动踏板，踏板始终到底且无反弹力，说明故障原因是主缸储液室内缺少制动液；进油孔和储液室盖通气孔堵塞；机械连接机构脱落；制动主缸油封老化或磨损。此时应向储液室内添加制动液，疏通通气孔，更换制动皮碗或制动主缸。

2）若连续踩踏几次制动踏板，踏板能升高，且制动效能有好转，应检查制动管路里是否有空气存在，若无应检查车轮制动器间隙。

5. 第五脚制动——猛踩

猛踩，即一脚将制动踏板踩到底。

1）汽车达到一定的车速，一脚将制动踏板踩到底，从制动距离的长短可以判断制动系统的整体性能是否合格。若长于制动距离则为制动系统有故障存在，应该查明原因。

2）一脚将制动踏板踩到底，观察汽车是否跑偏。如果汽车跑偏，则可能的故障原因有：轮胎气压、直径有差异，车身变形，减振器或减振弹簧失效，单侧制动车轮制动迟缓或制动力不足。若制动时汽车向左跑偏，则说明右侧车轮制动迟缓或制动力不足。若制动时汽车向右跑偏，则说明左侧车轮制动迟缓或制动力不足。

3）汽车达到一定车速，一脚将制动踏板踩到底，体验ABS是否正常工作。

七、空调检修经验

汽车空调制冷系统不正常，首先看压缩机离合器是否吸合，若不吸合，应查找压缩机离合器不吸合的原因。若压缩机离合器吸合，可以用空调压力表初步确定故障原因。

检查方法：连接空调压力表，起动发动机，运行汽车空调，读取压力表的示数。与正常值进行对比，正常情况下低压侧：0.15~0.25MPa，高压侧1.37~1.57MPa。这些数据怎么分析呢？

1. 空调检修经验的口诀

有个口诀，介绍空调检修经验，作者根据自己的经验，将其中的内容进行了改进，介绍如下：

1）压力双高要排气，或者散热有问题。
2）表抖系统有水汽，清洗抽空要彻底。
3）低压为负高压低，制冷系统有塞闭。
4）低压低高压也低，系统里亏制冷剂。
5）低压高高压正常，膨胀阀里有故障。
6）低压高而高压低，问题在于压缩机。

2. 检查和排除

下面详细分析一下口诀的含义。

1）当检测到系统高低压都比正常偏高时候，见图10-9，常见故障一般是系统有空气或者制冷剂加入过量或散热不良。

① 这个时候对于带视液镜的制冷系统，若制冷剂加注过量除了高低压表的示数均偏高，通过视液镜也看不到泡沫，即使发动机转速降低也看不到泡沫，这种故障需要重新抽真空，再加入适量的制冷剂。

② 若视液镜中制冷剂的量合适，并且低压管发热，可能原因是制冷系统进入空气。

③ 若排除以上两种情况，可能是散热不良，如散热器堵塞、脏污、散热风扇不转或转速不够等。

2）当制冷系统工作时，如果压力表针不停地抖动，制冷时有时无，压力表在空调起动时正常，过一段时间低压表指示真空，高压表的压力也降低很多，过几秒到几分钟，表的指示又恢复正常，如此循环，见图10-10。可能原因：系统中有水分，在膨胀阀口造成"冰堵"，阻滞制冷剂循环，融化时，状态恢复正常。这时需要重新抽真空，必要的时候还需要更换干燥瓶，抽真空的时间必须不少于30min，以彻底排出系统中的水分，然后加注适量的制冷剂。

3）低压为负高压低，制冷系统有塞闭。

低压表可指示真空（负压），高压表的压力也比正常压力低（非常低），如图10-11所示。附加表现：从冷凝器到制冷装置的管路或在储液罐、膨胀阀前后的管路上有结霜。可能原因是制冷系统里制冷剂循环差或没有循环。制冷系统有部件堵塞。储液干燥器或膨胀阀。处理措施是要查明堵塞的原因，更换堵塞的部件，彻底清理制冷循环管路。

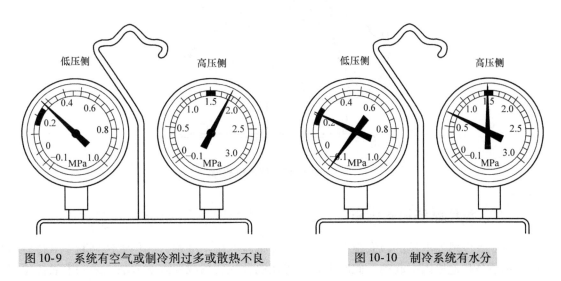

图 10-9　系统有空气或制冷剂过多或散热不良　　　图 10-10　制冷系统有水分

4) 当高低压都偏低时，有两个可能：最可能的是制冷剂不够，这种情况比较常见的是制冷剂泄漏。这时必须查明泄漏部位，维修好。一个可能是系统堵塞，系统堵塞时，堵塞部位会产生节流，节流部位会有明显的温差，用手感觉就能找出问题。

5) 低压表指示过高，高压表指示正常（或偏高），如图 10-12 所示。这时附加表现是低压管路上有大量结霜及水滴，制冷效果下降。可能原因是膨胀阀故障，由于膨胀阀开度过大或感温装置不良，造成制冷剂的流量无法调整。

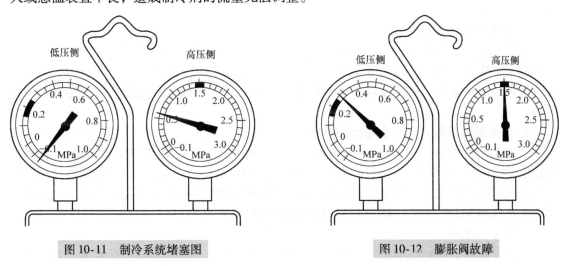

图 10-11　制冷系统堵塞图　　　图 10-12　膨胀阀故障

6) 当用空调压力表检测到空调系统的低压比正常高，而高压比正常低的时候，见图 10-13，这个时候空调制冷不能达到正常空调的效果。一般故障原因是空调压缩机内有磨损，导致功率下降。这个时候可能需要更换压缩机了。

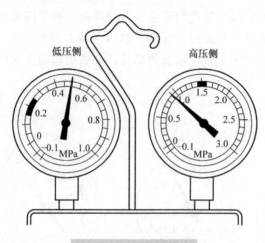

图 10-13 压缩机故障

八、氧传感器经验判断

影响氧传感器电压的因素很多，如果氧传感器电压不准确，我们无法判断是氧传感器自身故障还是其他原因引起的。此时可以采用让混合气变稀或变浓的方法，来判断氧传感器的好坏。

可以从进气系统上拔下一根大的真空管，让发动机高速运转，以清除氧传感器表面的积炭及污垢，有时这种稀混合气对清洁氧传感器，恢复氧传感器工作性能能起到一定的作用，停一会后用诊断仪读取数据流或用数字式万用表检查氧传感器电压。

可以在混合器稀时，往进气系统喷一点化油器清洗剂，然后用诊断仪读取数据流或用数字式万用表，检查氧传感器电压。氧传感器分为普通氧传感器和宽频氧传感器，他们的电压变化范围不同。

1. 普通前氧传感器

正常在电压在 0.1～1.0V 间摆动。通常，氧传感器正常时电压在 0.2～0.8V 间跳动。如果固定在 0.2V，喷一点化油器清洗剂，此时，若信号电压升至 0.7～0.9V，这说明在混合气变浓时氧传感器能及时反映，氧传感器是好的，是混合气过稀造成的氧传感器电压信号低。

2. 宽频氧传感器，也叫空燃比传感器

宽频氧传感器的电压规定值为 1.0V～2.0V。电压值大于 1.5V 时混合气过稀（氧多），电压值小于 1.5V 时混合气过浓（氧少）。电压值为 0V、1.5V、4.9V 的恒定值时，都说明氧传感器线路有故障。急加速与急减速时电压可能到 0.8V 与 4.9V，这是正常的。大众车发动机数据流的 033 组 2 区是宽频氧传感器输出的电压值。

3. 后氧传感器

发动机怠速工作时标准电压一般为 0.45V，变化不大。若电压高于 0.45V，为混合气浓。低于 0.45V 为混合气稀。

九、几个小经验

1）雨天转向时感觉转向沉重，可能是传动带略微松动引起的。

2）ABS 灯时亮时不亮，可能是因为发电机传动带松动，发电机发电量不足引起的。

3）安全气囊控制单元的使用次数。安全气囊系统的故障需要用故障诊断仪来读取故障码和数据流，然后根据故障码和数据流来判断故障。当然，奥迪车系有自己的特点。比如：一些车型的安全气囊控制单元在安全气囊触发爆炸后，应该更换，而 A6L 的安全气囊控制单元（图 10-14）在安全气囊触发爆炸后，经清除故障码，匹配后，可以继续使用，只有在安全气囊第三次爆炸后，才需更换安全气囊控制单元。

图 10-14 安全气囊控制单元

十、三元催化转化器故障的经验判断

一些车辆的三元催化转化器拆装很麻烦，特别是一些车辆使用时间长，三元催化转化器连接螺栓由于高温、锈蚀等原因，拆卸时易发生断裂现象，增加了工作难度。因此，对三元催化转化器的判断要力求准确。

1. 直观检查法

首次起动发动机后，先进行快速暖机，然后观察排气管管口，若管口有水珠排出，说明三元催化转化器能够将废气中的 CO、HC 转化为 CO_2 和水蒸气，三元催化转化器没有损坏，工作情况正常。如果起动后不久，看到排气歧管至三元催化转化器之间有明显烧红的现象，车冷却后三元催化转化器前部泛蓝或有起铁屑现象，说明三元催化转化器已经损坏。

2. 三元催化转化器损坏常见的故障现象

（1）动力不足、加速不良

三元催化转化器堵塞，造成发动机排气不畅，动力不足、加速不良，严重时导致发动机动力明显下降，常常表现为急加速时，发动机转速不能迅速提升，车辆达不到最高车速。

（2）加速发闷，发动机易熄火甚至不能起动

个别车辆三元催化转化器堵塞，除了发动机加速发闷外，还会产生熄火和不能起动的故障。

十一、异响的经验判断方法

随着人们对汽车舒适度的要求越来越高，异响成为新车消费者投诉最多的问题。汽车上那么多部件大多数都可能发出异响，异响千差万别，异响的判断主要是人工凭经验诊断，因此说异响的判断确实需要多年经验的积累。本书作者借鉴很多前辈的经验，总结了一些异响判断经验，与同行分享一下：

（一）诊断异响的方法

诊断异响的方法有断缸法、排除法、观察法、听诊法、负荷法、改变工作条件法、温度法、改变转速法、更换合格器件法和综合法等，简单介绍如下：

1. 断缸法

断缸法即通过断油或断火的方法,来判断异响。断缸有以下三种方法:

1) 通过诊断仪断油或断火,让某缸停止工作。

2) 断油法是指让某缸停止工作。可拔下某缸喷油器的插接线,达到断油的目的。

3) 断火法是指将某缸高压线从火花塞上拔下,或用旋具将某缸火花塞处的高压分线接头与气缸体搭接,使该缸高压电路断路或短路,以停止该缸做功,解除该缸负荷的方法。

发动机某缸是否工作对机械异响强度和音色的影响非常明显,对分析异响的性质非常有用。利用断火或断油的方法,使某气缸终止或恢复工作,能达到区分异响所在机构,确定异响所在缸位,缩小诊断范围的目的。一般地说,断火或断油后,发动机异响有以下3种变化:

① 异响不变化。断火(或断油)后异响不变,是指异响的主要特点变化不明显或根本没有改变。此时,因断火(或断油)后引起发动机转速下降及异响的频率下降不包括在内。说明该异响与负荷无关,此现象俗称为"不上缸"。

异响与断火(或断油)无关这种现象说明异响不在曲柄连杆机构,一般是某处松动或配气机构有故障。

② 异响减弱或消失。此现象俗称为"上缸",对某气缸断火(或断油)出现的异响减弱现象,说明该气缸有故障,异响只是减弱而没消失,则表明还存在其他故障,或者其他故障对该气缸存在影响;断火(或断油)后的异响消失现象,说明只有该气缸有故障,其他气缸均正常或基本正常。

③ 异响变得更清晰、更明显,或原本无异响反而异响复出,或频率慢的异响变快了,此现象称为"反上缸"。发动机的活塞销响和气门座圈松动响,就有此特点。

断火(或断油)后,若响声有变化,该异响属于曲柄连杆机构;若响声无变化,则为配气机构或其他的异响。某缸断火后响声有变化,说明该缸有故障。

2. 排除法

排除法指断开某些部件或让某些部件不工作,缩小故障范围,最终找到故障部件。

例如:发动机前面传动部件异响,可能为转向助力泵、发电机、水泵、空调压缩机或正时带的张紧轮、惰轮等发出的,此时不能判断是某个部件异响,可以逐个断开,一一排除。如怀疑水泵异响,则可将其传动带拆下,然后发动试验。若异响消失,即表明故障为该传动带所驱动的附件;若异响仍存在,则可拆下其他传动带试验;若一根传动带驱动多个附件,拆下传动带后,应用手扳转水泵或发电机试验,如有异响、卡滞或松旷应是故障所在。若听到与工作循环无关的金属连续摩擦声时,可考虑某些旋转件是否有故障。例如曲轴带轮、传动带等是否与某处接触摩擦等。

3. 观察法

汽车的某些异响故障,常常伴随技术参数异常或其他故障现象出现。例如,汽车行驶异响,观察是否为汽车轮胎异常磨损,检测四轮定位是否定位参数不准确。再例如,发动机异响通常伴随的其他故障现象,有机油压力降低、加机油口冒气、排气管冒蓝烟、机油消耗过多等现象。

一些异响通过观察,可以直接判断出故障原因,例如:汽车在颠簸路面行驶异响,我们检查发现减振器漏油严重,那减振器引起故障的可能性就很大了。

4. 听诊法

听诊的关键是寻找最大振动或异响部位。听诊法在判断发动机异响上应用尤其广泛。

发动机有异响存在时，在发动机某部位就会产生振动，其振动频率与异响声频率往往是一致的。根据此道理，就可以大致判明发响机件的部位。因此这是诊断发动机异响故障的重要辅助手段，其试验方法是将听诊器触及发动机某区域，或手握金属棒或金属管，触及发动机某区域，凭感觉断定异响与振动的关系，或听诊出发出最大异响的部位。由于不同发响机件所处的部位不同，所以在发动机上的振动强烈程度亦不一样，通常将在发动机机体上振动量最大的区域称为最大振动部位。在缸体各部位仔细查听，找到最大振动部位，就可以大致判明发响的机件。

5. 负荷法

负荷法就是利用异响随其负荷变化而变化的特性来诊断异响的方法。

发动机运转过程中的某些异响除与转速有关外，还与发动机的负荷有关。一般情况下，负荷越大，异响声越大，其表现是异响与缸位有明显的关系。在诊断发动机异响的过程中，可以通过改变发动机的负荷，使异响的响声大小发生改变，从而有助于异响故障的定性和定位诊断。

增加负荷常用的方法：一是在坡道上或在平地上稍拉驻车制动起步；二是汽车行驶中突然改变车速，即突然加大节气门开度，使发动机转速迅速提高，或突然松开节气门以迅速降低发动机转速；三是重载，以增大发动机的负荷。发动机负荷增大，有些异响会明显地暴露出来，如连杆轴承响，在急加速时就会突出地表现出来；曲轴轴承响在汽车重载时更为明显。四是对于自动变速器的车辆，我们可以在发动机工作时，拉紧驻车制动，将车轮用掩木挡住，档位挂在 D 位或 R 位，加油，判断异响声音是否加重，以准确判断故障。

6. 改变转速法

改变转速是改变发动机的转速，由于发动机的各种异响都有相应的最佳诊断转速，有些异响在发动机急速或稍高急速时较明显，而在加速或中等以上转速时，由于响声频率增高，同时其他噪声也增大，就使得异响声隐含其中，反而听不清楚，如活塞敲缸响和活塞销响等；有的异响在发动机急速时听不清楚或不易发现，甚至缓慢加速，响声也不明显，但由急速至中速急加速时，由于冲击负荷急剧增大，使得敲击声明显且连续，如连杆轴承松旷发响和曲轴轴承松旷发响等；又有些异响将在发动机急减速（发动机由高速运转突然完全关闭节气门）时更明显，如活塞销与连杆衬套间松旷发响、曲轴折断发响等。

鉴于异响与转速的这种特殊关系，在诊断发动机异响故障时，应做多种转速试验，各种区域的稳定速度和不同节奏的急加速等，以使异响得到充分暴露，便于真实地捕捉到异响并弄清异响与转速的关系，只有亲耳听到异响，才能进一步确定异响。因此，正确运用最佳诊断转速，是采用速度法诊断异响的关键。

案例：液压挺杆响

（1）故障现象

1）发动机急速运转时发出有节奏的金属敲击声，中速以上响声减弱或消失。

2）用听诊器察听，凸轮轴附近响声明显，断火试验，响声无变化。

（2）故障原因

1）挺杆与导孔配合面磨损严重。

2）挺杆液压偶件磨损。

3）机油供油不足。

（3）故障诊断与排除

改变发动机转速并用听诊器察听响声的变化。急速时发动机顶部响声明显，中速以上响声减弱或消失，断火试验响声无变化，即为液压挺杆响。具体部位可用听诊器根据响声变化来判断。在起动时液压挺杆有不大的响声是正常的（机油未充分进入液压挺杆），发动机转速达到2500r/min后继续运转2min，若挺杆仍有响声，应先检查调整机油压力。若机油压力正常，则应更换液压挺杆。

7. 温度法

温度法是利用异响随温度变化而变化的特性来诊断异响的方法。温度法主要用在发动机异响判断上。

由于发动机工作温度的变化，能使发动机机件的润滑条件和配合间隙发生变化，这就决定了发动机的某些异响与温度有着密切的关系。由于发动机温度的变化，机油的黏度会发生变化，温度越高，机油的黏度越低，产生异响机件间的润滑油膜就较薄，机件间的冲击力就会增大，异响声也就更加明显，如连杆轴承响、曲轴轴承响等。但有些异响在发动机温度升高后，由于配合机件的材料不同，受热后的膨胀量不同，异响将因发动机温度升高而减轻，甚至消失，如由活塞与气缸壁配合间隙过大所引起的敲缸响，在发动机冷起动时，该响声很明显，而温度一旦升高，响声即减弱或消失。这是因为活塞与气缸壁在发动机温度升高后，活塞的膨胀量要大于气缸壁的膨胀量，活塞与气缸壁间的间隙将随发动机温度的升高而减小。因此，在诊听发动机异响过程中，应密切注意异响与温度变化的关系，进行冷、热车对比，这往往是判断某些异响的关键依据。

8. 路试法

路试法即开车上路试验，在不同路况、不同负荷下试验。

案例：点火敲击响

（1）故障现象

汽油机空转急加速或负荷较大时，发出尖锐、清脆的"咔啦咔啦"的金属敲击响，好像几个钢球撞击的声音，随转速升高而逐渐消失。

（2）故障原因

主要原因为混合气过稀、汽油质量差、辛烷值太低、点火时间过早、压缩比过高、燃烧室积炭过多、发动机过热、负荷过大等。

（3）故障诊断

路试是诊断点火敲击响常用的可靠方法，特别是在上坡路行驶。热车后以最高档最低稳定车速行驶，然后将加速踏板急速踩到底，如在急加速中发出"咔啦咔啦"的强烈响声并长时间不消失，而当稍抬加速踏板时响声又会立即减弱或消失，再加速时又重新出现，即可确诊为点火敲击响。

9. 综合法

综合法是综合以上各种方法来确定故障的确切部位。综合法是个人或团队综合能力的体现，运用综合法既要会灵活运用各种诊断方法，又要懂得汽车各部件的运动规律。例如：发动机工作循环与异响的关系，对于四冲行程发动机来讲，有些异响与发动机的工作循环有明显的关系，而另一些异响则与发动机工作循环无关。这要视发响机件所处位置和工作状态而定。

（1）与工作循环有关的异响

在发动机运转过程中，如果曲柄连杆机构或配气机构中某些运动件发响。则明显与工作循环有关。如活塞与缸壁间隙过大所引起的敲击声，曲轴每转一圈，就会发响一次，即火花塞跳火一次，将发响两次。这是因为在做功行程中，作用在活塞上的力，将分解成为两个分力，一个分力传至连杆使曲轴旋转，另一个分力将活塞压向气缸壁的右边（汽车前进方向），引起活塞碰击缸壁，此分力在压缩过程中改变方向，又将活塞压向气缸壁左边，再次引起活塞碰击缸壁，所以以曲轴每旋转一圈，就会发生一次敲缸响声。同理可以推论曲柄连杆机构中与工作循环有关的响声，均为火花塞跳火一次发响两次；配气机构中与工作循环有关的响声，均为火花塞跳火一次发响一次。这是此类异响的规律之一。

当发动机怠速运转时，一般能听出每个工作循环的间隔，把响声间隔同每一个工作循环相比较，即可辨别出异响与发动机工作循环的关系。如听不出发动机工作循环的间隔可用跳火的方法试验，每跳一次火为一个工作循环。

（2）与工作循环无关的异响

在发动机运转过程中，有些异响与工作循环是无关的，即发响次数与曲轴转数无关。例如，发动机怠速运转时所出现的间歇发响、摩擦声或连续的金属敲击声等。发现此类响声，应注意其发响区域。通常与工作循环无关的间歇发响，多为发动机附件故障。即发电机、起动机、水泵、空气压缩机和空调压缩机等安装不良，或其V带轮固定螺母松动等所引起的。

案例1：曲轴主轴承响的判断

（1）故障现象

发动机怠速异响较弱，突然加速时会发出沉重而有力的"刚、刚、刚"的金属敲击声，严重时机体发生很大振动。响声随发动机转速的提高而增大，随负荷的增加而增强，产生响声的部位是在缸体下部的曲轴箱内。单缸断火时响声无明显变化，相邻两缸同时断火时，响声会明显减弱。温度变化时响声不变化。机油压力明显降低。另外，后道轴承发响，一般声音钝重发闷；前道轴承发响，声音较轻、较脆。曲轴轴向窜动出现的响声，在低速下采用微抖节气门的方法，可听到较沉重的"咯噔"、"咯噔"的响声。

（2）故障原因

① 主轴承盖固定螺栓松动。

② 主轴承减摩合金烧毁或脱落。

③ 主轴承和轴颈磨损过甚、轴向止推装置磨损过甚，造成径向和轴向间隙过大。

④ 曲轴弯曲。

⑤ 机油压力太低或机油变质。

（3）诊断方法

① 改变转速法：使发动机在低速下运转，用手微微抖动并反复加大节气门进行试验，同时仔细倾听。如响声是随着发动机转速的升高而增大，抖动节气门时，在加油的瞬间响声较明显，这一般是主轴承松旷；如发动机在怠速或低速运转时响声较明显，高速时显得杂乱，则可能是曲轴弯曲；如在高速时机体有较大振动，机油压力显著降低，则一般是主轴承松旷严重、烧毁或减摩合金脱落。

诊断柴油机主轴承响时，为避开着火敲击声的干扰，可采取加大供油拉杆行程后再迅速收回的方法，趁发动机降速之机，如听到坚实而沉重的"刚、刚、刚"声，则有可能为主轴承响。同时应打开加机油口盖，再辅助听诊法和气缸断油法，以便于确诊。

② 听诊法：从加机油口处听诊。打开加机油口盖，从加油口处仔细倾听，同时反复变更发动机转速进行试验。如果是主轴承响，可明显听到沉重有力的金属敲击声。

用听诊器具听诊。将听诊器或自制的简易听诊杆，在节气门开度不断变换的同时，触在机体曲轴箱两侧与曲轴轴线齐平的位置上进行听诊，响声最强的部位即为发响的主轴承。

③ 断缸法：如1缸断缸后响声明显减弱，则为第一道主轴承响；如最末缸断缸后响声明显减弱，则为最后一道主轴承响；如任意相邻两缸同时断缸响声明显减弱，则为两缸之间的主轴承响。曲轴轴向窜动所产生的响声，单缸断缸无变化。

④ 负荷法：踩下离合器踏板保持不动，如果响声减弱或消失，则为曲轴轴向窜动产生的响声。

案例2：连杆轴承响的判断

（1）故障现象

急速运转时无异响或响声较小，当发动机突然加速时，有连续明显且短促的"当、当、当"的敲击声，是连杆轴承异响的主要特征。轴承严重松旷时，急速运转也能听到明显的响声，且机油压力降低。发动机温度变化时，响声不变化；发动机负荷变化时，响声随负荷增加而加剧；单缸断火，响声明显减弱或消失，但复火时又能立即出现，即具有所谓的响声"上缸"现象。

（2）故障原因

① 连杆轴承盖的固定螺栓松动或折断。
② 连杆轴承减摩合金烧毁或脱落。
③ 连杆轴承或轴颈磨损过甚，造成径向间隙太大。
④ 机油压力太低或机油变质。

（3）诊断方法

① 改变转速法：发动机急速运转，然后由急速向低速，由低速向中速，再由中速向高速加大节气门进行试验，同时结合逐缸断火法和在加机油口处听诊等方法反复进行。响声随着转速的升高而增大，抖动节气门时，在加油的瞬间异响突出。响声严重时在任何转速下均可听到，甚至在急速时也可听到清晰、明显的敲击声。

柴油机连杆轴承响的诊断

与汽油相比，柴油机连杆轴承的响声比较钝重，诊断时只有避开着火敲击声的干扰，才能听得清楚。如果随着供油拉杆行程的加大，响声逐渐增强，并在迅速收回供油拉杆，趁发动机降速之际，能明显听到坚实的"哐、哐、哐"的敲击声，即可初步断定为连杆轴承响。此外，也可在中、高速运转时作抖动供油拉杆试验，如这时出现坚实有力的敲击声，说明是连杆轴承响。诊断时可结合从加机油口处听诊、检查机油压力和做单缸断油试验等方法进行。

② 观察法：检查机油压力，如果响声严重，又伴随有机油压力低，这往往成为区别连杆轴承响与活塞销响、活塞敲缸响的重要依据。

③ 听诊法：如用听诊器或简易听诊杆触在机体上听诊，往往不易听清楚。但在加机油

口处直接倾听，可清楚地听到连杆轴承敲击声。

④ 断缸法：在急速、中速和高速情况下，逐缸反复进行断缸试验。如某缸断缸后响声明显减弱或消失，在复火的瞬间又能立即出现，则可断定为该缸连杆轴承响。

⑤ 负荷法：对于自动变速器的车辆，我们可以在发动机工作时，拉紧驻车制动，将车轮用掩木挡住，档位挂在 D 位或 R 位，加油，判断异响声音是否加重，以准确判断故障。连杆轴承响是负荷增大，响声加剧。

⑥ 温度法：发动机温度变化时，响声通常不变，但有时也受机油温度的影响。

案例 3：活塞敲缸响

（1）故障现象

发动机在急速或低速运转时，在气缸的上部发出清晰而明显的"嗒、嗒、嗒"的响声，发动机中速以上运转时，这种异响便会减弱或消失。该响声冷车时明显，热车时减弱或消失；单缸断火，响声减弱或消失；响声严重时，负荷愈大响声也愈大，但机油压力不降低。

（2）故障原因

① 气缸拉缸。

② 活塞与气缸壁配合间隙太大。

③ 活塞与气缸壁间润滑条件太差。

（3）诊断方法

① 温度法：敲缸响的特点是冷车时明显，热车时减弱或消失，因此，应先在冷车时诊断。若冷车时有敲击声，热车响声消失，说明是活塞敲击响，且故障尚轻，车辆可继续运行；若发动机热起后，响声虽有减弱，但仍较明显，特别是大负荷低转速时听得非常清楚，说明响声严重，应停驶检修。

② 断缸法：把发动机置于敲击声最明显的转速下运转，然后断缸，如某缸断火后响声减弱或消失，则为该缸敲缸响。

③ 改变工作条件法：为了进一步确诊是否是活塞敲缸响，可将发动机熄火，往有响声气缸内倒少许机油，并用起动机转动曲轴数圈，使机油布满在气缸壁与活塞之间。然后装复，起动发动机，若响声短时间内减弱或消失，过一会儿又重新出现，则可确诊为是活塞敲缸响。

④ 听诊法：将听诊器或简易听诊杆触在机体上部的两侧进行听诊。一般在发响气缸的上部往往响声较弱并稍有振动，再结合断火试验，即可确定出发响的气缸来。有时听诊还可诊断出发响的原因来，如听到"嗒、嗒、嗒"，好像用小锤敲水泥地的声音时，一般是气缸与活塞间隙太大造成的；如听到"刚、刚、刚"，好像用小锤敲钢管的声音时，则有可能是气缸壁润滑不良造成的。

（二）分清异响与正常噪声的区别

异响与正常噪声要区别开来，不能把正常的噪声和异响混为一团。例如：奥迪 A6L 冷车起动后噪声特别大，总是发出"呜呜"的声音。如果正常驾驶没问题的话，可能是二次空气泵的工作声音，二次进气系统在冷起动的时候工作，而且工作时间不会超过 30s，这个是正常的现象，可不必担心。

十二、轮胎异常磨损原因分析

轮胎异常磨损主要有下面几种现象：
① 胎两侧磨损或胎面中间磨损。
② 轮胎胎面内侧或外侧磨损。
③ 轮胎胎面羽状磨损。

轮胎异常磨损的原因很多，具有过度正外倾角的轮胎，外侧胎面磨损；具有负外倾角的轮胎，其内侧胎面磨损。如果前束或后束调节不当，能引起胎面的羽状磨损。我们要具体将四轮定位数据与轮胎磨损形状对照，找出正确的故障原因和处理方法，这里我们不考虑轮胎质量有问题。

1）现象：单个轮胎胎面两边不正常磨损，见图10-15。
可能的故障原因：轮胎气压过低。

2）现象：单个轮胎胎面中间不正常磨损，见图10-16。
可能的故障原因：轮胎气压过高。

图10-15　单个轮胎胎面两边不正常磨损　　　　图10-16　单个轮胎胎面中间不正常磨损

3）现象：转向桥轮胎胎面呈"S"形磨损，见图10-17。
可能的故障原因：前束不准确、钢圈变形、转向球头松旷，转向机构松动。

4）现象：后轮轮胎胎面呈"S"形不正常磨损，见图10-18。
可能的故障原因：后来不准确钢圈变形，轮毂螺栓松动，轮毂轴头松旷。

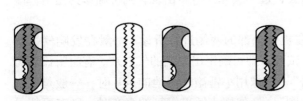

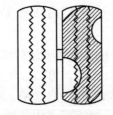

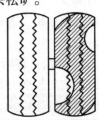

图10-17　转向桥轮胎胎面呈"S"形磨损　　　　图10-18　后轮轮胎胎面呈"S"形不正常磨损

5）现象：轮胎胎面某一处不正常磨损，见图10-19。
可能的故障原因：制动鼓失圆。

6）现象：同轴上的两个轮胎，内边不正常磨损，见图10-20。
可能的故障原因：前束尺寸不正确，转向节主销故障。

7）现象：同轴上的轮胎，外边不正常磨损，见图10-21。
可能的故障原因：前束尺寸不正确。

8）现象：转向桥单边轮胎内边不正常磨损，见图10-22。

可能的故障原因：检查转向节主销故障。

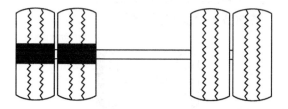

图10-19 轮胎胎面某一处不正常磨损　　　　图10-20 同轴上的两个轮胎，内边不正常磨损

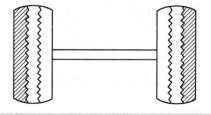 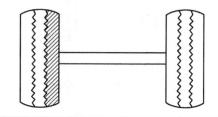

图10-21 同轴上的轮胎，外边不正常磨损　　　图10-22 转向桥单边轮胎内边不正常磨损

9）现象：转向桥单边轮胎外边不正常磨损，见图10-23。
可能的故障原因：前桥与转向节主销变形。

10）现象：车辆后桥一侧轮胎内边不正常磨损，见图10-24。
可能的故障原因：轮毂轴承间隙过大，轮毂与轴承外壳松旷，半轴管弯曲变形。

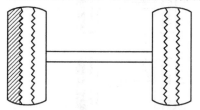 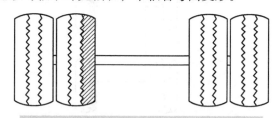

图10-23 转向桥单边轮胎外边不正常磨损　　　图10-24 车辆后桥一侧轮胎内边不正常磨损

11）现象：车辆后桥一侧轮胎外边不正常磨损，见图10-25。
可能的故障原因：钢板中心螺栓松动，钢板销衬套磨损，钢板吊耳松动。

12）现象：车辆后桥一侧轮胎外边、一侧轮胎内边不正常磨损，见图10-26。
可能的故障原因：钢板中心螺栓松动，钢板销衬套磨损，钢板吊耳松动。

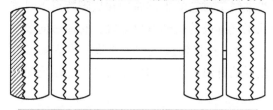 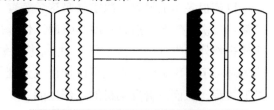

图10-25 车辆后桥一侧轮胎外边不正常磨损　　　图10-26 车辆后桥一侧轮胎外边、一侧轮胎内边不正常磨损

13）现象：双前桥车辆转向桥上单个轮胎内侧不正常磨损，见图10-27。

可能的故障原因：轮胎异常磨损桥转向节主销松旷，轮毂轴承及球头松旷，前束过大。

14）现象：双前桥车辆转向桥上单个轮胎外侧不正常磨损，见图10-28。

可能的故障原因：轮胎异常磨损桥前束过小，转向节主销及车桥变形。

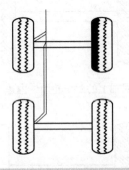

图10-27 双前桥车辆转向桥上单个轮胎内侧不正常磨损

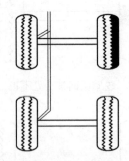

图10-28 双前桥车辆转向桥上单个轮胎外侧不正常磨损

15）现象：双前桥车辆两个车桥上轮胎内边均不正常磨损，见图10-29。

可能的故障原因：前桥与转向节主销变形。

16）现象：双前桥车辆两个车桥上轮胎外边均不正常磨损，见图10-30。

可能的故障原因：转向节主销松旷变形。

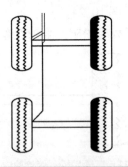

图10-29 双前桥车辆两个车桥上轮胎内边均不正常磨损

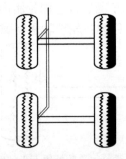

图10-30 双前桥车辆两个车桥上轮胎外边均不正常磨损

十三、二次空气泵的检修

以前很多车上没有二次空气泵这个装置，一些维修工对它的工作原理和故障特点不是很了解。二次空气泵一般是在冷车时起工作，是降低尾气排放的机外净化装置，它通过向废气中吹进额外的空气（二次空气），增加其中氧气的含量。这样使废气中未燃烧的有害物质在高温环境下再次燃烧。它还可以加快三元催化转化器的升温，使发动机尽快进入空燃比闭环控制过程，从而改善发动机的工作性能。

奥迪C6A6L轿车，2.4L发动机和2.8L FSI发动机有关于二次空气泵的故障码，可以检查发动机缸盖后的两个二次空气阀，一般是二次空气阀关闭不严造成废气回流至二次空气泵。冬季废气内的水分在二次空气泵内结冰，造成二次空气泵损坏。

案例：奥迪 C6A6L 轿车，2.4L 发动机，冷车起动后发动机故障灯亮，但行驶中没有任何问题。

故障现象：奥迪 C6A6L 轿车，2.4L 发动机，冷车起动后发动机故障灯亮，但行驶中没有任何问题。

故障检查与分析：连接诊断仪读取故障码，有关于二次空气流量不正确的故障码。分析可能的故障原因有：二次空气系统不泵气，二次空气泵故障，二次进气系统有泄漏，二次空气阀堵塞或位置卡死。

按先简单后复杂的检修思路开始诊断。首先，检查二次进气系统是否有泄漏，仔细检查二次空气泵到发动机后排气管调节装置的塑料硬管，没有磨损破漏的地方。然后，检查二次空气泵，会二次空气泵进行动作测试，发现二次空气泵正常工作，说明二次空气泵没有问题。最后，检查二次空气阀，考虑到可能是二次空气阀里面有积炭，导致二次空气阀堵塞，或者位置卡死，从而二次空气泵泵出的空气不能进入排气管。拆下二次空气阀，发现右侧的二次空气阀确实有积炭并且有卡滞现象，将二次空气阀清洗完毕，清除故障码，试车，发动机故障灯不亮了。

车辆行驶了两天，发动机故障又亮了，这是什么原因呢？缸体前的所有部位已经检查了，那二次空气阀到排气管之间呢？找一根塑料软管放到二次空气阀的地方，用嘴吹气，有堵塞的感觉。

故障排除：将排气歧管拆下，找到二次空气进气通道，用细铁丝疏通，并用高压空气吹洗，装车，故障彻底解决。

小结：二次空气泵一般是在冷车时起作用，是降低尾气排放的机外净化装置，它通过向废气中吹进额外的空气（二次空气），增加其中氧气的含量。由于二次空气进气通道堵塞，系统不向排气口泵入空气，造成 CO 和 HC 的排放量升高，氧传感器检测到尾气中废气不达标，由此发动机故障灯亮。

十四、警惕防盗系统引发误诊

现在很多车辆装备了防盗系统，这对车辆防盗起到了很好的作用。但防盗系统对汽车维修工来说是个头疼的问题，因为现在很多防盗系统需要专用诊断仪器才可以匹配，有些车型还需要在汽车生产厂商的专业平台上进行在线匹配。因此，作为有经验的汽车维修工，在维修中应尽量避免防盗系统起作用（即防盗系统锁止）。维修中虽然拆装过防盗系统的部件或维修过相关线路等，但不触发防盗系统，这也是个经验。那么怎样避免防盗系统起作用（即避免防盗系统锁止）？防盗系统锁止后如何解决？初学者要明白以下三个问题：

1）防盗系统什么情况下起作用？
2）防盗系统起作用后怎么办？
3）解除防盗的流程是什么？

现在书店关于防盗和遥控的维修书籍很多，每本书都有二三百页，就是这样有很多问题仍解决不了，那么遇到这种情况怎么办，今天我们就以这三个问题来说说防盗。主要说说发动机防盗（也叫发动机锁止）和音响防盗。

（一）防盗系统什么情况下起作用

1. 音响防盗什么情况下起作用

一定要明白音响防盗系统什么情况下起作用，作者在初学维修时就吃过防盗的亏，印象特别深刻，这里说说引起大家的注意。

作者曾承修一辆雷克萨斯400轿车，该车蓄电池亏电。业务接待开好维修作业单后，客户就离开了。我们检查是发电机调节器损坏，打电话与客户联系，客户同意更换。车一会儿修好了。当客户来提车的时候，说车的音响不好用了。这时我们查资料知道这辆车带音响防盗系统，从现在的情况看是音响锁死了。询问客户音响密码，客户说不知道该车密码，但知道音响以前是好用的。我们就试着输入密码，但一直没有成功，最后由于输入次数过多，音响锁死了。我们没有办法坐飞机到北京花了1000元解开了密码，各种费用加在一起有四千多元。

后来总结这件事的教训是：在断开蓄电池前，应检查音响是否已被锁死，若已锁死，应向客户反映；若没锁死，应询问客户音响密码；在无密码的情况下，则不应断开蓄电池电缆，也就是说：如果音响带防盗，不能盲目断开蓄电池。

音响防盗锁死是一件很烦人的事情，维修时千万要注意，那么什么情况下，具有防盗功能的音响就会锁死呢？

1) 拆下蓄电池电缆。
2) 蓄电池严重亏电。
3) 音响熔丝烧断或拔下音响熔丝。
4) 音响线路断路。
5) 拔下音响电源插头。

上述情况发生时，具有防盗功能的音响就会锁死。

2. 发动机防盗什么情况下起作用

本书作者还曾维修一辆别克世纪轿车，该车起动机不转动，查来查去怀疑是发动机控制单元损坏了。为证实判断是否正确，就找到一辆同型号的别克世纪轿车，把那辆车的发动机控制单元与故障车的发动机控制单元对换，发现故障仍然存在，于是判断故障车的发动机控制单元没有问题，又去查找其他地方，找来找去分析还是发动机控制单元的故障。可为什么找辆车对换不好用呢？后来知道，别克世纪更换发动机控制单元需要编程。现在维修工大多知道这个道理，可当时带发动机防盗功能的车辆不是很多。

发动机防盗功能是通过点火开关的钥匙和一个防盗识别线路，实现对车辆的防盗功能。钥匙本身具有防盗芯片或电阻，当防盗识别系统侦测到防盗信号不正常或钥匙的电阻值不对时，发动机控制单元会将点火、喷油或起动电路锁死，使点火系统不点火、喷油器不喷油、起动机无法转动，车辆不能起动，同时点亮防盗指示灯，从而实现车辆的防盗。故当车辆不能起动，且防盗指示灯亮起时，说明防盗系统出了故障。

（二）防盗起作用的故障现象

带防盗功能的音响防盗起作用时，音响锁死，大部分在显示屏上显示"SAFE"或"LOCK"。

车身防盗起作用时，防盗喇叭鸣响，紧急闪光灯闪烁。

当发动机控制模块收到来自防盗控制单元的正确编码时，控制发动机起动；如果发动机控制模块收到的防盗控制单元编码不正确或未收到编码，则ECM采取以下动作控制发动机不能起动，或起动机能转动，但发动机不能工作；或发动机运转后马上熄火。

1）控制起动机不转动。

2）控制点火系统不点火。

3）控制喷油器不工作。

4）有的车辆控制燃油泵继电器不工作。如凯越轿车燃油泵继电器同时控制点火，防盗系统起作用则点火系统和油泵都不工作。

在有以上故障现象的同时，带发动机防盗指示灯的，指示灯会闪烁。

如发动机已正常起动运转，发动机控制模块（ECM）检测到防盗系统出现故障（如在发动机运转时，拔掉防盗控制单元电气插头），则发动机继续运行并不熄火，但发动机熄火后，不能再起动着车。

（三）防盗系统起作用后怎么办

1. 音响防盗锁死怎么办

由于蓄电池或熔丝等原因造成音响防盗锁死时，要想再使用音响就必须按照正确步骤输入正确密码后，音响系统才能正常工作。如果多次输入错误密码，将会导致音响被永久锁死，这时就需要到专业维修点或4S店去解除防盗。所以，一旦音响被锁，首先要找到音响密码，然后按正确的方法输入密码。用户在购新车时，密码卡夹在音响使用手册中的。有些车型的密码还可以在以下几个地方找到：

1）收音机壳上。

2）点烟器盒背面。

3）文件箱内或背面。

4）驾驶人车门上。

5）行李舱CD机壳上。

找到密码输入，就可以解除音响防盗了。如果音响锁死了，就需要到专业维修点或4S店去解除防盗。

案例：上海大众帕萨特轿车音响防盗

具有防盗密码系统的收放机在关机和拔出点火钥匙的情况下，闪光二极管会闪烁。如果电源中断（如拆除蓄电池的接线或熔断丝烧断），则收放机被电子锁死。开机后屏幕上显示"SAFE"，只有重新输入正确的密码后才能再开机。

输入密码的程序：

1）开机，数字屏上显示"SAFE"。

2）约3s后显示屏上显示"1000"。

3）使用存台键将密码键入。点击键1输入密码的第1位，点击键2输入密码的第2位，以此类推。例：要输入的密码2305，先按键1二次，按键2三次，按键3十次，按键4五次。

4）按搜索键或手动调节键，按住2s以上松开。

5）如果输入的密码正确，经过短暂的"学习阶段"显示当前频率，此时收放机又重新处于工作状态。

6）如果输入的密码错误，则显示屏上先闪烁，后持续显示"SAFE"字样，此时可重新输入密码。如果第 2 次输入的密码也不正确，则收放机将自动锁定 1h，不能再输入密码。2h 后又可重新输入密码。

如果用户不慎将密码丢失，可以到上海大众特约维修站去，通过故障诊断仪 K3-1552 或 K8-5051 进入到 56 地址，去查出收放机的 14 位代码，再到上海大众总部去查出防盗系统密码。部分收放机的密码也可以在其机壳上找到。

2. 发动机防盗起作用怎么办

发动机防盗系统起作用时，应注意如下事项：

1）确认故障为防盗系统故障。如果发动机不能运行且防盗指示灯点亮，说明防盗系统出了故障（个别情况下防盗灯可能不亮），应优先排除防盗系统的故障，再检修其他部分。

2）不是所有的防盗系统故障都需要编程。如果线路故障，或防盗控制单元电源或搭铁不良，防盗系统也不正常工作。故障一旦排除，线路修复了，或防盗控制单元的电源或搭铁正常了，故障也就排除了。

3）检修防盗系统的故障，应首先使用专用诊断仪阅读故障码，按防盗故障码的指示进行维修。

4）有些故障是由于和防盗系统相关的部件故障引起的，这些部件故障使防盗系统不能正常工作或使防盗匹配不能正常进行。

案例：花冠轿车更换点火锁芯后钥匙无法注册

故障现象：花冠轿车更换点火锁芯后，按照花冠轿车钥匙注册程序进行注册，结果发现钥匙无法注册。

故障检查与分析：钥匙注册的主要步骤是插拔点火开关和开关驾驶人侧车门，接触到的几个部件主要有点火开关筒和驾驶人侧车门，点火开关筒对应的电控元件是钥匙解锁开关，其主要作用是提供给钥匙 ECU 接地信号，同时控制着钥匙未拔警告蜂鸣器。将钥匙插入点火锁芯，打开驾驶人侧车门，钥匙未拔警告蜂鸣器鸣叫。这说明钥匙解锁开关良好。驾驶人侧车门对应的电控元件是门控灯开关，检查门控灯开关，发现其接触不良。有时车门关闭后，室内灯仍亮。门控灯开关除了控制室内灯外，还为发动机停机 ECU 提供接地信号。分析门控灯开关引起的故障。

故障排除：更换门控灯开关，按照花冠轿车钥匙注册程序进行注册，钥匙注册成功。

（四）防盗系统维修案例

防盗系统经过几十年的发展，经历了从简单到复杂，从机械防盗、电子防盗、电子密码防盗到网络防盗的阶段。各种防盗系统的解除方法也不一样，下面我们以几个案例做一个简单介绍。

1. 速腾轿车，更换钥匙后，不能匹配

故障现象：一汽大众速腾轿车，更换钥匙后，不能匹配。

故障检查：查询该车防盗密码为 1835，进入 25-防盗系统，再进入 11.输入密码 1835，登录成功，进入 10 输入 01 匹配，该操作不执行。

故障分析与排除：大众车型防盗匹配有 7 位密码的，将该车防盗密码 1835，换算为 7 位密码进行匹配，成功了。

2. 一汽大众迈腾轿车起动后即熄火

故障现象：一汽大众迈腾轿车，采用第四代防盗系统，出现起动后即熄火的故障。

故障检查：观察仪表板上的防盗指示灯点亮，根据经验这是防盗系统锁止了。用诊断仪读取防盗系统的故障码，有一个故障码 01176：钥匙无信号，静态。再读取发动机控制系统的故障码，也有一个故障码 05488：发动机控制单元锁止。从防盗系统和发动机控制系统这两个故障码进一步证明是防盗系统锁止了。清除故障码，再读取无故障码存在，单一起动发动机，又出现起动后即熄火的故障，读取故障码，又出现了相同的故障码。进行匹配，无法进行。

读取防盗系统数据流发现防盗控制单元的剩余寿命为 0，分析防盗控制单元可能损坏。

故障排除：更换防盗控制单元，故障排除。

3. 仪表板上提示转向柱锁故障

故障现象：一汽大众迈腾轿车，采用第四代防盗系统，仪表板上偶尔提示转向柱锁故障

故障检查：连接故障诊断仪进行检测，进入防盗系统，读取故障码为 02823：转向柱锁在未满足锁止条件的情况下出现锁止。

故障分析与排除：故障码中说的转向柱锁在未满足锁止条件的情况下出现锁止，这个锁止条件包括档位信号和车速信号。档位信号指档位需在 P 位才能锁止，车速信号指车速为 0 才能锁止。进入防盗系统，读取防盗控制单元 J527 的数据流，反复观察，每次挂入 P 位，数据流中都显示 P 位，就是数据流和实际档位能对应起来。观察车速信号，有时车辆在静止情况下，左后轮轮速信号会出现变化跳动的情况。将车辆用举升机举起来，检查左后轮轮速传感器上有一块小铁屑，将铁屑去掉，故障排除。

4. 转向柱锁控制单元故障导致车辆无法起动

故障现象：一汽大众迈腾轿车，采用第四代防盗系统，发动机无法起动。

故障分析：连接故障诊断仪进行检测，进入发动机系统，读取故障码为 49862：与转向柱锁控制单元之间无通信。进入防盗系统，读取数据流 01 组，发动机起动未获允许。从防盗控制系统的响应上看，点火请求已经通过了审查。

故障分析与排除：从以上检查看，不是防盗控制系统锁止了。结合故障码 49862：与转向柱锁控制单元之间无通信，分析应该是转向柱锁控制单元的信号没有传给发动机控制单元。检查转向柱锁控制单元，发现插接器松动，重新连接后，故障排除。这个故障是转向柱锁控制单元故障，导致车辆无法起动。

5. 锐志轿车无法起动

故障现象：锐志轿车，仅行驶了 510km。起动机工作，但发动机无法起动。

故障检查与分析：用故障诊断仪检测出故障码为 B2799：发动机锁止系统锁止。用诊断仪清除故障码无法清除。用诊断仪检查起动机工作，发动机无法起动时，无点火及喷油信号。检测发动机停机系统熔丝均正常。忙了大半天故障没有排除。第二天，发动机正常起动，故障码也清除了。用户将车开走，不一会故障又出现了。检查又出现了相同的故障现象、相同的故障码。了解用户得知，该车前风窗玻璃贴了膜，从贴膜后故障就出现了。分析贴膜时用了大量的水，水顺着仪表台的缝隙进入发动机停机系统控制单元，导致发动机无法

起动。

故障排除：将车停在太阳底下晾晒了一天，故障排除。

6. 花冠轿车发动机无法起动

故障现象：花冠轿车行驶一段时间后停车，再起动发动机无法起动，停一段时间后又可以正常工作。在三个多月的时间里，故障先后出现了五次。

故障检查与分析：第五次故障出现时，技师赶到现场用故障诊断仪检查，故障码为B2799：发动机锁止系统锁止。检查线路没有异常，正在查找故障时，发动机又能正常起动了。检查故障码正常。根据发生故障时的情况推测故障部件周围温度高时易发生故障。用吹风机给发动机 ECU 和停机 ECU 加热一段时间，再起动发动机，反复进行试验。当给发动机停机 ECU 加热一段时间后，发动机突然无法起动了。分析判断发动机停机 ECU 内部不良。

故障排除：更换发动机停机 ECU，故障再没发生。

（五）小结

修理防盗系统需要专业知识，而且防盗系统的故障率非常低，我们不要误触发它，再排除外部因素引起的故障，那防盗系统发生故障的概率就更低了。

第十一章 十个坏习惯和十个常见错误

第一节 初级汽修工应改正的十个坏习惯

这里所指的汽车维修工的坏习惯是指自己看到了问题，而不加以改正的工作作风，坏习惯对维修工水平提高是十分有害的，同时也会留下汽车安全隐患，对汽车性能造成影响。

一、漏装零部件，特别是附件

古英格兰有一首著名的民谣："少了一枚铁钉，掉了一只马掌，掉了一只马掌，丢了一匹战马，丢了一匹战马，败了一场战役，败了一场战役，丢了一个国家。"这是发生在英国国王查理三世身上的故事。查理准备与里奇蒙德决一死战，查理让一个马夫去给自己的战马钉马掌，铁匠钉到第四个马掌时，差一个钉子，铁匠便偷偷敷衍了事，不久，查理和对方交上了火，大战中忽然一只马掌掉了，国王被掀翻在地，王国随之易主。

把汽车修理和王国易主联系在一起，有人可能认为是危言耸听，其实不然，汽车维修中的一些坏习惯，会给汽车造成损失，严重的可能引起安全事故。维修实践中，有的维修工在修理时感觉有些小零部件装不装无所谓，在维修中出现以下三种情况时，坏习惯就来了。

1）忘装某些零部件。当安装完毕后发现多了零部件，这时也不去找，直接将多余的零部件放到一边或扔掉。

2）安装时有些里边的没装先把外边的装上了，懒得仔细查找，也把零部件放到一边或扔掉。

3）拆下来的零部件忘记应该安装到哪里，也懒得去找，把零部件放到一边或直接扔掉。

出现这三种情况时，维修工必须认真负责，不应该感觉遗忘的零部件不很重要，就不给客户安装了。

作者在丰田4S店工作时，有位客户的锐志轿车左前部发生了碰撞，更换了前保险杠、左前照灯和翼子板内衬等部件，维修工装备完毕后，发现多了两个螺栓，他没有仔细查找，将螺栓丢到了一边。过了几天，客户说他的车辆转向时有异响产生。一检查，发现转向时轮胎与翼子板内衬摩擦。检查原因是翼子板内衬下部的两个固定螺栓（也就是维修工发现多余的两个螺栓）没有了，导致车辆运动时翼子板内衬松动，与车辆轮胎摩擦损坏。一个翼

· 263 ·

子板内衬要1000多元，只因为翼子板内衬下部的两个固定螺栓，被维修工认为是多余的，就损失了1000多元。

二、小故障大修理

汽车发生故障，应该认真检查，仔细分析，找到真正的故障原因，不能把感觉可能损坏的部件都更换上，或把一些没有损坏的零部件也更换了。这些都是坏习惯，要改正，否则会损害客户利益，严重的会构成违法犯罪。

在汽车维修过程中，汽车维修工一定改正小故障大修理的坏习惯。同时要注意，由于检查不仔细或漏检，也容易产生小故障大修理的现象。例如：发动机烧机油了，我们没有发现是哪里的故障，就说这台车需要大修了，要换活塞、气门等，要花上万块钱。这也是小故障大修理，真正的故障原因可能换换气门油封就可以了。

三、工作任性

工作任性是有些初级维修工的一个坏习惯，想干什么就干什么，想怎么干就怎么干，完全不顾操作规范和维修标准。作者认识一个维修工刚从职业院校毕业，到修理厂实习，他说在学校里，实习车辆很多，他上了很多实训课，拆拆装装没问题。那天正好有一辆上海别克君威轿车，发动机加速不良需要去排除故障，作者让他配合。

1）连接诊断仪。新工人这步操作确实熟练。

2）测量汽油压力。新工人拿起汽油压力表就连接，也不泄压，结果汽油溅了一身。

3）拆火花塞检查，发现火花塞需要更换。新工人安装第一个火花塞时，上去就用套筒拧，火花塞安装偏了，幸亏发现及时，否则缸盖就报废了。再安装火花塞，一不小心，套筒掉在副车架上，找了半天，没找到，烦了，就说："不要了，再买一个吧！"

4）更换完火花塞，发动车，结果发动机抖动严重，一加油，又是回火又是放炮。怎么回事？一检查，原来拔点火线圈上高压线时没注意高压线的位置，结果插错高压线，导致故障产生。按正确顺序插接后，故障排除了。

5）关闭发动机舱盖时，发动机舱盖盖不上，新工人要用力压，作者一检查发现发动机舱里有个旋具。

这一系列操作，既有马虎的一面，又有任性的一面，如果客户在现场会是怎样的感受呢？汽车维修是一个严肃的工作，不能马虎，也不能任性！

四、作业时不注意清洁

有的维修工作业不注意清洁，随意乱放杂物，这会给汽车维修造成很大麻烦。

例如：有的汽车维修工不注意清洁，不使用三件套就上客户的车辆，手上有油也不擦，就拆装仪表台、门里板、座椅等部件。还有维修工作业时也不注意清洁，比如轮胎进行平衡时，现在不少轮胎的平衡块是粘上的。粘贴之前必须将粘贴平衡块的部位清洁干净，有的维修工不注意，草草擦一下了事，结果平衡块粘上没几天就掉了，车辆会出现方向盘抖动的故障。

案例：有一辆奥迪A6L 2.0T轿车，加不上油，连接诊断仪，发现有三个故障码。000135：燃油系统压力；004243：缸组1：燃油测量系统2；000257：空气流量传感器G70。

观察数据流，发现空气流量传感器 G70，怠速在 2.4g/s，加油数据变化不大，急加油只能到 4.5g/s 左右，在拆卸空气滤芯时发现有个合格证附在空气流量传感器上。原来维修工在装空气滤芯时，不小心将合格证掉在了空气滤芯壳里，发动机工作时，被气流吸到了空气流量传感器上，引起故障。

所有这些由于不清洁造成的故障，都会给客户留下极不好的印象。

五、工作应付了事

排除故障时，只应付眼前故障，而不是从找到故障根源入手。例如：灯光不亮了，用手拍两下就好了，就这样把汽车交给客户，不去查找故障的真正原因。再如，盲目拆掉发动机节温器，发动机冷却液温度高，拆掉节温器后，温度不高了。但这不是排除故障的方法。假如因发动机温度高而盲目拆除节温器，冷却液只能进行大循环，不能调节冷却液温度，难以保证发动机在较适宜的温度下工作，反而使发动机经常处于低温状态下工作，造成发动机功率下降，磨损加快，油耗增加。

有些人认为行车时发动机温度怕高不怕低，于是在排除一些故障时，不仔细查找故障原因，也是应付了事。例如：冷却风扇不转动了，有人就改变线路让风扇常转，导致发动机长期低温工作。发动机长时间低温工作危害性很大，有些客户可能当时不知道，一旦某天客户知道了，会产生深深的不信任感。

六、野蛮操作

野蛮操作的后果就是损坏零部件。损坏了零部件，维修工就要给客户赔偿，赔偿了客户也不会满意。

例如：拔导线插接器时，生拉硬拽造成插接器损坏。发动机曲轴、凸轮轴带轮要用专用工具拉下来，一些车辆的曲轴带轮是带缓冲垫的，如果拉带轮的外缘，会导致带轮报废！

一些零部件的拆装看起来简单，但实际拆装时要求我们仔仔细细按照操作规程来操作，一个螺栓，一个插头，一段线束都不能乱来。下面以奥迪 A6L 轿车前轮轮速传感器的拆装为例说明。

前轮轮速传感器 G45/G47（提示：感应齿圈/转子安装在相应的车轮轴承单元内，无法进行更换），如图 11-1 所示，拆装所需要的专用工具和维修设备很简单，只有扭力扳手和套筒。

1. 拆卸

1）升起汽车，松开并拆下轮速传感器 1 上的电插头。注意：拆下电插头时，不能用旋具硬撬。要用手拔下或用旋具辅助拔下。

2）旋出螺栓 2。

3）从车轮轴承壳中拔出轮速传感器。有些传感器在车上安装时间过长，可能卡在孔内不能活动。这时我们要慢慢操作，而不能硬撬，以免损坏传感器壳体。

图 11-1 拆下轮速传感器
1—轮速传感器 2—螺栓

2. 安装

1）装入轮速传感器时，孔内可能有锈蚀、脏污等，因此安装前必须清洁孔的内表面，用固体润滑脂涂抹轮速传感器四周，这样可以方便装入。处理后插入轮速传感器。

2）检查传感器与安装平面贴合紧密，然后用 9N·m 的力矩拧紧螺栓。如果传感器与安装平面没有贴合紧密，就拧紧螺栓，会损坏传感器，还可能引起传感器信号不准。

3）连接转速传感器1的电插头，保证安装到位。

4）检查传感器线束走向是否正确，并将方向盘向左及向右转到底，同时检查轮速传感器导线是否不受阻碍。

这样按照规程拆装，才能保证维修质量，如果野蛮操作，会对部件造成损坏。

七、乱动客户车辆或用后不归位

乱动客户车辆是指乱动客户的私人物品、车上配备的工具和汽车设置等。私人物品我们这里不讨论了，这里只说车上配备的工具和汽车设置。

车辆在修理厂维修，出厂时收音机的频道变了，油耗显示变了，自动落锁功能没有了，设置变了，有的甚至音响被锁死了，遇到这种情况，客户会很反感。

维修时有时要用到车上的防盗螺栓专用工具，用后一定放到原位。否则客户再次使用时，会给客户造成很大的麻烦。作者曾经遇到过一辆奥迪轿车在高速公路上轮胎没气了，在更换备胎时发现轮胎防盗螺栓专用工具找不到了，原来是上次在一家修理厂更换轮胎时把工具忘了放回去，留在了修理厂，客户没有办法把奥迪车用救援车从高速上拖下，到一家汽修厂修理了半天才解决问题。

八、工作想当然

汽车零部件的拆装、检测，看着简单其实不简单，这里面有操作要求、规范。如果想当然地去做，就会造成部件的损坏。

以奥迪 A6L 轿车制动信号灯开关 F 的拆卸和安装为例说明，如果不按操作规程拆装，可能损坏制动信号灯开关或者引发不必要的安装，安装后制动信号灯开关也不能正常工作。拆装所需要的专用工具和维修设备为拆卸工具 T40168A。

提示：拆卸后，制动信号灯开关 F 可以重复使用，不能损坏；制动信号灯开关 F 自动执行学习过程，安装后不需要校准。

1. 拆卸

1）将座椅调置于最后面的位置。

2）关闭点火开关。

3）拆卸驾驶人侧仪表板下的杂物箱。

4）拆下脚部空间出风口。

5）脱开至制动信号灯开关 F 的电插头。

6）用手指将制动信号灯开关 F（B）的推杆完全压入。

7）推杆压入后，将制动信号灯开关 F 上的彩色转锁向左（箭头 A）转到底，如图 11-2 所示，以便松开传感器。提示：将制动信号灯开关 F 开锁时，推杆必须保持压入状态。

8）开锁后，松开制动信号灯开关 F 的推杆。

9）将拆卸工具 T40168A 插入制动信号灯开关 F 的推杆与制动踏板之间。

注意：工具锥面必须指向驾驶人座椅方向。工具开口必须对准制动信号灯开关 F 上的凸起部位。

10）将拆卸工具 T40168A 压向制动信号灯开关 F。同时使制动信号灯开关 F 上的三个卡止凸耳松脱。

11）将制动信号灯开关 F 从固定架 C 中拉出。

2. 安装

1）制动踏板处于静止位置。不要踩下制动踏板。将制动信号灯开关 F 插入制动踏板上的固定架 C 内，然后略微压入箭头 A（图 11-3）。

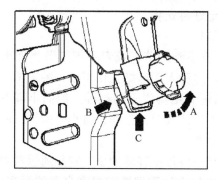

图 11-2　拆卸制动信号灯开关 F
A—转动方向（箭头）　B—制动信号灯开关 F
C—固定架

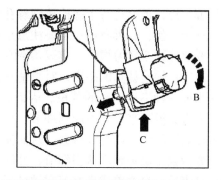

图 11-3　安装制动信号灯开关 F
A—制动信号灯开关 F　B—转动方向（箭头）
C—固定架

提示：
① 必须听到制动信号灯开关 F 所有三个卡止凸耳的卡止声。
② 制动信号灯开关 F 不得在制动踏板上的固定架内转动。
③ 插入制动信号灯开关 F 期间，推杆自动调整。

2）将制动信号灯开关 F 上的彩色转锁向右（箭头 B）转到底，以卡止制动信号灯开关 F。

3）连接电插头。

4）安装脚部空间出风口。

5）安装驾驶人侧仪表板下的杂物箱。

九、不按技术标准作业

汽车上的装配要严格按照技术标准进行，螺栓拧紧力矩该多少就多少，不能大也不能少，装配间隙该多大就多大。间隙过小或过大，都会引起故障。作者在一家汽车修理厂工作时，曾经大修了一辆奥迪 A6L 2.0T 轿车，这辆车更换了新活塞、新曲轴和连杆瓦、曲轴瓦等部件，大修后，这辆车连续行驶 100km 左右，机油压力警告灯就会报警。将车开到修理厂，测量机油压力正常，就车更换了机油压力感应塞、机油泵等部件，故障也没排除。询问维修工，他说装配没问题。问他轴瓦间隙，说曲轴是标准的，轴瓦也是标准的，没必要测量。这辆车，查来查去也没发现问题，最后没办法将发动机又拆下解体，测量连杆轴瓦间隙，发现间隙超限了。重新更换一组连杆轴瓦，测量间隙正常，装车试验，故障彻底排除。

十、作业不注意细节

作业时不注意细节是一些维修工的另一个坏习惯，大家应该知道认真、仔细、严谨是汽车维修工必备的素质！而有的汽车维修工工作马马虎虎，螺栓丢了随便找一个装上，卡子丢了找根铁丝绑上，线路不按原来的走向，拆装不按标准的顺序等。这些小的问题有时会酿成大的故障。

案例：自动变速器阀体的固定螺栓较多，这些螺栓一般直径是一样的，但长度有两列三种规格。有的修理工不注意，拿来就拧，结果造成螺纹损坏。而细心的修理工即使不知道哪个长哪个短，他会将每个螺栓放到螺孔里比较一下确定好再安装。

这个案例，告诉我们一定要注意小问题，注意细节！

要改掉这个坏习惯，一定要看到细节的重要性。看不到细节，或者不把细节当回事的人，对工作缺乏认真的态度，对事情只能是敷衍了事。这种人无法把工作当成一种乐趣，而只是当成一种不得不受的苦役，因而在工作中缺乏热情和踏实肯干的精神。他们小事不想做，大事又做不来。而考虑到细节、注重细节的人，不仅认真对待工作，将小事做细，而且注重在做事的细节中找到机会，从而使自己走上成功之路。

要做到正确理解和认识细节，并能按要求去做，是一件很不容易的事。它是通过努力提高自身素质，自觉养成良好习惯的结果。只有在日常生活中注重训练和提高自我的洞察力，认真做好、做细生活中的每一件事，经过一点一滴的积累，最后才能完成从量到质的飞跃。能做到这一点的人是智者，"命运之神"一定会垂青他。

第二节　初级汽修工应避免犯的十个错误

我们首先从一份调查问卷说起，作者在一家职业学院毕业的学生中以调查问卷的形式做了一次调查，被调查的学生是工作1~3年的职业院校、大专院校毕业生，我们将每个问题中被重点提及的五项做了汇总，结果如下。

1. 汽修工应具备哪些基本技能？
1）熟练地拆装部件。
2）了解部件的基本工作原理。
3）通俗易懂地向客户阐述故障。
4）会用仪器。
5）会用工具。

2. 刚干修理时容易犯哪些低级错误？
1）轮胎螺栓忘记紧。
2）拆下来的件忘记是哪里的了。
3）安装时有些里边的没装先把外边的装上，又要拆一遍。
4）螺栓滑丝。

3. 修理中最怕什么事？
1）客户投诉。

2）返修。

3）没有找到真正的故障原因，换上了件过几天又坏了。

4. 感觉什么故障最难？举个例子

1）听异响，发动机、传动系统、悬架、中控台、天窗、车门的异响都不容易听。

2）偶发故障。一个学生写到：一辆宝马 X5 第一次散热器裂了，更换散热器。过几天冷却液温度又高，检查发现当时风扇不转，换了风扇好了。过了几天冷却液温度又高了，风扇有时转有时不转，最后检查风扇继电器触点端有烧蚀，更换继电器才彻底好了。

5. 如果重回学校，你会重点学习什么？

汽车构造与原理。

从调查问卷中我们看到了初级维修工容易犯的低级错误，结合其他初级维修工犯过的一些错误，我们总结了初级汽修工容易犯的十个错误。希望初学修理者，认真对照，避免犯错，早日成才。

一、忘紧螺栓

某天下午正在长沙市南二环路段上行使的驾驶人经历了惊险的一幕，车辆在行驶中右后轮突然脱离车体，驾驶人紧急制动，汽车瘫痪在了马路中间，车轮飞出二十多米远，车行李舱中的物品也甩了出来。

据驾驶人介绍，事故车辆一周前在某轮胎店更换了轮胎，可能是新换轮胎螺栓没拧紧，松动了，导致其在行驶过程中飞出。幸好驾驶人的车速不快，只有 30km/h 左右，如果是在高速行驶过程中车轮脱落会十分危险。

忘紧螺栓？外人听起来不可思议，其实做汽修这行的老师傅都知道，初级维修工或多或少都有过忘紧螺栓的经历。我们不少人看过汽车行驶过程中轮胎突然掉落的视频，看着轮胎滚动可能有的人感觉好玩，实际上这隐藏着巨大的危险。前几天看过一个视频，一辆货车的轮胎脱落撞上绿化带又飞回来砸中后车，轮胎从后车的风窗玻璃砸进驾驶室内（见图11-4），所幸没有造成人员伤害。

这起事故的原因没有说明，螺栓脱落是可能的原因之一。在日常维修实践中，忘记紧固轮胎螺栓造成的后果就是轮胎脱落。

螺栓拆装看起来很简单，恐怕小学生也会操作。但初级维修工却摆脱不了螺栓造成的烦恼，要知道一个维修工很大一部分工作是拆装螺栓、螺母，忘紧螺栓，这么基本的工作总出麻烦，是够烦恼的。

那么怎样才能克服这个错误呢？回答是：按照标准流程来。以轮胎拆装为例：

1）用举升机将车辆举升至半离地状态。

2）先用套筒扳手将该轮胎固定螺栓按照对角线顺序拧松。

图 11-4 轮胎从后车的风窗玻璃砸进驾驶室内

3）将车辆举升至完全离地，最少离地 5cm，松开螺栓，将拧松的螺栓依次拧下，将轮胎整体拿下，轮胎拆卸完成。

4）更换新的轮胎，确保位置正确，同样以对角线的方式将螺栓拧紧。

注意：拧螺栓时要按对角线顺序拧上，切勿按顺时针或逆时针方向依次拧上

5）将车辆落至半离地状态，使用扭力扳手拧至规定力矩。

注意：车辆在这个状态时，就是轮胎拧至规定力矩的时候。

6）如果还有其他轮胎，依次拧至规定力矩。然后轮胎落地后再检查一遍轮胎拧紧状况。一定要养成检查的习惯。

严格按照流程作业，良好的习惯形成了，就不会出现忘紧螺栓的情况了。一个老师傅曾经说过：一个汽车维修工在拆装螺栓上不犯错误了，那就可以出徒了！

二、检查不仔细

检查时不仔细、不细心是汽车维修工容易犯的另一个错误，比方说测量电压时，不校表，查找了半天线路，才发现自己用的万用表的表笔线断了或者表笔插接不良。这些错误导致检查故障时，对故障点盲目下结论，比如有个新来的员工在测量 2012 款一汽大众迈腾轿车点火线圈，点火线圈插接器有 4 个端子，端子 1 是电源线，端子 2 和 4 搭铁，端子 3 是点火线圈到发动机控制单元的控制线。测量点火线圈电源线应该有电压，而他只测量一次就确定这一点没电压，这样故障点一下子转到了检查点火线圈插接器端子 1 无电压上来了，走了弯路。我和他说，你记住检查故障一定要仔细，用表前要校表，校表可以在万用表的电阻档短接表笔校正，也可以万用表在电压档测量蓄电池电压校正。对可疑的故障点要至少测量三次。我们就和医生一样，医生给病人看病不能摸了一下手腕没有脉搏，就说你的心脏不跳动了。医生要多摸几下手腕，我们也要多测量几次，避免误诊。

检查不仔细的另一个表现是检查不全面，轮胎没气了，发现一个地方扎破了，就把这个地方补好，而忽视了对整个轮胎的全面检查。有些轮胎缺气可能由于两个地方被扎破造成的。

三、拆装不按顺序

汽车零部件的拆装和总成的装配是按照顺序进行的，不按照顺序拆装就会造成部件的损坏。以前曾经有个汽车维修工问我，他修了一台现代索纳塔轿车的自动变速器，修完后一发动车，只听"当"的一声，自动变速器不动作了，抬下自动变速器一看，油泵碎了。换了一个油泵，装上自动变速器，一发动车，又听见"当"的一声，自动变速器又不动作了，抬下自动变速器一看，油泵又碎了。维修工问我怎么回事？我问他怎么装的，他就一步一步跟我说了。原来，他在把发动机和自动变速器分离时没有先拆下变矩器的螺栓，而把发动机和自动变速器安装到一起时，也没有把变矩器从发动机飞轮上分离下来，而是直接将发动机与自动变速器连接到一起，直接拧紧了发动机和自动变速器连接的螺栓。这种做法很容易引起油泵的破碎。正确的做法是，拆下变矩器的螺栓，安装时将变矩器先安装到自动变速器上，并保证安装到位。然后将发动机和自动变速器连接到一起，轻轻拧紧发动机和自动变速器连接的螺栓，边拧边转动变矩器，确保变矩器在此状态下能转动。拧紧发动机和自动变速器连接的螺栓后，再安装变矩器螺栓。这样就不会出现损坏油泵的情况了。

汽车维修像这样按顺序安装的地方很多，一定要按照维修手册的要求进行。

四、错误观点：越紧越好、越高越好

在初学者头脑里还有一个错误观念：不管什么部件，只要越紧就越好，越高就越好。其实这是错误的，越紧和越高同样也是故障，也会造成部件的早期损坏。

1. 错误认为：传动带越紧越好

发电机、转向助力泵、水泵、空调等传动带并非越紧越好。传动带过紧不仅会使其拉长或断裂，缩短传动带的使用寿命，而且还会因拉力过大，导致发电机轴、转向助力泵轴、水泵轴变形弯曲和轴承的早期损坏。汽车发动机风扇传动带的松紧度应符合技术要求，一般正常传动带装配时挠曲度以 10～15mm 为宜。

2. 错误认为：轮胎气压宁高勿低

初级维修工给轮胎充气时，以为和自行车轮胎一样，压力高点好。有些客户也喜欢把轮胎气压充得较高，认为这样既可超载又可节油。这是不正确的。轮胎气压过高，会使轮胎接地面积减小，磨损加重，而且还容易爆胎。轮胎气压过高，使轮胎的附着系数减小，降低制动时的制动效果，增大侧滑量（尤其是在雨雪路面上），对行车安全造成较大的危害。轮胎气压过低也不好，会造成磨胎肩、油耗增加等。应按轮胎上标明的标准气压充气，充气量一般在标准气压的 ±5% 较为适宜。

3. 发动机加机油宁多勿少

有的维修工加机油时不管多少先加上这桶再说，殊不知现在不少车辆的机油加注量是有标准的。

发动机在加机油时不可多加，也不能少加。那么机油加多了会造成什么影响呢？机油加多了会增加曲轴连杆机构的转动阻力，又会使飞溅到气缸壁上的机油增多，造成燃烧室积碳增加，降低发动机功率，增加磨损，影响排放。应按照机油油尺的刻线加油，以最多不得超过上刻线，最少不得低于下刻线为宜。

五、哪儿坏了修哪儿，不搞明白故障的真正原因

在汽车维修实践中，维修工发现一些部件损坏了，就直接换装了事，而不查找问题的真正原因，进而造成故障再次产生，或造成新更换的部件损坏。

举一个例子：迈腾车上的 SC10 熔丝，其电路图如图 11-5 所示，这是一个很重要的熔丝，负责整车的 15#供电，没有 15#供电，发动机将无法起动。SC10 熔丝烧断了造成了发动机无法起动，在检查时初级维修工单纯测量熔丝有没有烧断，如果烧断了，就更换一根熔丝，然而更换完熔丝后再次起动发动机，发现发动机仍然无法起动，检查仍没有 15#供电，这时再检查 SC10 熔丝时，发现熔丝又被烧断了。这时可能想到没有排查熔丝为何烧断，浪费了时间，还可能影响思路。所以说，更换熔丝前一定要检查一下线路是否有搭铁处，搞明白熔丝为什么烧断，确实没有问题后再更换熔丝，再查找其他部位是否存在问题。如果检查发现 SC10 熔丝下游有搭铁处，那要检查搭铁处在哪里。从电路图可以看到，SC10 熔丝连接的线路有多处，这里要一一查找，以 SC10 熔丝其中有一部分连接到 J623 的 T94/87 为例，这是 J623 接收点火开关信号的一根线，这根线出现了问题，发动机仍然无法起动，当 SC10 熔丝至 T94/87 线路之间有搭铁，则会造成 SC10 熔丝烧断。在检查到 SC10 熔丝烧断后，要断开发动机控制单元 J623 的插接器及 SC10 熔丝所连接的电器元件，用万用表的电阻档测量

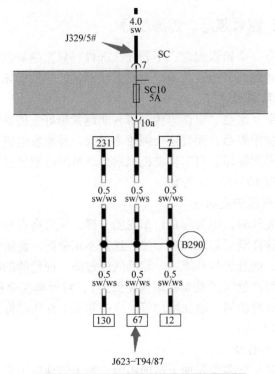

图 11-5　迈腾车上的 SC10 熔丝电路图

SC10 熔丝输出端对地电阻，应为无穷大。如果电阻小于 1Ω，则为 SC10 熔丝至 T94/87 线路或其他与其相连的线路之间有搭铁，具体是哪一处，要分段逐一检查。

综上所述，出现故障时，一定要查明原因，不能简单更换零部件了事。

六、拆装不注意记号和方向

拆装的基本要求是：能拆下来，能装上去，不能装错。对拆装的高级要求是：能在拆装中发现问题。

1. 要按记号安装

比如说汽车常见的多楔带，我们在拆装时要按旋转方向做上记号。否则，重新安装后能引起传动带异响。正时带更是如此，如果拆装后不按原来的方向安装，还能造成正时带不正常磨损。

2. 拆卸不做记号，安装必须有位置

有些部件我们在拆卸时可以不做记号，但安装时必须找准位置，例如安全气囊的螺旋电缆，如图 11-6 所示。新件已定好安装位置，无需拆开转动，如果螺旋电缆是我们从车上拆下来的，就要按照位置安装，不按照位置安装，会引起螺旋电缆的损坏。

丰田卡罗拉等大部分车型，按以下步骤安装螺旋电缆：

1) 把螺旋电缆后顺时针摇到极限位置；顺时针转近 5 圈。
2) 逆时针转 2.5 圈。
3) 松开螺旋电缆在 45°内找定位，然后安装到位。

标志 307 的安全气囊螺旋电缆不能按一般螺旋电缆的对中方法安装。标志 307 轿车的安全气囊螺旋电缆能朝一个方向旋转20多圈，而一般的安全气囊螺旋电缆最多旋转6圈，该车安全气囊螺旋电缆正确的安装方法在螺旋电缆上用英语标注，意思是：顺时针转到头，然后逆时针转2.5圈。

另外，我们要注意的是将转向盘与转向柱拆开后，禁止转动转向盘，以免损坏连接安全气囊的螺旋电缆。

3. 加速度传感器安装有方向

有些零部件安装时要注意安装方向，例如：汽车的横向加速度传感器是有安装方向的，注意箭头朝向车前

图11-6　螺旋电缆

方。有的汽车在横向加速度传感器的外壳标有方向，有的汽车横向加速度传感器安装位置是唯一的，反过来安装不上。例如：奥迪2.8L轿车的横向加速度传感器的安装，注意箭头朝向车前方（图11-7）。

4. 制动片也有方向

制动片不管是前片还是后片，都包括左右制动片。一般情况下，左右制动片可以颠倒，但有些车型，左右要分开。例如：2011款帕萨特领驭轿车新更换的前制动片制动时异响，检查前制动片，发现前制动片安装方向不对。正确的是箭头指向车轮旋转方向（如图11-8所示）。

图11-7　横向加速度传感器不要装反，注意箭头朝向车前方

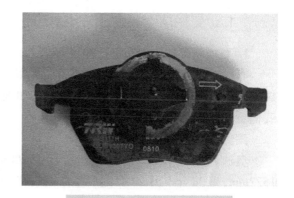

图11-8　注意制动片上的箭头

5. 轮胎有方向

有的轮胎里外没有差别，但有的轮胎有里外面之分，安装时轮胎里外面要分清，不能装反了，否则会引起轮胎异响或轮胎异常磨损。安装时注意轮胎胎侧的标记，外面一般有"OUTSIDE"标记，里面一般有"INSIDE"的标记，也有的轮胎上标有旋转方向（图11-9），安装时将旋转箭头指向汽车前进的方向。有的轮胎，我们根据轮胎花纹，就能知道轮胎的行驶方向（图11-10）。对于没有标记的轮胎，应将标有轮胎生产日期的面朝外。

图 11-9 轮胎上标有旋转方向标记

图 11-10 轮胎旋转方向

6. 其他容易装反的部件

部件有安装方向，上下左右位置不能颠倒，大多数部件因为有定位，安装位置唯一，我们不会安装反了，如发电机、缸盖等。有些部件根据常识我们知道安装方向，例如制动片，有摩擦材料的一面要朝向制动盘，如果把制动片上铁板的一面朝向制动盘，那会造成制动盘的异常磨损。有些部件是有方向的，装错会产生故障，在这些部件上有的标明了方向，有的写上了左右或内外。例如：活塞、连杆安装有方向，如果装反会出现异响。

底盘上的拉杆、控制臂等部件有的车辆能够反向装上，但会出现其他故障现象。

七、更换或安装零部件不观察

1. 更换新配件不观察不比较

有的维修工到配件仓库领到零部件后就装，也不进行比较，以为领到的零部件没有问题，实际上有的仓库人员的配件知识还不如维修工，他们给维修工的配件也会存在问题，让我们看看以下案例。

案例 1：发电机传动带引起异响

奥迪 A6L 轿车，2.0T 发电机传动带 2008 年 9 月 22 日之前生产的规格为 21.36mm×1572mm，2008 年 9 月 22 日之后生产的规格为 21.36mm×1557mm。若使用规格不对，能引起异响。

案例 2：汽油滤清器引起发动机故障灯点亮

奥迪 A6L 轿车，2.8L 轿车，发动机故障灯亮，有混合气浓的故障码。根据诊断仪的故障导航提示，可能的故障原因有：燃油品质、进气压力传感器、喷油器泄漏。检查以上原因均不存在。后来发现该车上次保养更换了汽油滤清器，检查汽油滤清器型号，发现该车更换的汽油滤清器型号应为 0.4MPa，而车上装的为 0.6MPa。0.6MPa 为缸内直喷发动机，如：2.0T 等用的。更换正确的汽油滤清器，故障排除。

零部件的比较包括：规格、形状、尺寸、螺孔的位置、插接器端子、插接器上插座与车上插头的匹配等。

2. 安装插接器不仔细观察

在汽车上有些插接器的插头和插座是可以互换的，如果不注意互换了就会产生故障。一般情况下，插接器是能区分的，有的颜色不同，有的不同的插头和插座之间距离不一样，但工作实践中总有汽车维修工稀里糊涂地把插头和插座互换了，结果造成了很大的麻烦。曾经有一汽大众捷达轿车在更换曲轴后油封出现自动变速器换档冲击严重，自动变速器不能升入高档，只能在一二档之间变换的故障现象。连接故障诊断仪，读取故障码，无故障码显示。检查自动变速器油液正常。检查发现原来自动变速器上的转速传感器 G38 和车速传感器 G68 的插接器插反了。两个传感器一个是黑色的，一个是棕色的，与插接器的颜色相对应。将自动变速器上的转速传感器 G38 和车速传感器 G68 的插接器重新连接，故障就排除了。上海帕萨特轿车 01N 自动变速器上的这两个传感器也容易混淆，大家要注意。在其他车型上也有这样的案例。

案例 1：科鲁兹轿车蓄电池指示灯常亮

故障现象：2012 款上海雪佛兰科鲁兹轿车，该车因发动机冷却液温度高，更换了气缸垫，更换后出现蓄电池指示灯常亮的故障。

故障检查与分析：检测发动机怠速时蓄电池的电压为 13.6V，打开前照灯和空调，电压变为 12.9V，发电机工作不正常。连接诊断仪，读取故障码，显示发电机端子 L 高电压和端子 F 低电压。读取数据流，发电机 F 端子的占空比为 0，打开前照灯和空调，占空比也不变化。正常情况下，占空比应在 5%～95% 之间变化，看来是线路故障。拔下插接器检查，发现发电机的插接器是白色的，而正常是黑色的。再看发动机上的爆燃传感器的插接器是黑色，而正常情况下，爆燃传感器是白色的。拔下爆燃传感器的插接器观察，发现两个插接器除了颜色不一样，其他地方是一样，分析更换气缸垫时，不小心将两个插接器插错了。

故障排除：将两个插接器互换位置，故障排除

案例 2：奥迪 A6L 轿车无钥匙进入功能失效

故障现象：奥迪 A6L 轿车，2.4L 发动机，无钥匙进入功能失效。

故障诊断与分析：连接诊断仪 VAS5052 进入无钥匙进入系统，读取故障码为：驾驶人侧天线、无钥匙进入系统电路电气故障。首先，检查驾驶人侧天线，将左后门内衬板拆下，检查驾驶人侧天线插头与天线读入单元 J723 的线路无断路。后来检查发现驾驶人侧天线插头与左后门高音扬声器插头相似，再检查左后门高音扬声器不响。通过查相关资料得知高音扬声器插头为黄色，驾驶人侧天线插头为黑色。而该车正好插反。

故障排除：将高音喇叭插头与驾驶人侧天线插头换过来，故障排除。此故障排除走了一些弯路，如果以后遇到类似情况，检查时听一下音响扬声器，故障马上就可找到

八、这儿刚好，那儿又坏了

有时修车也挺郁闷的，这儿刚修理好，那儿又坏了，例如：捷达春天轿车冷却液温度高，检查无漏水处，检查冷却风扇转动正常，分析是缸垫冲坏了。更换缸垫后冷却液温度仍然很高，一看风扇又不转了，怎么回事？原来风扇控制器在膨胀水箱的前下方，添加的冷却液和放气时冒出来的水溅到风扇控制器上，引起风扇控制器损坏，风扇也就不转了。

有时修车时这个故障好了，又出现新的故障。例如：某车，车速到 100km/h 时方向盘抖动，调好轮胎平衡就好了。可调好平衡装上轮胎，车辆又出现了跑偏的故障。怎么回事？

原来是拆下的轮胎没做记号，原来前轮的装到后轮了，左边的装到右边了。各个轮胎磨损不一样，位置颠倒了，就会出现跑偏。方法是：拆下的轮胎做好记号，原来的位置不要变！

对待这种问题的方法：认真、仔细、全面考虑。例如：轮胎被钉子扎破了，我们补胎后轮胎的平衡会变化，要记得必须再重新做动平衡。否则，车辆跑起来，方向盘会发抖的。

综上所述，出现"这儿刚好，那儿又坏了"的原因是不按规范作业。

九、自己把自己搞晕了

在汽车故障诊断时，有一个原则，每一个检查点要仔细检查，当一个点确定正常后，就不要反复考虑这个点了，但如果工作不严谨，就会出现问题，如奥迪 A6L 更换胎压传感器后要进行轮胎压力自学习，方法很简单：从 MMI 中选择"轮胎调换位置"，进行系统自学习后自动清除原来的记忆，记忆好新的的轮胎气压值。可有的维修工更换胎压传感器后，轮胎压力自学习怎么也无法完成，连做多少次都不行，怀疑更换的胎压传感器不好，可再更换一个也无济于事。最后发现是先前更换的旧胎压传感器放在了车上，干扰了自学习，自己放的，却影响了自己的思路，确实有点"晕"！

修车时还有因为误操作引起故障的事情，例如：一辆长安福特福克斯轿车点烟器不好用，到汽修厂检查，客户说他发现点烟器插到点烟器座后，点烟器不好用，而用力将点烟器向里推，点烟器就好用了。

维修工是这样进行故障诊断的：

1）将点烟器插到其他车上检查，点烟器好用，说明点烟器正常。

2）检查点烟器的熔丝正常，那要检查点烟器座了，用万用表测量点烟器座的电压也正常。

3）分析是点烟器座的触点变形了，与点烟器接触不良造成的，用小旋具挑挑触点，仍是不好。

4）维修工说要换点烟器座。客户同意了，可更换新件后，点烟器仍不好用。

这时维修工一头雾水，怎么回事？回过头来再检查发现点烟器的熔丝断了。奇怪了，开始检查时熔丝没断，现在怎么断了呢？维修工更茫然了！原来是维修工在用小旋具挑点烟器触点时，不小心把点烟器正负极搭在了一起，引起短路，把点烟器熔丝给烧断了，结果造成更换新件后，点烟器仍不好用。

这次故障的原因是检查时操作不仔细造成的。

十、简单工作复杂化

简单的故障，到了一些维修工手里却变成了复杂的故障，浪费了维修工自己的时间，也浪费了客户的时间和资金。

有辆东风标致 307 轿车，在车辆上坡时有时仪表板上的红色"STOP"灯报警。有些维修工不知道怎么回事，又是读故障码又是测机油压力的，半天也没找到故障原因。请一位老师傅帮忙，他看了一下制动液液位，加了 10mL 制动液，故障就搞定了。

这个故障其实很简单，看一下用户手册，上面写着，如图 11-11 所示。

大家知道了，中央停车警告灯（STOP）与"发动机机油压力"、"制动液液位低，电子制动力分配故障"警告灯和冷却液温度表相连。发动机机油压力和冷却液温度不会在上坡

第十一章 十个坏习惯和十个常见错误

时变化,而只有制动液液位低可能在上坡时变化。说到这里大家就明白了,老师傅为什么检查一下制动液液位就搞定了故障。

防止这种简单工作复杂化的发生,一定要多学习,多积累。

另外一种简单工作复杂化,是将原本简单的工作自己给搞复杂了。例如:一汽大众探岳、速腾、高尔夫等轿车带轮胎压力复位开关,有的车辆音响显示屏在更换成大屏时,轮胎压力复位开关没有地方安装了,这样在轮胎压力不足,轮胎压力报警时,就无法手动复位了。此时,可以用诊断仪来进行轮胎压力复位。首先读取故障码,制动电子装置系统故障码为:C102D00 轮胎压力警告,主动/静态,故障码无法清除。选择"16 安全登录",输入登录密码,登录成功。

中央停车警告灯
(STOP)
点火开关接通后,该灯亮起几秒钟。
该灯与"发动机机油压力"、"制动液液位低,电子制动力分配故障"警告灯和冷却液温度表相连。
在发动机运转状态下,若该灯闪烁,必须立即停车,并关闭发动机。
请与东风标致特约商联系。

图 11-11 用户手册上面的内容

选择"04 系统基本调整",找到关于胎压的选项,如图 11-12 所示,勾选上"复位至轮胎压力监控显示器的工厂设置",点"调整",基本设置正确完成,此时再读取制动电子装置系统无故障码,轮胎压力警告灯熄灭,一切顺利。

但有些维修工不注意,将诊断仪上"复位至出厂设置"当成了"复位至轮胎压力监控显示器的工厂设置",一下子点下去,轮胎气压警告灯没有熄灭,而瞬间 EPC 灯、ABS 灯、侧滑灯等一下子全亮了。

这时读取故障码,出现了将近二十个故障码(图 11-13),原来车辆复位到了出厂设置时的状态,这样有些系统需要重新匹配、重新编码。

图 11-12 "复位至出厂设置"和"复位至轮胎压力监控显示器的工厂设置"选项

图 11-13 故障码

第三节 讲给汽车维修工的几个小故事

汽车维修是件很严肃的事情，出现问题一定要改正。我把日常维修工犯过的一些错误编了几个小故事，希望大家改掉坏习惯，记住别犯同样的错误。

一、特殊的制动

有个别维修工作业时，经常省略或忘记一些必要的步骤，留下安全隐患。

有个新来的维修工换完丰田卡罗拉轿车的 ABS 泵后，只简单地在 ABS 泵处放了气，结果客户开车一出门，制动就失灵了，差点撞车。我对新来的维修工进行了批评，同时对车间质检员进行了处罚。在年底的联欢会上，我给大家讲了个笑话，说我发明个专利，像自行车一样，自行车制动失灵了，我们要赶快将两腿放下，让脚与地面接触产生摩擦力，自行车可以停下来。我的发明是在汽车车地板上钻两个洞，汽车制动失灵了，驾驶人赶快将两腿放下，让脚与地面接触产生摩擦力，汽车可以停下来，大家哄堂大笑。这个笑话在维修工中传开，以后维修时大家都注意了维修作业的步骤。

二、"狗羊款"高低音喇叭

有些零部件的安装是有方向的，颠倒了不行，而有些维修工偏偏不注意。例如：有个开羊肉馆的刘老板的捷达车上换了两个蜗牛喇叭，维修工将喇叭口朝上安装，结果在下雨天喇叭口进水不响了，刘老板很生气，我也挺上火，批评了维修工。这件事后为了让每个人都记住这件事，我编了一个故事，说羊肉馆的刘老板捷达车要换两个蜗牛喇叭，有个维修工把喇叭口朝上安装，结果雨天喇叭口进水不响了，刘老板没办法，只好把一只狗和一只羊抱到车上。他按狗的头，狗就"汪汪"叫，这是高音。他按羊的头，羊就"咩咩"叫，这是低音。一起按，狗和羊就"汪汪""咩咩"叫个不停，代替了喇叭。以后再有工作把零部件方向装反了，我就说：你又要让客户把狗和羊放到车上了？维修工们哈哈一笑，也就更加注意了。

三、偷井盖与掉套筒

有个小故事挺有意思：有位老兄刚拿到驾照，就借朋友的车练练手。一天晚上开车出去转转，忽然听到"当"的一声。赶紧下车看看，一个大配件掉了！费了九牛二虎之力把配件放在行李舱里。第二天赶紧把车还给朋友，跟他说明情况。朋友打开行李舱一看：兄弟你可以啊，借我的车去偷井盖！你想害死我啊！

这个笑话听起来挺好笑，其实在汽车维修工的工作中，有的维修工把工具拉到客户车上是经常发生的事情，什么旋具、钳子、扳手等。有一次，一个维修工安装机油滤芯时，把机油滤芯套筒没拿下来，就出厂了。机油滤芯套筒在滤芯上好长时间没掉下来，晚上车辆在红绿灯前一制动，客户听见"当"一声，忙下车寻找，发现地上一个大圆盖，客户不知是啥东西，忙给修理厂打电话说车上有个零部件掉了，修理厂厂长忙跑过去一看，原来就是维修工拉在车上的机油滤芯套筒。厂长真是又好气又好笑，忙给客户赔礼道歉。

这样没造成故障还好说，有时落东西能引起故障。就像医生把手术刀落到病人的肚子里一样，后果很严重！

参 考 文 献

[1] 栾琪文. 汽车故障诊断一点通 [M]. 北京：机械工业出版社，2018.
[2] 栾琪文. 奥迪车系故障诊断与维修实例 [M]. 北京：化学工业出版社，2016.
[3] 希利尔. 汽车技术基础 [M]. 姚美红，等译. 北京：机械工业出版社，2020.
[4] 星宝奥汽车维修技师编写组. 最新奥迪汽车维修实例 [M]. 北京：北京科学技术出版社，2012.
[5] 谷祖威，等. 汽车综合故障诊断 [M]. 北京：人民邮电出版社，2013.
[6] 谷朝峰. 一汽－大众轿车维修笔记汇总 [J]. 汽车驾驶与维修，2013（9）：1－12.
[7] 文恺. 奥迪汽车维修资料速查手册 [M]. 北京：化学工业出版社，2014.